Urheberrechte an Werken der angewandten Kunst
in der Europäischen Gemeinschaft

Europäische Hochschulschriften

Publications Universitaires Européennes
European University Studies

Reihe II
Rechtswissenschaft

Série II Series II
Droit
Law

Bd./Vol. 3156

PETER LANG
Frankfurt am Main · Berlin · Bern · Bruxelles · New York · Oxford · Wien

Isabella Rudes

Urheberrechte an Werken der angewandten Kunst in der Europäischen Gemeinschaft

Die Lücke im gemeinschaftsweiten Urheberrechtsschutz der Werke der angewandten Kunst

PETER LANG
Europäischer Verlag der Wissenschaften

Die Deutsche Bibliothek - CIP-Einheitsaufnahme

Rudes, Isabella:

Urheberrechte an Werken der angewandten Kunst in der Europäischen Gemeinschaft : die Lücke im gemeinschaftsweiten Urheberrechtsschutz der Werke der angewandten Kunst / Isabella Rudes. - Frankfurt am Main ; Berlin ; Bern ; Bruxelles ; New York ; Oxford ; Wien : Lang, 2001
(Europäische Hochschulschriften : Reihe 2, Rechtswissenschaft ; Bd. 3156)
Zugl.: Gießen, Univ., Diss., 2000
ISBN 3-631-37883-1

D 26
ISSN 0531-7312
ISBN 3-631-37883-1

www.peterlang.de

Meinen Eltern

INHALTSVERZEICHNIS

LITERATURVERZEICHNIS

A

Algardi, Zara Olivia	Disegno industriale e arte applicata Milano 1977
Althammer, Werner Ströbele, Paul Klaka, Rainer	Markengesetz Kommentar 5. Auflage Köln, Berlin, Bonn, München 1997
Anders, Dietmar	Die Zwangsvollstreckung in Gesellschaftsanteile im deutschen und US-amerikanischen Recht Bielefeld 2001
Are, Mario	L'oggetto del diritto di autore Milano 1963
Auletta, Giuseppe Giacomo	Delle invenzioni industriali, dei modelli di utilità e dei disegni ornamentali, della concorrenza in: Commentario del codice civile Hrsg.: Vito Mangini 2. Auflage Bologna, Roma 1973
Auteri, Paolo	Die Zukunft des Designschutzes in Europa aus der Sicht des italienischen Rechts in: GRUR Int. 1998, S. 360 - 367
Auteri, Paolo	Industrial design in: Dizionari del diritto privato Band III Milano 1981

B

Bach, Albrecht	Materielle Veränderungen der deutschen Fusionskontrolle durch die EWG- Fusionskontrolle WuW 1992, S. 571 - 583
Bauer, Hartmut	Die Bundestreue Tübingen 1992
Beckmann, Roland Michael	Die Reichweite des Erschöpfungsgrundsatzes nach neuem Markenrecht in: GRUR Int. 1998, S. 836 - 841
Beier, Friedrich-Karl	Der Musterschutz von Ersatzteilen in den Vorschlägen für ein europäisches Musterrecht in: GRUR 1994, S. 716 - 732
Beil, Hans	Das Urheberrecht als letzte Hilfe bei nicht rechtsbeständigen Geschmacksmusterregistrierungen in: UFITA Bd. 79, 1977, S. 1 - 8
Benussi, Franco	Der Schutz des „industrial design" in Italien in: GRUR Int. 1980, S. 403 - 407
Benussi, Franco	Grundlagen des Designschutzes in: Mitarbeiterfestschrift für Eugen Ulmer S. 101 - 111 Köln, Berlin, Bonn, München 1973
Bergomi, Giulio	Industrial design in: Contr.impr. 1987, S. 966 - 982
Bertrand, André R.	Le droit d'auteur et les droits voisins Paris, Mailand, Barcelona, Bonn 1991

Biamonti, Luigi — Sulla natura e sui limiti della tutela giuridica dei lavori d'arte applicata all'industria e dei disegni e modelli ornamentali
in: Dir.aut. 1932, S. 443 - 470

Bleckmann, Albert — Das Recht der Europäischen Union und der Europäischen Gemeinschaften
6. Auflage
Köln, Berlin, Bonn, München 1997

Bleckmann, Albert — Die Rechtsprechung des Europäischen Gerichtshofes zur Gemeinschaftstreue
in: RIW/AWD 1981, S. 653 - 655

Bleckmann, Albert — Art. 5 EWG-Vertrag und die Gemeinschaftstreue
in: DVBl. 1976, S. 483 - 487

Bonasi Benucci, Eduardo — Tutela della forma nel diritto industriale
Milano 1963

Breuer, Markus — Der erfinderische Schritt im Gebrauchsmusterrecht
in: GRUR 1997, S. 11 - 18

Britton, Isabel
Karet, Ian — Parallel Imports Continue
in: (1997) 4 EIPR, S. 207 - 209

Buck, Petra — Die EG-Rechtsvereinheitlichung auf dem Gebiet des geistigen Eigentums
in: EWS 1991, S. 329 - 340

Bürdek, Bernhard E. — Design: Geschichte, Theorie und Praxis der Produktgestaltung
Köln 1997

C

Calliess, Christian Ruffert, Matthias	Kommentar zu EU-Vertrag und EG-Vertrag Neuwied, Kriftel 1999 (zit.: Calliess/Ruffert - Bearbeiter)
Capelli, Fausto	Die Anwendung des Gemeinschafts-rechts in Italien Bonn 1992
Cimoli, Massimo	Towards a New Italian Design Law in: (1993) 11 EIPR, S. 425 - 427
Cohen Jehoram, Herman	The EC Green Paper on the Legal Protection of Industrial Design in: (1992) 3 EIPR, S. 75 - 78
Cohen Jehoram, Herman	Hybriden auf dem Gebiet zwischen Urheberrecht und gewerblichem Rechtsschutz in: GRUR Int. 1991, S. 687 - 696
Cohen Jehoram, Herman	Cumulative Design Protection, a System for the EC? in: (1989) 3 EIPR, S. 83 - 87
Cohen Jehoram, Herman	Die Reform des niederländischen Urheberrechtsgesetzes in: GRUR Int. 1974, S. 22 - 32
Colombet, Claude	Propriété littéraire et artistique et droits voisins 7. Auflage Paris 1994
Cornish, William R.	Die Zukunft des Designschutzes in Europa aus der Sicht des britischen Rechts in: GRUR Int. 1998, S. 368 - 371

Croon, C.
Sanders, K.
Der Schutz von Geschmacksmustern in Holland
in: GRUR Ausl. 1958, S. 271 - 276

D

Däubler, Wolfgang
Die Klage der EWG-Kommission gegen einen Mitgliedsstaat
in: NJW 1968, S. 325 - 331

Dauses, Manfred A.
Handbuch des EU-Wirtschaftsrechts
Band 1
München 1999
(zit.: Dauses - Bearbeiter)

Davies, Gillian
Copyright and the public interest
Weinheim, New York 1994

Decker, Andreas
Der Neuheitsbegriff im Immaterialgüterrecht
München 1989

Desbois, Henri
Le droit d'auteur en France
3. Auflage
Paris 1978

Deutsch, Erwin
Die Erschöpfung des Verbreitungsrechts im internationalen Verkehr mit urheberrechtlich geschützten Werken
in: UFITA Bd. 79, 1977, S. 9 - 24

Di Cataldo, Vincenzo
L'imitazione servile
Milano 1979

Di Cataldo, Vincenzo
Sarti, Davide
Spolidoro, Marco
Riflessioni critiche sul libro verde della Commissione delle Comunità Europee sulla tutela giuridica dei disegni industriali
in: Riv.dir.ind. 1993, S. 49 - 74

Dietrich, Gerhard	Führer des Museums für Angewandte Kunst Köln Braunschweig 1989
Dietz, Adolf	Sechste Arbeitssitzung: „Schutzfristen" in: Konturen eines europäischen Urheberrechts Hrsg.: Gerhard Schricker, Eva-Marina Bastian, Adolf Dietz S. 64 - 78 Baden-Baden 1996 (zit.: Dietz (Konturen))
Dietz, Adolf	Das Urheberrecht in der europäischen Gemeinschaft in: Festschrift zum hundertjährigen Bestehen der Deutschen Vereinigung für gewerblichen Rechtsschutz und Urheberrecht Band 2 S. 1445 - 1484 Weinheim 1991
Dietz, Adolf	Das Urheberrecht in Spanien und Portugal Baden-Baden 1990
Dietz, Adolf	Harmonisierung des europäischen Urheberrechts in: Festschrift für Gerhard Reischl S. 57 - 67 Baden-Baden 1989
Dreher, Meinrad	Wettbewerb oder Vereinheitlichung der Rechtsordnungen in Europa? in: JZ 1999, S. 105 - 112
Dreher, Meinrad	Gemeinsamer Europäischer Markt – einheitliche Wettbewerbsordnung in: Schwerpunkte des Kartellrechts

	S. 1 - 22 Köln, Berlin, Bonn, München 1995
Dreher, Meinrad	Kartellrechtsvielfalt oder Kartellrechtseinheit in Europa in: AG 1993, S. 437 - 448
Dreier, Thomas	Erste Arbeitssitzung: „Geschützte Werke“ in: Konturen eines europäischen Urheberrechts Hrsg.: Gerhard Schricker, Eva-Maria Bastian, Adolf Dietz S. 17 - 25 Baden-Baden 1996
Dreier, Thomas	Die Novellierung des französischen Patent- und Musterrechts durch das Gesetz Nr. 90-1052 vom 26. November 1990 in: GRUR Int. 1991, S. 710 - 713
Dreier, Thomas Krasser, Rudolf	Das französische Gesetzbuch des geistigen Eigentums Weinheim, New York, Basel, Cambridge, Tokio 1994 (zit.: Dreier/Krasser - Bearbeiter)
Durie, Robin	Der englische Copyright, Designs and Patents Act 1988 in: GRUR Int. 1990, S. 832 - 842

E

Ebenroth, Carsten Thomas	Gewerblicher Rechtsschutz und europäische Warenverkehrsfreiheit Heidelberg 1992

Eck, Matthias	Neue Wege zum Schutz der Formgebung Köln, Berlin, Bonn, München 1993
Eichmann, Helmut	Das europäische Geschmacksmusterrecht auf Abwegen? in: GRUR 1996, S. 859 - 876
Eichmann, Helmut	Die dreidimensionale Marke im Verfahren vor dem DPA und dem BPatG in: GRUR 1995, S. 184 - 197
Eichmann, Helmut	Geschmacksmusterrecht und EWG-Vertrag in: GRUR Int. 1990, S. 121 - 134
Eichmann, Helmut Falckenstein, Roland von	Geschmacksmustergesetz Kommentar 2. Auflage München 1997 (zit.: Eichmann/Falckenstein - Bearbeiter)
Ellins, Julia	Copyright Law, Urheberrecht und ihre Harmonisierung in der Europäischen Gemeinschaft Berlin 1997
Elster, Alexander	Gewerblicher Rechtsschutz Berlin, Leipzig 1921
Emringer, Eugène	Das luxemburgische Gesetz vom 29. März 1972 über das Urheberrecht in: UFITA Bd. 69, 1973, S. 47 - 53
Epiney, A.	Gemeinschaftsrecht und Föderalismus: „Landes-Blindheit“ und Pflicht zur Berücksichtigung innerstaatlicher Verfassungsstrukturen in: EuR 1994, S. 301 - 324

Erdmann, Willi — Schutz der Kunst im Urheberrecht
in: Festschrift für Otto-Friedrich Freiherr von Gamm
S. 389 - 404
Köln, Berlin, Bonn, München 1990

F

Fabiani, Mario — Sind Apparate geistige Schöpfer?
in: GRUR Ausl. 1965, S. 422 - 425

Feige, Konrad — Der Gleichheitssatz im Recht der EWG
Tübingen 1973

Ferid, Hildegard — Zur Anwendung von Art. 36 EWG-Vertrag auf nationale Urheberrechte und verwandte Schutzrechte
in: Mitarbeiterfestschrift für Eugen Ulmer
S. 75 - 82
Köln, Berlin, Bonn, München 1973

Fezer, Karl-Heinz — Markenrecht
Kommentar
2. Auflage
München 1999

Firth, Alison — Aspects of Design Protection in Europe
in: (1993) 2 EIPR, S. 42 - 47

Francq, Bernard — Das neue belgische Patentgesetz
in: GRUR Int. 1985, S. 282 - 287

Fromm, Friedrich Karl
Nordemann, Wilhelm — Urheberrecht
Kommentar
Stuttgart, Berlin, Köln 1998
(zit.: Fromm/Nordemann - Bearbeiter)

Fuchs, Ulrich — Der Werkbegriff im italienischen und deutschen Urheberrecht
München 1996

Furler, Hans — Zur Abgrenzung von Kunstwerk und Geschmacksmuster
in: GRUR 1949, S. 325 - 330

G

Gamm, Otto-Fiedrich von — Urheberrechtsgesetz
Kommentar
München 1968

Gaul, Dieter
Bartenbach, Kurt — Handbuch des gewerblichen Rechtsschutzes
Band 1
5. Auflage
27. Lieferung
Köln 1994
(zit.: Gaul/Bartenbach, Bd. 1)

Gaul, Dieter
Bartenbach, Kurt — Handbuch des gewerblichen Rechtsschutzes
Band 2
5. Auflage
27. Lieferung
Köln 1994
(zit.: Gaul/Bartenbach, Bd. 2)

Gautier, Pierre-Yves — Propriété littéraire et artistique
Paris 1991

Gerbrandy, S. — Der Entwurf eines einheitlichen Benelux-Gesetzes auf dem Gebiet der Muster und Modelle
in: GRUR Ausl. 1965, S. 545 - 550

Gerstenberg, Ekkehard
Moderne Industrieform und ihr Recht
in: GRUR 1966, S. 471 - 474

Ghiron, Mario
Corso di diritto industriale
Roma 1937

Ginsburg, Jane C.
Die Rolle des nationalen Urheberrechts im Zeitalter der internationalen Urheberrechtsnormen
in: GRUR Int. 2000, S. 97 - 110

Giudici, Silvia
Dall'opera d'arte applicata all'industrial design
in: Riv.dir.ind. 1989, S. 268 - 283

Goose, Peter Ernst
Die Niederlassungsfreiheit im Gemeinsamen Markt
in: RIW/AWD 1975, S. 36 - 42

Gotzen, Frank
Het Bestimmingsrecht van de auteur
Brüssel 1975
(zit.: Gotzen (Bestimmingsrecht))

Gotzen, Frank
Artistieke Eigendom en de Mededingingsregels van de Europese Economische Gemeeschap
Leuven 1971
(zit.: Gotzen (Eigendom))

Goutzamanis, Christos
Die Erschöpfung des Verbreitungs- und des Senderechts des Urhebers nach dem Recht der Europäischen Wirtschaftsgemeinschaft
Saarbrücken 1987

Grabitz, Eberhard
Hilf, Meinhard
Das Recht der Europäischen Union
Band 1
14. Ergänzungslieferung
München 1999
(zit.: Grabitz/Hilf - Bearbeiter)

Greco, Paolo Vercellone, Paolo	Le invenzioni e i modelli industriali in: Trattato di diritto civile italiano Hrsg.: Filippo Vassalli Band XI, Abschnitt 2 Torino 1968
Greffe, Francois	Das Prinzip der „Einheit der Kunst“ und die Schutzvoraussetzungen für Geschmacksmuster nach französischem Recht in: GRUR Int. 1999, S. 605 - 609
Greffe, Pierre Greffe, Francois	Traité des dessins et des modèles 5. Auflage Paris 1994
Groeben, Hans von der Thiesing, Jochen Ehlermann, Claus-Dieter	Kommentar zum EU-/EG-Vertrag Band 1 5. Auflage Baden-Baden 1997 (zit.: Groeben - Bearbeiter)
Groeben, Hans von der Thiesing, Jochen Ehlermann, Claus-Dieter	Kommentar zum EU-/EG-Vertrag Band 2, 2 5. Auflage Baden-Baden 1999 (zit.: Groeben - Bearbeiter)
Groeben, Hans von der Thiesing, Jochen Ehlermann, Claus-Dieter	Kommentar zum EU-/EG-Vertrag Band 4 5. Auflage Baden-Baden 1997 (zit.: Groeben - Bearbeiter)
Groeben, Hans von der Boeckh, Hans von Thiesing, Jochen	Kommentar zum EWGV 2. Auflage Baden-Baden 1974 (zit.: Groeben (2. Auflage) - Bearbeiter)

Güttich, Götz Christoph — Die Entwicklung des gewerblichen Rechtsschutzes in Deutschland und Großbritannien
Berlin 1996

H

Haardt, Werner Ludwig — Das einheitliche Benelux-Geschmacksmustergesetz
in: GRUR Int. 1974, S. 347 - 353

Hailbronner, Kay
Klein, Eckart
Magiera, Siegfried
Müller-Graf, Peter-Christian — Handkommentar zum EWG-Vertrag
Ordner 2
7. Lieferung
Köln, Berlin, Bonn, München 1998
(zit.: Hailbronner - Bearbeiter)

Henning-Bodewig, Frauke
Ruijsenaars, Heijo E. — Designschutz qua Markenrecht?
in: GRUR Int. 1990, S. 821 - 831

Heydt, Ludwig — Geschmacksmuster und Werke der angewandten Kunst
in: GRUR 1968, S. 530 - 537

Hilf, Meinhard — Sekundäres Gemeinschaftsrecht und deutsche Grundrechte
in: ZaöRV 35 (1975), S. 51 - 66

I

Iglesias, Gil Carlos Rodriguez — Der EuGH und die Gerichte der Mitgliedstaaten – Komponenten der richterlichen Gewalt in der Europäischen Union
in: NJW 2000, S. 1889 - 1896

Ingerl, Reinhard Rohnke, Christian	Markengesetz Kommentar München 1998
Ipsen, Hans Peter	Grenzen der Dienstleistungsfreiheit in: EuR 1978, S. 199 - 241
Ipsen, Hans Peter	Europäisches Gemeinschaftsrecht Tübingen 1972

J

Jarach, Giorgio	Manuale del diritto d'autore Milano 1968 - 1991
Jarass, Hans D.	Grundfragen der innerstaatlichen Bedeutung des EG-Rechts Köln, Berlin, Bonn, München 1994
Joliet, René	Der freie Warenverkehr: Das Urteil Keck und Mithouard und die Neuorientierung der Rechtsprechung in: GRUR Int 1994, S. 979 - 987
Joliet, René	Markenrecht und freier Warenverkehr: Abkehr von HAG I in: GRUR Int. 1991, S. 177 - 184
Joller, Gallus	Zur territorialen Reichweite des Erschöpfungsgrundsatzes im Markenrecht in: GRUR Int. 1998, S. 751 - 765
Joos, Ulrich	Die Erschöpfungslehre im Urheberrecht München 1991

K

Klaka, Rainer — Markenrechtliche Erschöpfungslehre im neuen Licht (gestern – heute – morgen)
in: Festschrift für Fritz Traub
S. 173 – 191
Frankfurt 1994

Klesse, Brigitte — Museum für Angewandte Kunst Köln
Ein Wegweiser von A bis Z
Hrsg.: Museum für Angewandte Kunst der Stadt Köln
Köln 1989

Körber, Jochen — Der Grundsatz der gemeinschaftsweiten Erschöpfung im Recht der Europäischen Union
Frankfurt, Berlin, Bern, New York, Paris, Wien 1999

Kohler, Josef — Handbuch des deutschen Patentrechts
Mannheim 1900

Kraßer, Rudolf — Neuere Entwicklungen des Gebrauchsmusterrechts in Europa
in: GRUR 1999, S. 527 - 532

Krieger, Ulrich — Das deutsche Gebrauchsmusterrecht – Eine Bestandsaufnahme
in: GRUR Int. 1996, S. 354 - 357

Kuhmann, Christoph — Der Schutz der angewandten Kunst im deutschen und amerikanischen Urheberrecht
München 1989

Kummer, Max — Das urheberrechtlich schützbare Werk
Hrsg.: Hans Merz
Bern 1968

Kur, Annette
Händlerwerbung für Markenartikel aus urheberrechtlicher Sicht – Präsentationsrecht als neue Schutzschranke?
in: GRUR Int. 1999, S. 24 - 30

Kur, Annette
Europäische Geschmacksmusterrichtlinie verabschiedet
in: GRUR Int. 1998, S. 977 - 982

Kur, Annette
Die Zukunft des Designschutzes in Europa – Musterrecht, Urheberrecht, Wettbewerbsrecht
in: GRUR Int. 1998, S. 353 - 359

Kur, Annette
Verbesserung des internationalen Schutzes der Muster und Modelle (Q108)
in: GRUR Int. 1992, S. 206 - 210

L

Lenz, Carl Otto
EG-Vertrag
2. Auflage
Köln, Basel, Genf, München, Wien 1999
(zit.: Lenz - Bearbeiter)

Lenz, Carl Otto
Pflicht zur Harmonisierung des Kartellrechts in der Europäischen Gemeinschaft, insbesondere für die Mitgliedstaaten?
in: Schwerpunkte des Kartellrechts
S. 25 - 31
Köln, Berlin, Bonn, München 1994

Levin, Marianne
Die Zukunft des Designschutzes in Europa aus der Sicht des Rechts der nordischen Staaten
in: GRUR Int. 1998, S. 371 - 377

Levin, Marianne — Der Schutz für Formgebungen
in: GRUR Int. 1985, S. 713 - 730

Lindner, Brigitte — Die Kodifizierung des französischen Urheberrechts
in: UFITA Bd. 125, 1994, S. 9 - 25

Loewenheim, Ulrich — Harmonisierung des Urheberrechts in Europa
in: GRUR Int. 1997, S. 285 - 292

Loewenheim, Ulrich — Nationale und internationale Erschöpfung von Schutzrechten im Wandel der Zeiten
in: GRUR Int. 1996, S. 307 - 316

Loewenheim, Ulrich — Schallplattenimporte und freier Warenverkehr im Gemeinsamen Markt
in: UFITA Bd. 95, 1983, S. 41 - 74

Lück, Michael — Die Gemeinschaftstreue als allgemeines Rechtsprinzip im Recht der EG
Baden-Baden 1992

Lutter, Marcus — Das Europäische Unternehmensrecht
4. Auflage
Berlin, New York 1996

M

MacQueen, Hector L. — Copyright, Competition and Industrial Design
Edinburgh 1995

Magelli, Silvia — L'estetica nel diritto della proprietà intelletuale
Padova 1998

Magelli, Silvia	Design in: Contr.impr. 1993, S. 1291 - 1306
Mangini, Vito	Delle invenzioni industriali, dei modelli di utilità e dei disegni ornamentali, della concorrenza in: Commentario del codice civile 3. Auflage Bologna, Roma 1987
Masouyé, Claude	Kommentar zur Berner Übereinkunft zum Schutz von Werken der Literatur und Kunst München, Köln 1981
Mes, Peter	Patentgesetz, Gebrauchsmustergesetz Kommentar München 1997
Milczewski, Christine von	Der grundrechtliche Schutz des Eigentums im Europäischen Gemeinschaftsrecht Frankfurt, Berlin, Bern, New York, Paris, Wien 1994
Möhring, Philipp Nicolini, Käte	Urheberrechtsgesetz Kommentar Berlin, Frankfurt 1970
Möhring, Philipp Schulze, Erich Ulmer, Eugen Zweigert, Ulrich	Quellen des Urheberrechts Band 1 - 5 34. Lieferung Berlin 1995 (zit.: Möhring/Schulze/Ulmer/Zweigert - Bearbeiter)
Montuschi, Paola	Il Commento in: Dir.ind. 1999, S. 6 - 10

Moser, Rolf — Der urheberrechtliche Schutz von wissenschaftlich-technischen Darstellungen in Deutschland und Großbritannien
München 1986

Müller, Stefanie — Das neue spanische Urheberrecht im Vergleich zum deutschen Recht unter besonderer Berücksichtigung der europäischen Urheberrechtsharmonisierung
München 1997

Müller-Michaels, Olaf — Grundrechtlicher Eigentumsschutz in der Europäischen Union
Berlin 1996

Musso, Alberto — Arredamento e architettura d'interni fra industrial design e opere dell'ingegno
in: AIDA 1999, S. 310 - 331

N

Niemann, Fabian — Urheberrecht und elektronisches Publizieren in Deutschland und Großbritannien
Bonn 1998

Nirk, Rudolf — Urheberrecht und angewandte Kunst
in: UFITA Bd. 80, 1977, S. 1 - 19

Nirk, Rudolf
Kurtze, Helmut — Geschmacksmustergesetz
Kommentar
2. Auflage
Köln, Berlin, Bonn, München 1997

Noever, Peter — Tradition und Experiment
Das Museum für angewandte Kunst Wien
Salzburg, Wien 1988

Nordell, Per Jonas	Das Kriterium der Doppelschöpfung im schwedischen Recht – Theorie und Praxis in: GRUR Int. 1997, S. 110 - 116
Nordemann, Wilhelm	Das Prinzip der Inländerbehandlung und der Begriff der „Werke der Literatur und Kunst" in: GRUR Int. 1989, S. 615 - 619
Nordemann, Wilhelm Vinck, Kai Hertin, Paul Meyer, Gerald	International Copyright and Neighboring Rights Law Weinheim 1990

O

Omsels, Hermann-Josef	Erschöpfung ohne Veräußerung in: GRUR 1994, S. 162 - 167
Oppermann, Thomas	Europarecht 2. Auflage München 1999
Oppo, Giorgio	Per una definizione della „industrialità" dell'invenzione in: Riv.dir.civ. 1973, S. 1 - 12
Osenberg, Ralph	Markenschutz für urheberrechtlich gemeinfreie Werke in: GRUR 1996, S. 101 - 104
Otero Lastres; José Manuel	Gedanken zur Richtlinie 98/71/EG über den Rechtsschutz von Mustern und Modellen in: GRUR Int. 2000, S. 408 - 419

P

Patti, Salvatore — Zur Entwicklung des Urheberrechts in Italien
in: Festschrift für Gerhard Reischl
S. 109 - 117
Baden-Baden 1989

Pescatore, Pierre — Das Zusammenwirken der Gemeinschaftsrechtsordnung mit den nationalen Rechtsordnungen
in: EuR 1970, S. 307 - 323

Phillips, Jeremy — International Design Protection: Who Needs It?
in: (1993) 12 EIPR, S. 431 - 436

Pilgrim, Volker von — Der urheberrechtliche Schutz der angewandten Formgestaltung
Wiesbaden 1971

Pilla, Marcus Romano — Die Zukunft des Designschutzes in Europa – Musterrecht, Urheberrecht, Wettbewerbsrecht
in: GRUR Int. 1998, S. 385 - 390

Piola-Caselli, Eduardo — Codice del diritto d'autore
3. Auflage
Torino 1943

Plaisant, Robert — Der Schutz von Werken der angewandten Kunst im französischen Recht
in: GRUR Ausl. 1959, S. 9 - 13

Plaisant, Robert — Das Verhältnis von patent-, geschmacksmuster- und wettbewerbsrechtlichem Schutz für Gegenstände der industriellen Formgebung in Frankreich
in: GRUR Ausl. 1958, S. 269 - 271

Pollaud-Dulian, Frédéric | Die neuere Entwicklung des Urheberrechts in Frankreich
in: GRUR Int. 1995, S. 361 - 373

Pollaud-Dulian, Frédéric | Das „Bestimmungsrecht“ (droit de destination)
in: GRUR Int. 1989, S. 811 - 820

Pouillet, Eugène | Traité théorique et pratique des dessins et modèles
5. Auflage
Paris 1911

R

Rasmussen, Jesper | The Principle of Exhaustion of Trade Mark Rights Persuant to Directive 89/104 (and Regulation 40/94)
in: (1995) 4 EIPR, S. 174 - 179

Reimer, Dietrich | Urheberrecht und freier Warenverkehr
in: GRUR Int. 1981, S. 70 - 78

Reimer, Dietrich | Der Erschöpfungsgrundsatz im Urheberrecht und gewerblichen Rechtsschutz unter Berücksichtigung der Rechtsprechung des Europäischen Gerichtshofs
in: GRUR Int. 1972, S. 221 - 234

Reischl, Gerhard | Die Rechtsprechung des Gerichtshofs der Europäischen Gemeinschaften zum Urheberrecht im Gemeinsamen Markt
in: Festschrift für Gerhard Reischl
S. 45 - 55
Baden-Baden 1989

Reischl, Gerhard	Gewerblicher Rechtsschutz und Urheberrecht in der Rechtsprechung des Europäischen Gerichtshofs in: GRUR Int. 1982, S. 151 - 158
Ress, Georg	Die Beziehungen zwischen der Berner Konvention und dem Europäischen Gemeinschaftsrecht in: Festschrift für Gerhard Reischl S. 21 - 43 Baden-Baden 1989
Riedel, Hermann Schuhmann, Helmut Marburger, Horst Störmer, Claudia	Urheber- und Verlagsrecht Kommentar Hauptband 17. Ergänzungslieferung Wiesbaden 1991
Ritscher, Michael	Bericht über das Ringberg-Symposium „Europäisches Musterrecht" des Max-Planck-Instituts vom 11. bis 14. Juli 1990 in: GRUR Int. 1990, S. 559 - 565
Ritscher, Michael	Der Schutz des Design Bern 1986
Rittner, Fritz	Die wirtschaftsrechtliche Ordnung der EG und das Privatrecht in: JZ 1990, S. 838 - 846
Roeber, Georg	Neues Urheberrechtsgesetz in Luxemburg in: FuR 1973, S. 72 - 75
Ruete, Matthias	Copyright, „geistiges Eigentum" und britische Verwertungsgesellschaften München 1986

Ruijsenaars, Heijo E. — Die Zukunft des Designrechts in Europa aus der Sicht des französischen und des Benelux-Rechts
in: GRUR Int. 1998, S. 378 - 384

Ruijsenaars, Heijo E. — Zur Schutzfähigkeit von Kombinationsmustern
in: GRUR Int. 1997, S. 687 - 694

Ruijsenaars, Heijo E. — Neue Entwicklungen im Muster- und Markenrecht der Benelux-Länder
in: GRUR Int. 1992, S. 505 - 513

S

Sack, Rolf — Der Erschöpfungsgrundsatz im deutschen Immaterialgüterrecht
in: GRUR 2000, S. 610 - 616

Sack, Rolf — Die Erschöpfung von gewerblichen Schutzrechten und Urheberrechten nach deutschem Recht
in: WRP 1999, S. 1088 - 1115

Sack, Rolf — Die Erschöpfung von gewerblichen Schutzrechten und Urheberrechten nach europäischem Recht
in: GRUR 1999, S. 193 - 215

Samtleben, Jürgen — Das internationale Privatrecht der Börsentermingeschäfte und der EWG-Vertrag
in: RabelsZ Bd 45 (1981), S. 218 - 252

Sarzi-Sartori, Fernanda — Breve panoramica sul dibattito in corso in tema di disegno industriale e su recenti iniziative di regolamentazione della materia
in: Riv.dir.ind. 1993, S. 81 - 91

Schack, Haimo	Urheber- und Urhebervertragsrecht Tübingen 1997
Schäde, Jürgen	Patent-Tabelle 7. Auflage Köln, Berlin, Bonn, München 1990
Schimmann, Peter Franzosi, Mario	Neue Wege des Designschutzes in Italien in: GRUR Int. 1994, S. 472 - 478
Schmidt-Szalewski, Joanna	Die Entwicklung des französischen Patentrechts in den Jahren 1997 und 1998 in: GRUR Int. 1999, S. 848 - 852
Schön, Wolfgang	Mindestharmonisierung im europäischen Gesellschaftsrecht ZHR Bd. 160 (1996), S. 221 - 249
Schricker, Gerhard	Urheberrecht Kommentar München 1999 (zit.: Schricker - Bearbeiter)
Schricker, Gerhard	Abschied von der Gestaltungshöhe im Urheberrecht? in: Festschrift für Reinhold Kreile S. 715 - 721 Baden-Baden 1994
Schricker, Gerhard	Zur Harmonisierung des Urheberrechts in der europäischen Wirtschaftsgemeinschaft in: Festschrift für Ernst Steindorff S. 1437 - 1453 Berlin, New York 1990

Schricker, Gerhard
Bastian, Eva-Marina
Albert, Florian
Die Neuordnung des Markenrechts in Europa
Baden Baden 1998

Schulte, Rainer
Patentgesetz
Kommentar
5. Auflage
Köln, Berlin, Bonn, München 1994

Schulze, Gernot
Anmerkung zu BGH GRUR 1988, 690
in: GRUR 1988, S. 693 - 694

Schweitzer, Michael
Hummer, Waldemar
Europarecht
5. Auflage
Neuwied, Kriftel, Berlin 1996

Selekos, Petros Dim.
Die Zukunft des Designschutzes in Europa aus der Sicht des griechischen Rechts
in: GRUR Int. 1999, S. 705 - 711

Selle, Gert
Geschichte des Design in Deutschland
Frankfurt, New York 1997

Sena, Giuseppe
I diritti sulle invenzioni e sui modelli industriali
in: Trattato di diritto civile e commerciale
Hrsg.: Antonio Cicu und Francesco Messineo
Band 9, Abschnitt 3
3. Auflage
Milano 1990

Söllner, Renate
Art. 5 EWG-Vertrag in der Rechtsprechung des Europäischen Gerichtshofes
München 1985

Steindorff, Ernst | Spannungen zwischen deutschem und europäischem Wettbewerbsrecht
in: Schwerpunkte des Kartellrechts
S. 27 - 54
Köln, Berlin, Bonn, München 1987

Steindorff, Ernst | Dienstleistungsfreiheit und Versicherungswirtschaft – Zugleich ein Beitrag zur Direktwirkung des Europäischen Gemeinschaftsrechts
in: ZHR Bd. 139 (1975), S. 249 - 261

Streinz, Rudolf | „Gemeinschaftsrecht bricht nationales Recht"
in: Festschrift für Alfred Söllner
S. 1139 - 1169
München 2000

T

Thomas, Frank | Der urheberrechtliche Schutz der „kleinen Münze"
München 1979

Thurow, Norbert | Das neue französische Urheberrecht
in: UFITA Bd. 104, 1987, S. 9 - 27

Traub, Fritz | Zur Ausweitung des Innovationsschutzes durch Immaterialgüterrechte im europäischen Bereich: Gibt es Auswirkungen dieser Tendenz bei dem ergänzenden wettbewerbsrechtlichen Leistungsschutz?
in: Festschrift für Alfred Söllner
S. 1213 - 1229
München 2000

U

Ubertazzi, Luigi Carlo — Urheberrecht und freier Warenverkehr
in: GRUR Int. 1984, S. 327 - 341

Ulmer, Eugen — Der urheberrechtliche Werkbegriff und die moderne Kunst
in: GRUR 1968, S. 527 - 530

V

Vanzetti, Adriano
Di Cataldo, Vincenzo — Manuale di Diritto Industriale
2. Auflage
Milano 1996

W

Waasen, Raphael van — Das Spannungsfeld zwischen Urheberrecht und Eigentum im deutschen und ausländischen Recht
Frankfurt am Main, Berlin, Bern, New York, Paris, Wien 1994

Wadle, Elmar — Zur Geschichte des Urheberrechts in Europa
in: Festschrift für Gerhard Reischl
S. 9 - 20
Baden-Baden 1989

Wandtke, Artur
Bullinger, Winfried — Die Marke als urheberrechtlich schutzfähiges Werk
in: GRUR 1997, S. 573 - 580

Wibbens, Stanley — Die Textilindustrie und das einheitliche Benelux-Gesetz betreffend Muster und Modelle
in: GRUR Int. 1980, S. 732 - 739

Witt-Döring, Christian — Die Lust am Objekt
in: Tradition und Experiment
Das Museum für angewandte Kunst Wien
Hrsg.: Peter Noever
Salzburg, Wien 1988

Z

Zech, Susanne — Der Schutz von Werken der angewandten Kunst im Urheberrecht Frankreichs und Deutschlands
München 1999

Zweigert, Konrad — Der Einfluß des Europäischen Gemeinschaftsrechts auf die Rechtsordnungen der Mitgliedstaaten
in: RabelsZ Bd 28 (1964), S. 601 - 643

ABKÜRZUNGSVERZEICHNIS

A

a.A.	anderer Ansicht
aaO.	am angegebenen Ort
Abb.	Abbildung
AblEG	Amtsblatt der Europäischen Gemeinschaften
ADI	Associazione per il disegno industriale
a.F.	alte Fassung
AG	Die Aktiengesellschaft
AIDA	Annali italiani del diritto d'autore, della cultura e dello spettacolo
allg.M.	allgemeine Meinung
Anm.	Anmerkung
Ann.	Annales de la propriété industrielle, artistique et littéraire
App.	Corte d'Appello
Art.	Artikel

B

Bd.	Band
belUrhG	belgisches Gesetz über das Urheberrecht und die verwandten Schutzrechte
Bem.	Bemerkung
BenGH	Benelux-Gerichtshof
BGBl.	Bundesgesetzblatt
BGH	Bundesgerichtshof
BGHZ	Entscheidungen des Bundesgerichtshofs in Zivilsachen
Bl.f.PMZ	Blatt für Patent-, Muster- und Zeichenwesen
BMW	Benelux-Merkenwet (Einheitliches Benelux-Markengesetz)
BPatG	Bundespatentgericht
BPatGE	Entscheidungen des Bundespatentgerichts

BTMW	Eenvormige Beneluxwet inzake de bescherming van tekeningen of modellen (Einheitliches Benelux-Gesetz über Muster und Modelle)
Bull.	Bulletin
Bull.Civ.	Bulletin des arrêts de la Cour de Cassation
BVerfG	Bundesverfassungsgericht
bzw.	beziehungsweise

C

Cass.	Corte di Cassazione
Cass.sez.pen.	Corte di Cassazione, Sezione Penale
c.c.	Codice Civile
C.Cass.	Cour de Cassation
C.Cass.Com.	Cour de Cassation, Chambre Commerciale
CdA	Cour d'appel
CDA	Cahiers du Droit d'Auteur
CDPA	britischer Copyright, Designs and Patents Act 1988
Ch.	Law Reports Chancery Division
Contr.impr.	Contratto e Impresa
CPI	Code de la propriété intellectuelle

D

d.h.	das heißt
Dir.aut.	Diritto d'Autore
Dir. ind.	Il Diritto Industriale
DPMA	Deutsches Patent- und Markenamt
DVBl.	Deutsches Verwaltungsblatt

E

EAGV	Vertrag zur Gründung der Europäischen Atomgegemeinschaft
EC	European Community
EEA	Einheitliche Europäische Akte

EG	Europäische Gemeinschaft(en)
EGKSV	Vertrag über die Gründung der Europäischen Gemeinschaft für Kohle und Stahl
EGV	Vertrag zur Gründung der Europäischen Gemeinschaft – Konsolidierte Fassung mit den Änderungen durch den Vertrag von Amsterdam (die Nennung des EGV ohne weiteren Zusatz bezieht sich immer auf die Amsterdamer Fassung dieses Vertrags)
EIPR	European Intellectual Property Review
endg.	endgültig
EU	Europäische Union
EuGH	Europäischer Gerichtshof
EuR	Europarecht
EUV	Vertrag über die Europäische Union
EWG	Europäische Wirtschaftsgemeinschaft
EWGV	Vertrag zur Gründung der Europäischen Wirtschaftsgemeinschaft
EWR	Europäischer Wirtschaftsraum
EWRA	Abkommen über den Europäischen Wirtschaftsraum
EWS	Europäisches Wirtschafts- und Steuerrecht

F

f.	folgende
FAZ	Frankfurter Allgemeine Zeitung
ff.	folgende (Mehrzahl)
FS	Festschrift
F.S.R.	Fleet Street Reports
FuR	Film und Recht

G

Gaz.Pal.	Gazette du Palais
Gazz. Uff.	Gazzetta Ufficiale
GebrMG	Gebrauchsmustergesetz
GeschmMG	Geschmacksmustergesetz

Giur.ann.dir.ind.	Giurisprudenza annotata di diritto industriale
Giur.it.	Guirisprudenza italiana
GRUR	Gewerblicher Rechtsschutz und Urheberrecht
GRUR Ausl.	Gewerblicher Rechtsschutz und Urheberrecht, Auslands- und internationaler Teil (bis 1966)
GRUR Int.	Gewerblicher Rechtsschutz und Urheberrecht, Internationaler Teil (seit 1967)

H

h.M.	herrschende Meinung
Hrsg.	Herausgeber

I

insb.	insbesondere
itUrhG	italienisches Gesetz Nr. 633 über den Schutz des Urheberrechts und anderer mit dessen Ausübung verbundener Rechte

J

J.D.I.	Journal de Droit International
JZ	Juristenzeitung

K

KOM	Mitteilung der Kommission
krit.	kritisch

L

L.	Loi
LG	Landgericht
LM	Legge Marchi

Ltd.	Limited
luxUrhG	luxemburgisches Urheberrechtsgesetz

M

MarkenG	Gesetz über den Schutz von Marken und sonstigen Kennzeichen
MarkenV	Verordnung zur Ausführung des Markengesetzes
m.w.N.	mit weiteren Nachweisen

N

n.	numéro; numero
n.F.	neue Fassung
niedUrhG	niederländisches Gesetz betreffend die Neuregelung des Urheberrechts vom 23.9.1912
NJ	Nederlandse Jurisprudentie
NJW	Neue Juristische Wochenschrift
NJW-RR	Neue Juristische Wochenschrift – Rechtsprechungsreport
Nr.	Nummer(n)

O

ÖBl.	Österreichische Blätter für gewerblichen Rechtsschutz und Urheberrecht
OGH	Oberster Gerichtshof (in Zivilsachen in Österreich)
OLG	Oberlandesgericht

P

PatG	Patentgesetz
Plc.	Private Limited Company

R

RA	Rom-Abkommen vom 26.10.1961 (BGBl. 1965 II 1243)
RabelsZ	Rabels Zeitschrift für ausländisches und internationales Privatrecht
RBÜ	Pariser Fassung der Revidierten Berner Übereinkunft von 1971 (BGBl. 1973 II 1069)
RD	Regio Decreto ‚brevetti per modelli ornamentali' (italienisches Geschmacks- und Gebrauchsmustergesetz Nr. 1411)
Rdnr.	Randnummer
RG	Reichsgericht
RGZ	Entscheidungen des Reichsgerichts in Zivilsachen
RIDA	Revue Internationale du Droit d'Auteur
Riv.dir.civ.	Rivista di Diritto Civile
Riv.dir.ind.	Rivista di Diritto Industriale
RIW/AWD	Recht der internationalen Wirtschaft: Außenwirtschaftsdienst des Betriebsberaters
R.P.C.	Reports of Patents, Design and Trademark Cases
Rspr.	Rechtsprechung

S

s.	siehe
S.	Satz (in Gesetzeszitaten); Seite (in Literaturzitaten); Siehe (in Fußnoten)
Sec.	Section(s)
Slg.	Sammlung der Rechtsprechung des Gerichtshofs der Europäischen Union
sog.	sogenannte(n)
stRspr.	ständige Rechtsprechung

T

TMA	Trademarks Act 1994
Trib.	Tribunale

U

u.a.	unter anderem
UFITA	Archiv für Urheber-, Film-, Funk- und Theaterrecht
UrhG	Gesetz über Urheberrecht und verwandte Schutzrechte (Urheberrechtsgesetz)

V

v.	vom; versus (in britischen Entscheidungszitaten)
vgl.	vergleiche

W

WRP	Wettbewerb in Recht und Praxis
WUA	Welturheberrechtsabkommen vom 6.9.1952 (BGBl. 1955 II 102)
WuW	Wirtschaft und Wettbewerb
WZG	Warenzeichengesetz

Z

ZaöRV	Zeitschrift für ausländisches öffentliches Recht und Völkerrecht
z.B.	zum Beispiel
ZHR	Zeitschrift für das gesamte Handelsrecht und Wirtschaftsrecht
zit.	zitiert

EINLEITUNG

Kennen Sie diese netten Le-Corbusier-Stühle, den sogenannten „Nierentisch“ aus den USA, Swarowski-Glasfiguren, Perserteppiche, Alessi-Kaffeekannen? All diese Gegenstände haben eines gemeinsam, sie können Werke der angewandten Kunst sein. Es sind die Gegenstände, die wir im täglichen Leben gebrauchen. Damit sind sie Ausdruck bewußter Formgestaltung, denn „Häßlichkeit verkauft sich nicht“[1]. Und unter dem Gesichtspunkt, daß die Schönheit im Auge des Betrachters liegt, kauft der Konsument den Gegenstand, der ihm, wenn er die Auswahl hat, am besten gefällt. Ein Hersteller ist gehalten, seine Objekte so formschön wie möglich zu entwickeln, um den Absatz seiner Waren zu sichern. Daher ist die gelungene Formgestaltung der Produkte in der modernen Überflußgesellschaft längst Absatzfaktor geworden. Die hierzu erforderliche Entwicklungsarbeit muß sich für den Hersteller rentieren, und er muß sein Produkt vor Nachahmern schützen können. Hierum rankt sich die Problematik des Urheberrechtsschutzes der Werke der angewandten Kunst. Diese Problematik hat eine große wirtschaftliche Bedeutung.

Diese Arbeit beschäftigt sich mit dem Urheberrechtsschutz der Werke der angewandten Kunst in Deutschland und einigen ausgewählten EG-Mitgliedstaaten. Die Untersuchung soll in erster Linie hinterfragen, was angewandte Kunst ist und ob in Europa ein ausreichender Schutz der angewandten Kunst besteht. Dabei soll die Rechtslage in Deutschland kurz dargestellt und zusammengefaßt werden, auch in Hinblick auf einen möglichen Schutz durch andere, gewerbliche Schutzrechte. Hiermit verglichen werden soll die Rechtslage in den Gründerstaaten der Europäischen Wirtschaftsgemeinschaft[2] und Großbritannien[3] mit besonderer Betonung des nahezu vollständigen Ausschlusses eines urheberrechtlichen Schutzes der angewandten Kunst in Italien.

---

[1] Gerstenberg, GRUR 1966, 471, 472.

[2] Dazu zählen neben Deutschland auch Frankreich, Belgien, die Niederlande, Luxemburg sowie Italien.

[3] Großbritannien soll als Beispiel für ein Common-Law-Rechtssystem dienen.

Hieraus resultieren europarechtliche Probleme durch die gemeinschaftsweite Erschöpfung des Urheberrechtsschutzes, auf die besonders eingegangen wird. Ferner werden die Zukunft des Designschutzes in Europa sowie der aktuelle Stand der europarechtlichen Initiativen zur Vereinheitlichung des Schutzes der angewandten Kunst dargestellt. Bisher fehlt eine europarechtliche Richtlinie oder Verordnung zur Vereinheitlichung des urheberrechtlichen Schutzes der angewandten Kunst.

Schwerpunkt der Arbeit wird die Auseinandersetzung mit der Erschöpfungslehre sein sowie die Frage, ob Italien verpflichtet werden kann, seine Gesetze und seine Rechtsprechung den übrigen Mitgliedstaaten anzupassen.

„Daß man Kunst bei der Gestaltung von Gebrauchsgegenständen ‚anwenden' könne, ist ein verhängnisvoller Irrtum ... Nicht die Handwerker, nicht die Ingenieure, sondern die Künstler, die die Produktgestaltung als ein Betätigungsfeld ihrer dekorativen Ambitionen betrachten, haben uns das Kunstgewerbe und den Industriekitsch beschert und werden sie uns endlos wieder und wieder bescheren."

(Hans Eckstein, 1964)

ERSTER TEIL

1. DER URHEBERRECHTSSCHUTZ DER ANGEWANDTEN KUNST NACH DEUTSCHEM RECHT

Das Urheberrecht ist ein subjektives Recht, das die ideellen und materiellen Interessen des Urhebers an seinem Geisteswerk schützt. Es ist begrifflich als Summe der Rechtsnormen zu verstehen, die das Verhältnis des Urhebers und seiner Rechtsnachfolger zu dem Werk definieren und regeln.[4] Diese Rechtsnormen bestehen aus dem Gesetz über Urheberrechte und verwandte Schutzrechte (UrhG) vom 9. September 1965

---

4 Schack, S. 1, Rdnr. 2.

sowie internationalen Verträgen[5] und dem europäischen Recht.[6] Dabei ist das UrhG, das am 1.1.1966 in Kraft trat und 1972, 1985 und 1990 novelliert wurde, die wichtigste Grundlage des deutschen Urheberrechts.

§ 1 UrhG sieht vor, daß „die Urheber von Werken der Literatur, Wissenschaft und Kunst für ihre Werke Schutz nach Maßgabe dieses Gesetzes" genießen. Nicht das Werk, sondern die Person des Urhebers genießt diesen Schutz. Die dahinter stehende Philosophie ist, die Allgemeinheit durch Kulturgüter zu bereichern, indem man das künstlerische Schaffen des einzelnen durch persönliche materielle und ideelle Vorteile honoriert.[7] Der Schutz des Urhebers, das heißt des Schöpfers des Werks[8], wird gemäß § 64 UrhG durch eine Schutzfrist von 70 Jahren post mortem auctoris[9] gewährleistet, in welcher der Urheber gemäß § 11 UrhG „in seinen geistigen und persönlichen Beziehungen zum Werk und in der Nutzung des Werkes" geschützt ist.

Das Urheberrecht entsteht mit der Werkschöpfung, das heißt mit dem Zeitpunkt, in dem das Werk seine Form angenommen hat.[10] § 2 UrhG regelt den urheberrechtlichen Werkbegriff. Jedes Werk ist schützbar, das man in die Kategorien Literatur, Wissenschaft und Kunst einordnen kann. Exemplarisch ist ein Katalog schutzfähiger Werke in § 2 UrhG

---

5 S. z.B. die Pariser Fassung der Revidierten Berner Übereinkunft (RBÜ) von 1971 (BGBl. 1973 II 1069), für Deutschland in Kraft seit dem 10.10.1974 (BGBl. 1974 II 1079), das Welturheberrechtsabkommen (WUA) v. 6.9.1952 (BGBl. 1955 II 102), für Deutschland in Kraft seit dem 16.9.1955 (BGBl. 1955 II 892) und das Rom-Abkommen (RA) v. 26.10.1961 (BGBl. 1965 II 1243), für Deutschland in Kraft seit dem 21.10.1966 (BGBl. 1966 II 1473).

6 S. ausführlicher unten: 1.3., S. 99 ff. sowie Zweiten Teil, S. 125 ff.

7 Schricker - Schricker, Einleitung Rdnr. 8-10.

8 S.: § 7 UrhG.

9 Diese Schutzfrist gilt seit der Umsetzung der Schutzdauer-Richtlinie für die gesamten EG-Mitgliedstaaten; Richtlinie 93/98/EWG des Rates v. 29. Oktober 1993 zur Harmonisierung der Schutzdauer des Urheberrechts und bestimmter verwandter Schutzrechte (ABlEG Nr. L 290, 9), abgedruckt in: GRUR Int 1994, 141 ff.; s. zur Schutzdauer-Richtlinie: Dietz (Konturen), S. 64 ff.

10 Schricker - Loewenheim, § 7 Rdnr. 5.

aufgeführt, der jedoch bewußt offengelassen wurde, um auch für in der Zukunft neu entstehende Werkarten zugänglich zu sein.[11]

A. DER BEGRIFF DER ANGEWANDTEN KUNST

In dem Katalog des § 2 UrhG sind insbesondere unter § 2 I Nr. 4 „die Werke der bildenden Künste“ aufgeführt, „einschließlich der Werke der Baukunst und der angewandten Kunst und Entwürfe solcher Werke“. Dabei verwendet das Gesetz den Begriff der bildenden Künste als Oberbegriff für die verschiedenen Erscheinungsformen künstlerischen Schaffens.[12] Zu den bildenden Künsten zählen im weiteren Sinne alle Gegenstände, die einen das ästhetische Empfinden ansprechenden Gehalt durch die Gestaltung von Flächen, Körpern oder Räumen ausdrücken.[13] Darunter fallen die Werke der bildenden Kunst im engeren Sinne, also Gegenstände, die ausschließlich auf die ästhetische Ausdrucksfähigkeit gerichtet sind,[14] wie Werke der Bildhauerei, Malerei und der Graphik, die insbesondere von den Werken der angewandten Kunst[15] zu unterscheiden sind.

I. Das allgemeine Verständnis vom Begriff der angewandten Kunst

Aber was ist denn nun unter angewandter Kunst zu verstehen? Warum hat man sich gerade für diesen Begriff entschieden? Kaum ein Begriff der Kunstgeschichte ist so umstritten, so mißverstanden oder neuerdings in abwertendem Sinne mißbraucht worden wie der sprachliche Januskopf „Kunstgewerbe oder angewandte Kunst“.[16] Dem Begriff der

---

[11] Möhring/Nicolini, § 2 Anm. 2.

[12] Kuhmann, S. 32 m.w.N.

[13] Fromm/Nordemann - Nordemann/Vinck, § 2 Rdnr. 51.

[14] Gamm, § 2 Rdnr. 21.

[15] Zur historischen Entwicklung des Schutzes von Werken der angewandten Kunst s.: Nirk, UFITA 80, 1 ff.

[16] Dietrich, S. 17.

angewandten Kunst wurden mannigfaltige Namen gegeben, angefangen von Kunsthandwerk bis hin zu Industriedesign,[17] wobei dadurch nicht immer dazu beigetragen wurde, eine begriffliche Annäherung an den Wesensgehalt dieser Werke herbeizuführen.[18] Vielmehr hebt der Begriff des Industriedesigns die industrielle Seite zu sehr hervor und vernachlässigt dadurch die Möglichkeit der handwerklichen Herstellung, und umgekehrt ist es mit dem Begriff des Kunsthandwerks.

Der Begriff der angewandten Kunst ist als Wortschöpfung heutzutage am ehesten in der Begriffspolarität zur (zweck-)freien Kunst nachvollziehbar.[19] Er umfaßt damit alle Kunstformen, die über die ästhetische Wirkung hinaus einen praktischen Bezug zur menschlichen Lebenswelt haben.[20] Alles, was der Mensch zu seiner äußeren Lebensbewältigung und Lebenstechnik, also zur Befriedigung seiner Grundbedürfnisse Nahrung, Kleidung und Wohnung geschaffen hat, das über die bloße Zweckmäßigkeit hinaus auch künstlerische Gestaltungswerte aufweist, gehört in den Bereich der angewandten Kunst.[21]

Dabei erfolgt eine aktive Sachbewertung, die den Gegenstand als Produkt, als konsumierbaren Gebrauchsgegenstand sieht, der im Gegensatz zum passiven, auf seine eigene Geschichte bedachten Objekt steht.[22]

---

17 Der Begriff „industrial design“ wird auf Mart Stam zurückgeführt, der ihn im Jahre 1948 zum ersten Mal verwendet haben soll; Stam verstand unter „industrial designer“ Entwerfer, die auf jedem Gebiet der Industrie tätig werden sollten, insb. in der Gestaltung neuer Materialien. – Bürdek, S. 16; zur Geschichte des Designs in Deutschland s.: Selle, S. 10 ff.

18 „Schade, daß man den guten alten Namen ‚Kunstgewerbe‘ immer mehr durch andere verdrängen will. Niedere Künste, dekorative Künste, technische Künste, angewandte Kunst, Kleinkunst, Nutzkunst, Werkkunst, Handwerkskunst, Gebrauchskunst, Gewerbekunst, Geschmackskunst, Kunst im Handwerk und ähnliche Bildungen sind lange nicht so glücklich“ (Gustav Pazaurek, Direktor des Stuttgarter Königlich Württembergischen Landes-Gewerbemuseums, 1912) - Dietrich, S. 16.

19 A.A.: Heydt, GRUR 1968, 530, 533.

20 Dietrich, S. 18.

21 Klesse, S. 8.

22 Witt-Döring, S. 48.

Dennoch kann ein solcher Gegenstand Kunst sein. Denn womit ließe es sich begründen, daß Kunst zweckfrei sein muß? Auch die Gestaltung einer lebenswerten, ästhetisch vorbildlich geplanten, ausgestatteten Umwelt, einer phantasievollen, qualitativ, funktional und formal wertvollen Dingwelt ist Kunst, konkret, sinnlich, begreifbar und oft hautnah.[23] Angewandte Kunst wird daher nicht lediglich als Frage von Innovation, Form, Funktion oder Farbe verstanden, sondern zeugt auch von ästhetischem, wirtschaftlichem und gesellschaftlichem Verantwortungsbewußtsein.[24]

Während in früheren Jahrhunderten die herrschenden Schichten als Auftraggeber in künstlerischen Fragen tonangebend waren, ist nach der Industrialisierung und der demokratischen Umschichtung des 19. und 20. Jahrhunderts in der heutigen Gesellschaft jeder Bürger selbst in diese Funktion hineingewachsen; als Abnehmer und Konsument bestimmt er das Niveau der zeitgenössischen angewandten Kunst und damit das künstlerische Gepräge der materiellen Kultur unserer Zeit ganz entscheidend mit.[25] Die angewandte Kunst umfaßt somit Objekte für den Gebrauch, die jedoch nicht alltäglich sind.[26]

Unter den Begriff der angewandten Kunst fallen die verschiedensten Erscheinungsformen, darunter Erzeugnisse der holz- und metallverarbeitenden Industrie, Juwelier- und Schmiedekunst sowie Porzellan- und Glasmanufaktur, angefangen bei Möbeln,[27] Raumschmuck,[28] Tafelzier,[29]

---

[23] Dietrich, S. 19.

[24] Dietrich, aaO.

[25] Klesse, S. 9.

[26] Für eine ausführliche Darstellung des Kunstbegriffs aus Sicht der Museen s.: Noever und Dietrich.

[27] S.: Anhang Abb. 1 (Toilettentisch) und Abb. 2 (Berliner Stuhl).

[28] S.: BGH GRUR 1988, 690 ff. (Kristallfiguren) mit Abbildungen der streitgegenständlichen Swarowski-Figuren.

[29] S.: Anhang Abb. 3 (Silberner Tafelaufsatz).

Geschirr,[30] Besteck,[31] Textilien[32] und Modeschöpfungen,[33] Schmuck[34] und Accessoires,[35] Musikinstrumenten[36] bis hin zu Elektrogeräten[37], um nur einige zu nennen.

II. Der urheberrechtliche Begriff der angewandten Kunst

Nicht jedes Produkt, das nach dem allgemeinen Verständnis beziehungsweise von Fachkreisen und Kunstkritikern als angewandte Kunst bezeichnet oder in Museen für angewandte Kunst ausgestellt wird, fällt jedoch unter den urheberrechtlichen Werkbegriff der angewandten Kunst, sondern kann allenfalls als Indiz dafür dienen. Der Werkbegriff steht zu Beginn jeder Erörterung eines urheberrechtlich relevanten Falls; ohne das Werk gibt es kein Urheberrecht.[38]

Das „Werk" ist ein normativer Begriff.[39] Das Urheberrecht schützt nicht jedes künstlerische Produkt, sondern nur ein Produkt, das Ausdruck schöpferischen Schaffens ist,[40] denn der Kunstbegriff unterliegt dem Wandel der Zeit und dem Wandel des subjektiven Verständnisses von Kunst, und es gibt eine große Vielfalt künstlerischer Schaffensweisen. Eine Eingrenzung des Kunstbegriffs könnte daher nur vage und ungenau vorgenommen werden.

---

30 S.: Anhang Abb. 4 (Schale).

31 S.: Anhang Abb. 5 (Reisebesteck).

32 S.: Anhang Abb. 6 (Knüpfteppich mit Tieren).

33 S.: Anhang Abb. 7 (Gesellschaftskleid um 1910).

34 S.: Anhang Abb. 8 (Topas-Collier).

35 S.: Anhang Abb. 9 (Zierkamm).

36 S.: Anhang Abb. 10 (Cembalo).

37 S.: Anhang Abb. 11(Fernseher).

38 Fuchs, S. 1.

39 Vgl.: Ulmer, GRUR 1968, 527, 529.

40 Schricker - Loewenheim, § 2 Rdnr. 2.

Auch sollte es nicht dem Juristen überlassen sein, darüber zu urteilen, was Kunst ist. Daher gibt es keine verläßlichen Kriterien, um den Begriff der Kunst rechtlich ausreichend zu definieren.[41] Dies bedeutet, daß kein Urteil über den künstlerischen Wert eines Produkts gefällt wird und damit kein Urteil darüber, was Kunst ist,[42] sondern lediglich darüber, in welchen Fällen schöpferischer Leistung Urheberrechtsschutz zu gewähren ist.

Für die Konkretisierung des Werkbegriffs der angewandten Kunst bedarf es daher verschiedener objektivierbarer Elemente, deren begriffliche Bestimmung der Rechtsprechung und dem Schrifttum überlassen wurde. Dabei hat es für die Zuerkennung der Werkeigenschaft eines Objekts der angewandten Kunst verschiedene Ansätze gegeben. Jedoch haben sich, wie KUHMANN[43] treffend formuliert, keine Vorschläge der Lehre durchsetzen können, so daß eine allgemeingültige Definition des Werkbegriffs von seiten des Schrifttums nicht vorgelegt wurde.

Letztlich war es damit der Rechtsprechung überlassen, eine begriffliche Bestimmung vorzunehmen, der sich die Lehre im Ergebnis angeschlossen hat.[44] Dabei haben sich vier Schutzvoraussetzungen für die Annahme der Werkeigenschaft eines Produkts herauskristallisiert. Diese werden insbesondere auch von der höchstrichterlichen Rechtsprechung vertreten.[45] Es bedarf

- einer persönlichen Schöpfung,
- die einen geistigen Gehalt aufweisen muß sowie
- eine wahrnehmbare Formgestaltung, und
- die Individualität des Schöpfers muß erkennbar sein.

---

41 Ausführlich hierzu: Erdmann, FS v. Gamm, S. 389, 403; so auch: BVerfG NJW 1985, 261, 262.

42 Schricker - Loewenheim, § 2 Rdnr. 2.

43 Kuhmann, S. 38 m.w.N.

44 Schricker - Loewenheim, § 2 Rdnr. 11 ff.

45 S. z.B.: BGHZ 16, 4, 6 (Mantelmodell); 27, 351, 354 (Candida-Schrift); GRUR 1959, 289, 290 (Rosenthal-Vase); 1967, 315, 316 (skai-cubana); 1972, 38, 39 (Vasenleuchter).

a) Persönliche Schöpfung

Im Gesetz verankert ist die Voraussetzung einer persönlichen Schöpfung (§ 2 II UrhG). Die Schutzvoraussetzung der persönlichen Schöpfung verlangt, daß ein Werk von einem Menschen durch gestalterische Tätigkeit hergestellt wurde. Die persönliche Schöpfung schlägt sich nieder in der Auswahl der Form, der Farbe sowie des Charakters des Werks.

Die Voraussetzung der persönlichen Schöpfung dient der Ausgrenzung von Erzeugnissen durch Maschinen und Apparate sowie durch Tiere. Dabei darf das menschliche Schaffen gleichwohl durch maschinelle Hilfsmittel unterstützt werden. Denn die schöpferische Tätigkeit bleibt menschlich, solange der Mensch die ausführenden Schritte der Maschine lenkt.[46] Das heißt, daß zum Beispiel eine Gebrauchsgraphik durchaus unter Zuhilfenahme computergesteuerter Zeichen- und Malprogramme (etwa Windows Paintbrush) erstellt sein kann.[47] Dabei ist jedoch darauf zu achten, daß eine eigene gestalterische Tätigkeit hinzutreten muß, die bei vollautomatisierten Maschinen und Zufallsgeneratoren in der Regel ausgeschlossen ist.[48]

Auch soll verhindert werden, daß vorgefundene Gegebenheiten und Gegenstände als angewandte Kunst präsentiert werden, das heißt einfach etwas Vorgefundenes als Kunstwerk deklariert wird. Denn lediglich die Präsentation eines solchen Gegenstands stellt noch keine schöpferische Leistung dar.[49] Dabei soll ausgeschlossen werden, daß durch Präsentation eines statistisch einmaligen Gegenstands dem Urheber die Entscheidung überlassen wird, ob Urheberrechtsschutz besteht oder nicht. Im Bereich der angewandten Kunst würde dies bei der Frage nach der Individualität des Schöpfers[50] zu einer Aushöhlung der bewußten Unterschei-

---

[46] Fromm/Nordemann - Nordemann/Vinck, § 2 Rdnr. 10.

[47] Schricker - Loewenheim, § 2 Rdnr. 13.

[48] So auch: Fabiani, GRUR Ausl. 1965, 422, 423 ff.

[49] A.A.: Kummer, S. 75; hiergegen insb.: Ulmer, GRUR 1968, 527 ff.

[50] S. zur Individualität unten: 1.1.A.II.d), S.12 ff.

dung zwischen geschmacksmusterfähigen und urheberrechtsfähigen Werken[51] allein durch Präsentation des Werks führen.[52] Objektive Neuheit, wie sie zum Beispiel das Patentrecht fordert,[53] ist nicht erforderlich.[54] Lediglich für den Urheber selbst muß das Werk neu sein, um eine persönliche Schöpfung, das heißt eine eigene Kreation zu sein.[55] Damit sind Doppelschöpfungen im Urheberrecht theoretisch möglich, solange jede Schöpfung die Individualität, das heißt den individuellen Geist des Urhebers verkörpert.

b) Geistiger Gehalt

Ferner verlangt § 2 II UrhG eine geistige Schöpfung; das heißt, die Arbeit muß einen geistigen Gehalt aufweisen. Erforderlich ist, daß durch das Werk ein vom Urheber stammender Gedanken- oder Gefühlsinhalt mitgeteilt wird.[56] Damit soll dem Werk eine menschliche Regung innewohnen, um auch hier mechanische Tätigkeiten (Zufallswerke) oder gedankenlose Spielereien vom Schutz auszuschließen.[57] Dabei bedarf es bei Werken der angewandten Kunst zwangsweise einer formgebenden Tätigkeit, die sich in dem Werk verwirklicht und das ästhetische Gefühl des Betrachters durch Anschauung anregt.[58]

c) Wahrnehmbare Formgestaltung

Die Voraussetzung der wahrnehmbaren Formgestaltung verlangt, daß das Werk eine Form angenommen haben und für die Wahrnehmung der

---

[51] S. hierzu ausführlicher unten: 1.1.C.I., S. 20 ff.

[52] So auch insb.: Ulmer, GRUR 1968, 527, 529.

[53] S. hierzu ausführlicher unten: 1.1.C.II.a), S. 26.

[54] BGH GRUR 1985, 1041, 1047 (Inkasso-Programm).

[55] Auch subjektive Neuheit genannt: Fromm/Nordemann - Nordemann/Vinck, § 2 Rdnr. 8.

[56] Schricker - Loewenheim, § 2 Rdnr. 18.

[57] Fromm/Nordemann - Nordemann/Vinck, § 2 Rdnr. 10.

[58] BGH GRUR 1979, 332, 336 (Brombeerleuchte).

menschlichen Sinne zugänglich sein muß.[59] Diese Schutzvoraussetzung soll den noch nicht geäußerten Gedanken ausschließen, der nicht schutzbedürftig ist. Dieses Merkmal wird in der Regel bei Werken der angewandten Kunst vorliegen, da diese eine formgebende Tätigkeit voraussetzen.[60] Es gewinnt hauptsächlich Bedeutung für Werke, bei denen die Form ungewöhnlich oder vergänglich ist, wie zum Beispiel bei Happenings, Werken, die aus sich auflösenden Materialien hergestellt sind, Stegreifreden oder improvisierten Musikstücken.

d) Individualität

Das wichtigste Merkmal der angewandten Kunst ist die Individualität. Dieses Kriterium ist nicht ausdrücklich in § 2 II UrhG normiert, sondern Ausfluß des Gedankens der persönlichen geistigen Schöpfung. Denn nur individuelle Ausdruckskraft[61] verleiht dem Werk eine persönliche schöpferische Note. Erforderlich ist, daß sich die Leistung aus der Masse des Alltäglichen heraushebt und vom individuellen Geist des Künstlers geprägt ist. Eine rein handwerkliche oder routinemäßige Leistung des Schöpfers reicht nicht aus.[62]

Obwohl Einigkeit darüber besteht, daß die Schutzvoraussetzung der Individualität den Kern des Werkbegriffs darstellt, hat es terminologische Aufspaltungen im Rahmen der höchstrichterlichen Rechtsprechung gegeben. So wird, ohne einen Unterschied in der Voraussetzung als solcher zu machen, von *„schöpferischer Eigentümlichkeit“*[63] gesprochen, beziehungsweise von *„schöpferischer Eigenart“*[64] oder *„eigentümlicher*

---

[59] BGH GRUR 1985, 1041, 1046 (Inkasso-Programm).

[60] S. zum Begriff des geistigen Gehalts oben: 1.1.A.II.b), S. 11.

[61] BGH GRUR 1995, 673, 675 (Mauer-Bilder).

[62] BGH GRUR 1993, 34 (Bedienungsanweisung).

[63] BGH GRUR 1985, 1041, 1047 (Inkasso-Programm); 1994, 206, 208 (Alcolix); 1995, 581 (Silberdistel).

[64] BGH GRUR 1992, 382, 385 (Leitsätze); OLG Köln 1986, 889, 890 (ARD-1).

Prägung“[65]. SCHACK[66] hat zu Recht angemerkt, daß die Terminologie der Eigentümlichkeit oder der Eigenart verwirrend sein kann, da es gerade nicht auf eine objektive Eigenartigkeit, also eine Form der Neuartigkeit ankommt, denn das Urheberrecht verlangt im Gegensatz zu anderen Schutzrechten gerade nicht die objektive Neuheit des Werks.

Eine Grenze der Individualität erfahren Werke der angewandten Kunst insbesondere dadurch, daß der Gebrauchszweck die Entfaltung des Schöpfers hemmen kann. Es ist zu berücksichtigen, daß auch ein gewisser Spielraum für die freie Entfaltung des Künstlers gegeben ist. Diese kann oftmals dadurch ausgeschlossen sein, daß dem Künstler durch den Gebrauchszweck oder technische Gegebenheiten gewisse Grenzen gesetzt oder Auflagen gemacht werden, welche zum Ausschluß der Individualität führen können.[67] Eine Individualität wird insbesondere auszuschließen sein, wenn eine Formgebung vorgegeben oder üblich ist,[68] denn dann beruht die Formgebung nicht mehr auf der freien Entscheidung und damit der individuellen Schöpfungskraft des Künstlers. Das heißt, je nebensächlicher der Gebrauchszweck ist oder je weniger er im Vordergrund steht, desto eher wird eine Individualität des Künstlers zu bejahen sein.

Die frühere Rechtsprechung[69] hat einen qualitativen Unterschied in dem „ästhetischen Überschuß“ des Kunstwerks gesehen. Dies wurde als irreführend bezeichnet[70] mit der Begründung, jedes Design versuche ästhetisch zu sein. Dieser Begriff des ästhetischen Überschusses mag falsch gewählt sein. Es hat sich aber auch in der neueren Rechtsprechung[71] herauskristallisiert, daß Gegenständen, die zwar noch zum Be-

---

[65] BGH GRUR 1981, 352, 353 (Staatsexamensarbeit).

[66] Schack, S. 81, Rdnr. 161.

[67] S. z.B.: OLG Köln GRUR 1986, 889, 890 (ARD-1).

[68] LG Nürnberg-Fürth GRUR 1995, 407, 408 (Playmobil-Figur); OLG Köln GRUR 1986, 889, 890 (ARD-1).

[69] So: RGZ 76, 339, 344; BGHZ 27, 351, 354 (Candida-Schrift).

[70] So: Schack, S. 97, Rdnr. 203.

[71] BGH GRUR 1979, 669 (Tierfiguren); 1988, 690 ff. (Kristallfiguren).

reich der angewandten Kunst gehören, jedoch einen geringen Gebrauchswert haben,[72] in wesentlich großzügigerer Weise Urheberrechtsschutz zugesprochen wird, da bei einem geringen Gebrauchswert diese Gegenstände der reinen Kunst mehr angenähert sind als der angewandten Kunst und dadurch der ästhetische Wert mehr im Vordergrund steht als bei der formgebundenen angewandten Kunst.[73] Daher sollte man wohl nicht von „ästhetischem Überschuß" reden, sondern vielleicht eher von *„formungebundenerer Ästhetik"* oder *„Überschuß der Formfreiheit"*, denn die Formfreiheit ist es, die, jedenfalls im Bereich der angewandten Kunst, ein individuelles Schaffen des Künstlers sichert. Damit mag die Namensgebung der früheren Rechtsprechung unglücklich und diese Terminologie hinfällig sein, aber der dahinter stehende Gedanke hat sich weiterhin durchgesetzt.

Ist der Künstler jedoch an eine Form in gewissem Umfang gebunden, so kommt es darauf an, daß der Gegenstand möglichst vom Alltäglichen abweicht. Je ausgefallener das Werk ist, um so eher wird es eine Individualität des Künstlers widerspiegeln und ein Urheberrechtsschutz zu bejahen sein. Dies wird insbesondere deutlich bei Werken wie zum Beispiel Möbeln, denn alle Formungselemente, die auf bekannte Vorbilder zurückgehen, müssen ausscheiden, sofern nicht in der Kombination dieser Elemente eine schöpferische Leistung zu sehen ist.[74] Mit dieser restriktiven Sichtweise der Individualität soll letztendlich verhindert werden, daß naheliegende Gestaltungselemente monopolisiert werden.[75]

Der Urheberrechtsschutz eines Werks der angewandten Kunst ist damit nur dann gegeben, wenn der Künstler sich formungebunden entfalten oder seine Individualität durch die Ausgefallenheit seines Werks

---

[72] So z.B.: „Nippes".

[73] Dazu Schulze, GRUR 1988, 693: „Diese Strenge (der Gestaltungshöhe) gilt allem Anschein nach vor allem bei funktionalen Gegenständen, während sich der kunstgewerbliche Kitsch etwas mehr Großzügigkeit erfreuen darf."

[74] LG Nürnberg-Fürth GRUR 1995, 407, 408 (Playmobil-Figur).

[75] Schack, S. 99, Rdnr. 207.

erhalten kann, ohne durch den Gebrauchszweck in erheblichem Maße eingeschränkt zu sein.

e) Gestaltungshöhe

Umstritten ist die Frage, ob eine gewisse Gestaltungshöhe[76] bei der Individualität des Schöpfers zu fordern ist. Der Begriff der Gestaltungshöhe bezieht sich auf die Frage, welches Niveau die Individualität des Schöpfers haben muß.[77]

(i) Meinung der Rechtsprechung

Die Voraussetzung der Gestaltungshöhe wird insbesondere von der Rechtsprechung gefordert. An diesem Begriff hält der BGH auch immer noch fest,[78] obwohl zunehmend kritische Stimmen in der Literatur laut werden. Der BGH hat eine zweistufige Prüfung der Gestaltungshöhe entwickelt. Zunächst wird das zu untersuchende Werk mit vorbekannten Werken verglichen und geprüft, ob dem Werk vergleichsweise individuelle Eigenheiten zukommen, die auf ihre erforderliche Gestaltungshöhe zurückgehen.[79] Bei den verschiedenen Werkarten ist das Mindestmaß der Gestaltungshöhe unterschiedlich anzusetzen. Grundsätzlich werden an die Höhe der Individualität keine besonderen Ansprüche gestellt. Danach würde jede minimale Prägung durch den Schöpfer ausreichen. Jedoch ist insbesondere bei Werken der angewandten Kunst zu berücksichtigen, daß diese nicht nur Urheberrechtsschutz, sondern auch Geschmacksmusterschutz genießen können,[80] und die Abgrenzung der beiden Schutzrechte besonders über die Gestaltungshöhe zu vollziehen ist. Da das Geschmacksmuster den Unterbau des Urheberrechtsschutzes für Werke der angewandten Kunst darstellt, ist an das Maß der Individuali-

---

[76] Auch Schöpfungs- oder Leistungshöhe genannt.

[77] Zur Entstehungsgeschichte des Begriffs: Schricker, FS Kreile, S. 715 ff.

[78] So z.B.: BGHZ 112, 264, 273 (Betriebssystem).

[79] Vgl.: BGH GRUR 1985, 1041, 1047 (Inkasso-Programm).

[80] S. hierzu und zur Abgrenzungsproblematik ausführlich unten: 1.1.C.I., S. 20 ff.

tät für letztere eine deutlich höhere Anforderung zu stellen.[81] Dabei hat die Rechtsprechung betont, daß das Maß der Individualität nicht zu niedrig angesetzt werden darf. Die Formgestaltung müsse über das Durchschnittsschaffen eines mit Kenntnis des betreffenden Fachgebiets vertrauten Mustergestalters und über das rein handwerksmäßige Fertigen hinausgehen.[82] Es soll damit klargestellt werden, daß die „kleine Münze“[83] im Bereich der angewandten Kunst als urheberschutzunfähig auszuschließen ist.[84] Die „kleine Münze“ ist damit nur durch das Geschmacksmuster schützbar.

(ii) Kritik der Lehre

Das Schrifttum vertritt im Gegensatz zur Rechtsprechung zunehmend die Ansicht, daß sich für die Voraussetzung einer Gestaltungshöhe keine Rechtfertigung im Gesetz oder in den Gesetzesmaterialien finden läßt.[85] Dabei wird zum Teil die Meinung vertreten, daß die Gestaltungshöhe unabhängig von der Werkart als Voraussetzung ausscheiden sollte.[86] Dies wird unter anderem damit begründet, daß auch im Bereich des europäischen Rechts und der zum Urheberrecht ergangenen Richtlinien[87] auf das Erfordernis der Gestaltungshöhe verzichtet wurde. Ferner sei durch § 2 Abs. 2 n. 4 UrhG jede persönlich geistige Schöpfung ohne Einschränkung geschützt.

---

81 BGH GRUR 1995, 581, 582 (Silberdistel).

82 BGH WRP 1998, 406, 409 (Lunette).

83 Der Begriff wurde von Elster entwickelt; Elster, S. 40. Als „kleine Münze“ werden allgemein im Urheberrecht solche persönlich geistigen Schöpfungen bezeichnet, die ein sehr geringes und gerade noch für ausreichend gehaltenes Maß an Individualität mitbringen. – Ausführlich hierzu: Thomas, S. 1 ff.

84 BGH GRUR 1995, 581, 582 (Silberdistel).

85 So: Fromm/Nordemann - Nordemann/Vinck, § 2 Rdnr. 19 ff.

86 So insb.: Fromm/Nordemann - Nordemann/Vinck, § 2 Rdnr. 19 und 21; Riedel/Schuhmann/Marburger/Störmer, § 2 Bem. B 10.

87 Z.B.: sog. Computerprogramm-Richtlinie, Datenbank-Richtlinie, Schutzdauer-Richtlinie, s. hierzu unten: 1.3., S. 99 ff.

Ein anderer Teil des Schrifttums stellt den Begriff der Gestaltungshöhe für Bereiche außerhalb der angewandten Kunst in Frage.[88] Das heißt, dieser Teil der Lehre sieht das Bedürfnis nach einer Abgrenzung zwischen Urheberrechtsschutz und Geschmacksmusterschutz, verneint aber im übrigen diese Voraussetzung.

(iii) Stellungnahme

Der Kritik der Literatur ist entgegenzuhalten, daß auch die Voraussetzung der Individualität des Schöpfers nicht ausdrücklich im Gesetz normiert, sondern vielmehr Ausfluß des Gedankens der persönlichen geistigen Schöpfung ist. Daher spricht nichts dagegen, auch die Gestaltungshöhe der Schöpfung als ein ungeschriebenes Merkmal des Werkbegriffs zu sehen. Vielmehr ist die Kritik berechtigt, daß bei den meisten Werkarten auch ein Mindestmaß an Gestaltungshöhe ausreichend ist und sich damit dann die grundsätzliche Frage stellt, ob eine weitere Schutzvoraussetzung erforderlich ist, obwohl ihr keine eigenständige Funktion zukommt.

Dies gilt jedoch nicht bei den Werken der angewandten Kunst, denn ohne eine Abgrenzung durch die Gestaltungshöhe ließe sich eine Schutzuntergrenze nicht finden. Damit kommt der Gestaltungshöhe im Bereich der angewandten Kunst eine eigenständige Funktion zu, die ihr als Voraussetzung Berechtigung gibt. Daher ist es nicht vertretbar zu verlangen, daß die Schutzuntergrenze auf der Grundlage eines einheitlichen Werkbegriffs für alle Werkarten in gleicher Höhe gezogen wird.[89] Damit ist entsprechend der Handhabung durch die Rechtsprechung grundsätzlich im Rahmen der Individualität nach der Gestaltungshöhe des Werks zu fragen.

---

88 Schricker - Loewenheim, § 2 Rdnr. 25.

89 Erdmann, FS v. Gamm, S. 389, 396 ff.

f) Folgerungen zum urheberrechtlichen Werkbegriff

Urheberrechtsschutz genießt das Werk als solches. Stil, Manier, Methode und Technik des Werks sind nicht schutzfähig, ebensowenig die Idee des Werks. Dem Werk kommt die zentrale Bedeutung zu. Die Merkmale, die von der Rechtsprechung entwickelt wurden, können den Werkbegriff der angewandten Kunst allerdings nur umschreiben. Es bleiben Unsicherheiten über die Abgrenzungskriterien bestehen.[90] Eine greifbare und logische Definition ist damit nicht entstanden und kann bei einer so vagen Materie wie dem Kunstbegriff wohl auch nicht entstehen. Damit kann eine Aussage über die Schutzfähigkeit eines „Kunstwerks" nur im jeweiligen Einzelfall getroffen werden und unterliegt der tatrichterlichen Würdigung. Dabei geht der Tatrichter von der „Auffassung der für Kunst empfänglichen und mit Kunstanschauung einigermaßen vertrauten Kreise" aus.[91] Damit schließt sich der Kreis, und so ist die Anschauung der Kunstexperten doch vielleicht mehr als ein Indiz für die Schutzfähigkeit eines Werks, denn sie sind es letztendlich, die als Sachverständige über die Frage urteilen, ob von einer „künstlerischen Leistung gesprochen werden kann".[92]

B. DER INHALT DES URHEBERRECHTS

Handelt es sich um ein Werk der angewandten Kunst nach § 2 I Nr. 4 UrhG, so ist zu fragen, welche Rechte dem Urheber hierdurch erwachsen. Grundsätzlich ist der Urheber entsprechend § 11 UrhG „in seinen geistigen und persönlichen Beziehungen zum Werk und in der Nutzung des Werks" geschützt. Dies beinhaltet zum einen die „Urheberpersönlichkeitsrechte" (§§ 12-14 UrhG) und zum anderen die Nutzungsrechte der §§ 15 ff. UrhG und sonstige Rechte (§§ 25-27 UrhG). Diese Summe gesetzlich geregelter Einzelbefugnisse ist nur exemplarisch und offen für

---

90 Pilgrim, S. 46, 80.

91 BGH GRUR 1972, 38, 39 (Vasenleuchter).

92 BGH aaO.

weitere Rechte, die im Laufe der fortschreitenden technischen Entwicklung noch folgen können.

Von besonderer Bedeutung für die in dieser Arbeit enthaltene Fragestellung und die Auseinandersetzung mit der Erschöpfungslehre sind die Verwertungsrechte der §§ 15 ff. UrhG und dabei insbesondere das Verbreitungsrecht des § 17 UrhG. Grundgedanke dieser Rechte ist der Grundsatz der tunlichst angemessenen Beteiligung des Urhebers an dem wirtschaftlichen Nutzen, der aus seinem Werk gezogen wird.[93] Während das Vervielfältigungsrecht des § 16 UrhG dem Urheber die Nutzung seines Werkes insoweit sichert, daß er das Recht hat, die Vervielfältigung seines Werks zu unterbinden, oder ihm ein Entgelt für die Nutzungshandlung garantiert und das Ausstellungsrecht die Rechte an der öffentlichen Zurschaustellung sichert, soll bei dem Verbreitungsrecht des § 17 UrhG die Art der Nutzung erfaßt werden, die durch die Weitergabe von Originalen oder Vervielfältigungsstücken gegeben ist. Darin sind jeweils auch die Nutzungen der zukünftigen Benutzerkreise eingeschlossen.

Eingeschränkt wird dies jedoch durch den Grundsatz der gemeinschaftsweiten Erschöpfung, der in § 17 II UrhG normiert ist. Danach ist das Recht des Urhebers EG-weit erschöpft, wenn mit der Zustimmung des Urhebers das Werk durch Veräußerung innerhalb der EG in Verkehr gebracht wurde.[94] Als Verbreitung im Sinne des § 17 I UrhG ist nicht nur das Inverkehrbringen der Originale oder der Vervielfältigungsstücke zu sehen, sondern auch schon das Angebot an die Öffentlichkeit in Form einer Aufforderung zum Eigentums- oder Besitzerwerb.[95]

---

93 BGHZ 116, 305, 308 (Altenwohnheim II).

94 Hierzu ausführlich unten: 1.4.B., S. 120 f.

95 Nirk/Kurtze, Einführung Rdnr. 38.

C. DIE ABGRENZUNG ZU ANDEREN SCHUTZRECHTEN

Werke der angewandten Kunst können vielfach auch durch andere, gewerbliche Schutzrechte schützbar sein. Dabei ist nicht nur an das Geschmacksmuster als Unterbau des Urheberrechts zu denken, sondern zum Beispiel auch an die technischen Schutzrechte. Namentlich dann, wenn die Werke sowohl ästhetische als auch funktionale Aspekte aufweisen, kann ein Objekt der angewandten Kunst auch hierdurch schützbar sein. Zu denken ist ebenfalls an die Marke. In diesem Spannungsfeld zwischen Kunst und Technik sind die Grenzen teilweise fließend, und eine Abgrenzung zu anderen Schutzrechten ist notwendig, um hinreichend würdigen zu können, ob für Werke der angewandten Kunst nicht letztendlich doch das Urheberrecht den umfassendsten Schutz bietet.

I. Abgrenzung zum Geschmacksmuster

Das Geschmacksmuster ist seinem Wesen nach ein gewerbliches Schutzrecht auf urheberrechtlicher Grundlage.[96] In seiner Einordnung innerhalb des Immaterialgüterrechts hat das Geschmacksmuster eine Zwitterstellung zwischen dem Urheberrecht und den technischen Schutzrechten inne. Es bildet den Unterbau des Schutzes der Werke der angewandten Kunst. Dabei schließen sich Urheberrechtsschutz und Geschmacksmusterschutz für Werke der angewandten Kunst nicht aus. Beide Rechte schützen geistige Schöpfungen ästhetischer Natur im Gegensatz zu den technischen Schutzrechten.

Allerdings unterliegt der Schutz für Werke der angewandten Kunst durch das Geschmacksmusterrecht anderen Voraussetzungen als der Schutz durch das Urheberrecht. Aber beide Rechte verfolgen letztendlich unterschiedliche Schutzziele, die hier kurz skizziert werden sollen.

---

96 Nirk/Kurtze, Einführung Rdnr. 39.

a) Neuheit

Der Schutz wird einer individuell gestalteten schöpferischen Vorlage für ein gewerbliches Erzeugnis gewährt. Zunächst verlangt das § 1 II GeschmMG ein neues und eigentümliches zweidimensionales Muster oder dreidimensionales Modell. Dabei muß es sich, im Gegensatz zum Urheberrecht,[97] um ein objektiv neues Erzeugnis handeln. Neu ist ein Erzeugnis dann, wenn es im Verkehr bisher nicht bekannt war und gegenüber dem vorhandenen Formenschatz eine bisher nicht bekannte ästhetische Wirkung hervorbringt.[98] Dabei wird die objektive Neuheit nicht im absoluten Sinne aufgefaßt, sondern der BGH hat den objektiven Neuheitsbegriff dahingehend relativiert, daß ein Muster neu ist, wenn die seine Eigentümlichkeit begründenden Gestaltungselemente im Anmeldezeitpunkt „den inländischen Fachkreisen weder bekannt sind noch bei zumutbarer Beachtung der auf den einschlägigen oder benachbarten Gewerbegebieten vorhandenen Gestaltungen bekannt sein konnten“ (relativ-objektive Neuheit).[99] Damit distanziert sich der BGH bewußt von dem durch die Lehre zum Teil im Hinblick auf die urheberrechtliche Grundlage des Geschmacksmustergesetzes geforderten subjektiven Neuheitsbegriff. Dies verdeutlicht, daß das Geschmacksmuster zwar auf urheberrechtlicher Grundlage basiert, aber es doch Unterschiede zwischen den beiden Rechten gibt, die hier deutlich zutage treten. Ferner muß die Neuheit des Musters durch Einzelvergleich ermittelt werden.[100]

b) Eigentümlichkeit

Ferner bedarf es der Eigentümlichkeit[101] des Erzeugnisses. Neuheit und Eigentümlichkeit stehen dabei selbständig nebeneinander. Dabei ist jedoch nach der Definition des BGH[102] eine Eigentümlichkeit zwangs-

---

[97] S. oben: 1.1.A.II.a), S. 10 f.

[98] Nirk/Kurtze, § 1 Rdnr. 127.

[99] BGH GRUR 1969, 90, 94 (Rüschenhaube).

[100] BGH GRUR 1960, 256, 257 (Cherie).

[101] Auch charakteristisches Gepräge oder Eigenartigkeit des Musters genannt.

[102] BGH GRUR 1969, 90, 94 (Rüschenhaube).

läufig ausgeschlossen, wenn die Neuheit zu verneinen ist. Ein Erzeugnis ist dann eigentümlich, wenn es „in den für die ästhetische Wirkung maßgebenden Merkmalen als das Ergebnis einer eigenpersönlichen, form- und farbschöpferischen Tätigkeit erscheint, die über das Durchschnittskönnen eines mit der Kenntnis des betreffenden Fachgebietes ausgerüsteten Mustergestalters hinausgeht"[103]. Das Muster muß somit einen ästhetischen Gehalt aufweisen. Es ist auf eine bisher nicht bekannte ästhetische Wirkung der Vorlage abzustellen, die sich über das Auge vermittelt, wobei jede ästhetische Wirkung genügt; sie muß keinen speziellen Wert haben.[104] Die ästhetische Wirkung muß durch eigenpersönliche formschöpferische Tätigkeit zustande kommen.[105] Dieses Merkmal entspricht dem des Urheberrechts, hat aber im Gegensatz zum Urheberrecht in der Praxis selten Bedeutung erlangt.[106]

Ferner muß sich das Muster in irgendeiner Form schöpferisch von den anderen Werken abheben.[107] Das heißt, das Muster muß eine gewisse Gestaltungshöhe aufweisen. Das Merkmal der Gestaltungshöhe ist mit dem Begriff der Erfindungshöhe im Patent-[108] und Gebrauchsmusterrecht[109] vergleichbar, vor allem aber entspricht es dem Merkmal der Gestaltungshöhe im Urheberrecht.[110] Dabei ist der Kerngedanke identisch, allerdings die Anforderung an die Gestaltungshöhe für den Geschmacksmusterschutz geringer als für den Urheberrechtsschutz. Aber auch diese Schutzgrenze darf nicht zu niedrig angesetzt werden.[111] Dabei wird auf das Durchschnittskönnen eines Mustergestalters abgestellt.[112]

---

[103] StRspr.: BGH GRUR 1969, 90, 95 (Rüschenhaube); 1977, 547, 549 f. (Kettenkerze).

[104] Nirk/Kurtze, § 1 Rdnr. 162.

[105] BGH GRUR 1960, 256, 258 (Cherie).

[106] Eichmann/Falckenstein - Eichmann, § 1 Rdnr. 33.

[107] BGH GRUR 1978, 168, 169 (Haushaltsschneidemaschine).

[108] S. unten: 1.1.C.II.a), S. 27.

[109] S. unten: 1.1.C.III., S. 30 f.

[110] S. oben: 1.1.A.II.e), S. 15 ff.

[111] BGH GRUR 1975, 81, 83 (Dreifachkombinationsschalter); 1988, 369, 370 (Messergriff); Beil, UFITA 79, 1, 6.

[112] So: BGH GRUR 1966, 97, 99 (Zündaufsatz).

Das Werk muß sich dabei von dem im Verkehr bekannten Formengut schöpferisch abheben. Dies stellt lediglich einen graduellen Unterschied zum Urheberrecht dar, der eine Unterscheidung im Einzelfall schwierig machen kann.[113] Es muß ein Vergleich mit der Gesamtheit aller verfügbaren Formen vorgenommen werden.[114]

c) Gewerbliche Erzeugnisse

Bei den Vorlagen muß es sich um gewerbliche Muster und Modelle handeln (§ 1 I GeschmMG), das heißt um Gegenstände, die zum Verkauf hergestellt werden. Werke, die rein für den privaten Bereich hergestellt werden, können daher keinen Musterschutz genießen. Dabei kommt es auf die Eignung zur gewerblichen Verwertbarkeit an; eine tatsächliche Verwertung muß nicht vorliegen. Hierin liegt ein großer Unterschied zum Urheberrecht, das keine derartige Vorschrift über den Verwertungszweck enthält.

d) Schutzumfang

Das Geschmacksmustergesetz stellt für objektiv neue und eigentümliche Muster und Modelle lediglich einen Nachbildungsschutz entsprechend § 1 GeschmMG zur Verfügung. Eine Sperrwirkung entsprechend dem Patent- oder Gebrauchsmusterrecht ist nicht gegeben. Dabei ist das Geschmacksmuster ein ungeprüftes Schutzrecht. Der Geschmacksmusterschutz entsteht durch Anmeldung beim Deutschen Patent- und Markenamt (DPMA), in Form der Eintragung in das Musterregister (§ 7 GeschmMG). Eine Prüfung der Berechtigung des Anmelders erfolgt nicht. Nach diesem Gesetz wird lediglich vermutet, daß der Urheber der Berechtigte ist und er nur neue Werke anmeldet. Durch die Fertigstellung des Musters erwirbt der Urheber nur ein Anwartschaftsrecht, das ihn vor unbefugten Entnahmehandlungen Dritter schützt, vergleichbar mit der Situation bei im Patent- oder Gebrauchsmusterrecht geschützten

---

[113] A.A.: Furler, GRUR 1949, 325, 328, der eine eindeutige Unterscheidung zwischen kunstgewerblichen Gegenständen, die Kunstwerke sind, und solchen, die nur Geschmacksmuster werden können, für unmöglich hält.

[114] BGH NJW-RR 1996, 1187, 1188.

Erfindungen.[115] Der Schutzzeitraum beträgt grundsätzlich 5 Jahre (§ 9 I GeschmMG). Er kann um jeweils 5 Jahre bis auf höchstens 20 Jahre verlängert werden (§ 9 II GeschmMG).

e) Folgerungen

Das Geschmacksmusterrecht basiert auf einer urheberrechtlichen Grundlage und ist daher dem Urheberrecht sehr wesensverwandt. Werke der angewandten Kunst sind daher durch beide Schutzrechte schützbar, wenn sie die jeweiligen Voraussetzungen erfüllen. Diese Voraussetzungen sind aber insbesondere in den Bereichen Neuheit und gewerblicher Eignung unterschiedlich. Damit ist der Schutz von Werken, welche die nötige Gestaltungshöhe und individuelle Prägung aufweisen, weitreichender, da zunächst auch Werke schützbar sind, die nicht relativ-objektiv neu sind. Auch bedarf es keinerlei gewerblicher Eignung des Werks. Zu bedenken ist weiterhin, daß der Urheberrechtsschutz bereits mit Werkschöpfung und nicht erst mit Anmeldung entsteht. Ferner ist die Schutzdauer mit 70 Jahren post mortem auctoris erheblich länger als die kurze Schutzfrist des Geschmacksmusters. Im Schutzumfang erhält der Urheber durch das Urheberrecht umfassende Rechte[116] und nicht lediglich einen Nachbildungsschutz.

Ferner verfolgen beide Schutzrechte unterschiedliche Ziele. Das Geschmacksmustergesetz schützt im Gegensatz zum Urheberrecht nicht die Vermittlung eines geistigen Genusses, die der Künstler in seinem Werk verkörpern wollte, sondern vielmehr die gewerbliche Verwertung der in der Vorlage niedergelegten Ausführungsform.[117] Daraus wird deutlich, daß der Kunstschutz des Urheberrechts den umfassenderen Schutz für Werke der angewandten Kunst bietet.

---

[115] Nirk/Kurtze, § 7 Rdnr. 2.

[116] S. oben: 1.1.B., S. 18 f.

[117] Nirk/Kurtze, Einführung Rdnr. 48.

Im September 1998 wurde im Europäischen Parlament und im Rat eine europäische Geschmacksmusterrichtlinie verabschiedet.[118] Ob diese Richtlinie wesentliche Veränderungen für das deutsche Geschmacksmusterrecht mit sich bringt, wird sich nach der entsprechenden Anpassung des deutschen Rechts zeigen.[119]

II. Abgrenzung zum Patent

Das Patent ist ein technisches Schutzrecht. Patentschutzfähige Objekte sind ebenso wie Werke im Sinne des Urheberrechts Ergebnisse der menschlichen Kreativität, das heißt es handelt sich um geistige Schöpfungen. Die wesentliche Unterscheidung ist jedoch, daß die technischen Schutzrechte, also Patente und Gebrauchsmuster[120], nicht den Schutz für eine konkrete ästhetische Formgestaltung, sondern für einen technischen Erfindungsgedanken, das heißt eine Lehre zum technischen Handeln geben. Ästhetische Formschöpfungen können daher keine Erfindung sein (§ 1 II Nr. 2 PatG).

Dies schließt aber nicht aus, daß ein und dasselbe Werk der angewandten Kunst einerseits wegen seiner ästhetischen Formschöpfung urheberrechtlich schützbar ist und andererseits einen technischen Erfindungsgedanken in sich trägt, der zum Patentschutz berechtigt. So kann zum Beispiel bei einem Kraftfahrzeug die Form des Fahrzeugs, des Armaturenbretts oder der Sonnenblende als angewandte Kunst schützbar sein und der Motor oder der Seitenaufprallschutz als Patent. Bei diesem Beispiel handelt es sich aber um verschiedene Elemente eines Gesamtwerks. Zu fragen bleibt, ob bei einem einzelnen Element die Formgestaltung als solche auch einen technischen Erfindungsgedanken in sich tragen kann, der über das Ästhetische hinausgeht und damit neben dem Urheberrechtsschutz auch gleichzeitig Patentschutz rechtfertigt.

---

[118] Richtlinie 98/71/EG des Europäischen Parlaments und des Rates v. 13. Oktober 1998 über den rechtlichen Schutz von Mustern und Modellen (ABlEG Nr. L 289, 28), abgedruckt in: GRUR Int. 1998, 959 ff.

[119] S. hierzu ausführlicher unten: 1.3.C.I., S. 105 f. und 1.3.D., S. 108 f.

[120] S. zum Gebrauchsmuster unten: 1.1.C.III., S. 29 f.

a) Schutzvoraussetzungen

Patente werden für Erfindungen erteilt, die neu sind, auf einer erfinderischen Tätigkeit beruhen und gewerblich anwendbar sind (§ 1 I PatG).

Als Erfindungen sind nur solche Objekte zu verstehen, die eine Lehre zum technischen Handeln beinhalten. Diese besteht in einer „Anweisung zum planmäßigen Handeln unter Einsatz beherrschbarer Naturkräfte zur Erreichung eines kausal übersehbaren Erfolges“[121]. Der Erfolg muß aber nicht auf technischem Gebiet liegen. Vielmehr kann das technische Handeln auch zu einem besonderen Geschmack[122] oder auch zu einem ästhetischen Erfolg[123] führen. Dabei darf der Erfolg jedoch nicht ausschließlich mit technischen oder ästhetischen Mitteln erreicht werden.[124] Nicht jede ästhetische Wirkung stellt einen patentbegründenden Fortschritt dar; es muß sich vielmehr, wenn ein Fortschritt auf dem ästhetischen Gebiet die Patentfähigkeit begründen soll, um eine besondere, das heißt nennenswerte, ins Auge fallende ästhetische Wirkung handeln.[125] Letztlich kann aber der technische Weg zum ästhetischen Erfolg patentfähig sein.

Die Erfindung muß neu sein. Die Neuheit ist zwar auch, wie oben gesehen,[126] eine Voraussetzung für den Geschmacksmusterschutz. Jedoch lassen sich die Konkretisierungen im Geschmacksmustergesetz nicht auf das Patentrecht übertragen, weil dem grundsätzliche Strukturunterschiede entgegenstehen. Damit eine Erfindung neu ist, darf sie nicht zum Stand der Technik gehören (§ 3 I 1 PatG). Als Stand der Technik werden gemäß § 3 I 2 PatG „alle Kenntnisse, die vor dem für den Zeitrang der Anmeldung maßgeblichen Tag durch schriftliche oder

---

[121] BGH GRUR 1980 849, 850 (Antiblockiersystem).

[122] So: BGH GRUR 1966, 249 f. (Suppenrezept).

[123] BGHZ 102, 118 ff. (Kehlrinne); GRUR 1967, 590 (Garagentor).

[124] BGHZ 102, 118, 127 f. (Kehlrinne).

[125] BGH GRUR 1967, 590, 591 (Garagentor).

[126] S. oben: 1.1.C.I.a), S. 21.

mündliche Beschreibung, durch Benutzung oder in sonstiger Weise der Öffentlichkeit zugänglich gemacht worden sind“, verstanden. Damit läßt sich der Neuheitsbegriff objektiv bestimmen, indem überprüft wird, was der Öffentlichkeit zugänglich gemacht wurde, und er ist auch absolut zu verstehen, da keine gegenständlichen, räumlichen oder zeitlichen Beschränkungen gegeben sind. Dabei verlangt die Neuheitsprüfung einen Einzelvergleich[127] mit dem vorbekannten Stand der Technik.

Hiervon zu unterscheiden ist die in § 4 PatG geforderte Prüfung der Erfindungshöhe. Die Erfindung darf nicht zu naheliegend sein, das heißt sie „darf sich für den Fachmann nicht in naheliegender Weise aus dem Stand der Technik ergeben“ (§ 4 I PatG). Dabei ist der Stand der Technik in seiner Gesamtheit zu betrachten.[128] Die Abgrenzung der erforderlichen Erfindungshöhe ist oft schwierig, da nur schwer abschätzbar ist, wie naheliegend eine Erfindung wirklich ist. Als Hilfserwägungen können Beweisanzeichen verwendet werden. Diese sind Indizien, die gemeinsam mit anderen Umständen für oder gegen das Naheliegen einer Erfindung sprechen.[129]

Ferner bedarf es entsprechend § 5 I PatG der gewerblichen Anwendbarkeit der Erfindung, wobei ähnlich dem Geschmacksmusterrecht[130] eine gewerbliche Anwendbarkeit fingiert wird, wenn die Erfindung auf irgendeinem gewerblichen Gebiet hergestellt oder benutzt werden kann.[131]

Sind obige Schutzvoraussetzungen erfüllt und ist das Patent entsprechend § 7 I PatG angemeldet, ist allein der Patentinhaber befugt, die patentierte Erfindung zu nutzen (§ 9 PatG). Es gilt das Prioritätsprinzip. Die Schutzdauer beträgt 20 Jahre (16 I PatG).

---

[127] Ähnlich wie das Geschmacksmustergesetz.

[128] BGH GRUR 1974, 148, 150 (Stromversorgungseinrichtung).

[129] Mes, § 4 PatG Rdnr. 9 m.w.N. und Beispielen.

[130] S. oben: 1.1.C.I.c), S. 23.

[131] Schulte, § 5 PatG Rdnr. 3.

b) Vergleich

Ein Patent darf einen Erfolg auf ästhetischem Gebiet erstreben. Es bedarf aber einer Lehre zum technischen Handeln, die diesen Erfolg hervorruft, da ästhetische Formschöpfungen als solche gemäß § 1 II Nr. 2 PatG nicht patentfähig sind. Dies ist die Abgrenzungslinie zwischen dem Patentrecht und dem Urheberrecht. Es sollen damit Erfindungen patentfähig bleiben, bei denen technische Mittel eingesetzt werden, um den besonderen ästhetischen Effekt zu erreichen. Damit kann nur der technische Weg dorthin patentfähig sein, niemals das ästhetische Endprodukt. Dieses bleibt lediglich durch das Urheberrecht und/oder durch das Geschmacksmusterrecht schützbar. Umgekehrt können auch Formen, Formteile, Proportionen oder Formelemente technisch bedingt[132] und trotzdem eine künstlerische Schöpfung im Sinne des § 2 UrhG sein, solange sie nicht objektiv ausschließlich technisch bedingt sind. Bei den zweckbedingten, schmucklos glatten Formen des modernen Industriedesigns kann die Harmonie zwischen technischer Funktion und nicht objektiv bedingter, das heißt nicht notwendiger Formgebung sogar in besonderem Maße das ästhetische Empfinden des Betrachters ansprechen.[133] Zu denken ist hierbei zum Beispiel an den *Stahlrohrstuhl*[134], der gerade durch seine technische Funktion als Stuhl ohne Hinterbeine ästhetische Bedeutung gewinnt. Ästhetische Formschöpfung darf also durchaus mit technischen Mitteln erreicht werden.

Gegenstände der angewandten Kunst können und werden regelmäßig sowohl ästhetische als auch funktionale Elemente aufweisen, zwischen denen eine wechselseitige Abhängigkeit besteht, wobei teils mehr die gestalterische, teils mehr die technische Komponente im Vordergrund steht.[135] Für ein und dasselbe Erzeugnis kann Urheberrechtsschutz und Patentschutz erlangt werden, wenn sowohl dessen technische Gestaltun-

---

[132] S. z.B.: BGH GRUR 1961, 635, 637 (Stahlrohrstuhl); 1981, 517 (Rollhocker).

[133] Nirk/Kurtze, Einführung Rdnr. 53.

[134] S.: BGH GRUR 1961, 635, 637 (Stahlrohrstuhl).

[135] Kuhmann, S. 27.

gen als auch seine ästhetische Form die jeweiligen Schutzvoraussetzungen erfüllen.[136]

Trotz der Überschneidungsmöglichkeiten des Schutzes durch das Urheber- und das Patentrecht ist der Schwerpunkt sowie die rechtliche Ausgestaltung des Schutzes verschieden. Es stehen sich Kunst und Technik gegenüber. Das Urheberrecht setzt nur subjektive, nicht objektive Neuheit voraus. Der Urheberrechtsschutz entsteht durch die Werkschöpfung formfrei, wogegen der Patentschutz erst durch Anmeldung erfolgt und die Schutzfrist sich wesentlich unterscheidet. Ferner besteht der Urheberrechtsschutz unabhängig davon, ob der Urheber sein Werk gewerblich verwerten will. Der technisch-gewerbliche Charakter und die Sperrwirkung akzentuieren auch das Spannungsfeld von Patentschutz und freiem Wettbewerb; dagegen läßt der Urheberrechtsschutz breiten Raum für viele konkurrierende Werksindividualitäten, so daß kartell- und monopolrechtlicher Argwohn dem Urheberrecht weit weniger gilt als dem Patentrecht.[137] Letztlich kann für den Bereich der angewandten Kunst das Patent nicht als Ersatz für einen umfassenden Urheberrechtsschutz dienen.

III. Abgrenzung zum Gebrauchsmuster

Das Gebrauchsmusterrecht ist als gewerbliches Schutzrecht für die „kleinen“ Erfindungen geschaffen worden. Insofern entspricht das Gebrauchsmuster als technisches Schutzrecht dem Geschmacksmusterrecht als künstlerisches Schutzrecht für die jeweils „kleinen“ geistigen Schöpfungen.

Durch das Gebrauchsmuster werden Erfindungen geschützt, die neu sind, auf einem erfinderischen Schritt beruhen und gewerblich anwendbar sind (§ 1 GebrMG). Das Gebrauchsmusterrecht gewährt dem Erfinder gewisser technischer Neuerungen, welche die Gestaltung von Sachen

---

[136] So auch entschieden für das Geschmacksmuster: OLG Frankfurt/M. GRUR 1957, 619, 621.

[137] Schricker - Schricker, Einleitung Rdnr. 33.

jeder Art, vor allem aber von Gebrauchsgegegenständen und Arbeitsgerätschaften betreffen, eine Rechtsstellung, die ihn für eine bestimmte Zeit zur ausschließlichen Benutzung seiner Erfindung berechtigt.[138] Damit ist das Gebrauchsmusterrecht dem Patentrecht inhaltlich und gegenständlich ähnlich. Begriff und Anforderungen an den Erfindungsbegriff sind ähnlich geregelt wie in § 1 I PatG,[139] mit kleineren Abweichungen.[140] Auch setzt der Schutz durch das Gebrauchsmuster eine gewerbliche Anwendbarkeit voraus (§ 1 I GebrMG).

Jedoch muß die Erfindung nicht wie bei dem Patent[141] auf einer die Fähigkeiten eines Durchschnittsfachmanns übersteigenden erfinderischen Tätigkeit beruhen, sondern nur auf einem erfinderischen Schritt (§ 1 I GebrMG). Diese Formulierung läßt erkennen, daß ein gegenüber dem Patent geringeres Maß an Erfindungshöhe ausreichend ist.[142] Zudem fehlt eine mit dem § 4 PatG vergleichbare Regelung zur Erfindungshöhe. Daher wird das Gebrauchsmuster oftmals als „kleines Patent“ bezeichnet.[143] Die Schutzdauer ist kürzer als beim Patent und beträgt im Höchstfall 10 Jahre (§ 23 II 1 GebrMG).

Das Gebrauchsmuster ist, wie alle gewerblichen Schutzrechte, beim Deutschen Patent- und Markenamt anzumelden (§ 4 I GebrMG), wobei nicht, wie beim Patentverfahren, eine Prüfung der Neuheit und der gewerblichen Anwendbarkeit stattfindet, sondern entsprechend dem Geschmacksmusterverfahren gegebenenfalls erst in einem Löschungsverfahren nach § 15 I Nr. 1 GebrMG oder einem Verletzungsprozeß nach §§ 13 I, 19 GebrMG.

Beim Gebrauchsmuster kann eine neue körperliche Formgestaltung den Gebrauchszweck von Gebrauchsgegenständen oder Teilen davon

---

[138] Nirk/Kurtze, Einführung Rdnr. 54.

[139] S. oben: 1.1.C.II.a), S. 26 f.

[140] S. hierzu ausführlich: Gaul/Bartenbach, Bd. 1, Anm. F 40 ff.

[141] S. oben: 1.1.C.II.a), S. 27.

[142] Allg.M.: Krieger, GRUR Int. 1996, 354, 356; a.A.: Breuer, GRUR 1997, 11, 18.

[143] Schack, S. 30, Rdnr. 63.

fördern, wobei eine gleichzeitig erreichte Wirkung der Formgestaltung auf das ästhetische Empfinden nicht schadet. Daher ist durchaus eine Verknüpfung von Urheberrechtsschutz und Gebrauchsmusterschutz denkbar. Wegen der nahen Verwandtschaft des Gebrauchsmusters zum Patent kann im übrigen auf die Ausführungen zum Patent verwiesen werden.[144]

IV. Abgrenzung zum Kennzeichen

Das Kennzeichen gehört wie das Geschmacksmuster, das Patent und das Gebrauchsmuster zu den gewerblichen Schutzrechten. Nach § 1 MarkenG ist das Kennzeichen als Oberbegriff für Marken und sonstige Kennzeichen zu verstehen, wobei für den Bereich der angewandten Kunst weniger die sonstigen Kennzeichen in Form der geschäftlichen Bezeichnungen (§ 1 Nr. 2 MarkenG) oder der geographischen Herkunftsangaben (§ 1 Nr. 3 MarkenG) von Bedeutung sind, sondern die Marken selbst, auf die daher hier ausschließlich eingegangen werden wird.

a) Schutzvoraussetzungen der Marke

Die Marke dient der Unterscheidung von Waren oder Dienstleistungen des Zeicheninhabers von den Waren oder Dienstleistungen anderer Anbieter (§ 3 I MarkenG). Erst die Marke erlaubt dem umworbenen Kunden, aus der Fülle des Angebots bestimmte Waren und Dienstleistungen wiederzuerkennen; die Marke ist das Symbol der Werbeleistung für Produkte, mit denen der potentielle Käufer bestimmte Qualitäts- und Herkunftsvorstellungen verbindet.[145] Das heißt, die Marke ist ein Unterscheidungszeichen zur Identifikation von Unternehmensprodukten auf dem Markt.[146] Als Marke können vor allem auch dreidimensionale Gestaltungen einschließlich der Form einer Ware oder ihrer Verpackung sowie sonstige Aufmachungen wie Farben und Farbzusammenstellungen

---

[144] S. oben: 1.1.C.II.b), S. 28 f.

[145] Schack, S. 32, Rdnr. 66.

[146] Fezer, Einleitung Rdnr. 18.

geschützt werden, wenn sie für obige Unterscheidung geeignet sind. Dabei umschreibt § 3 MarkenG die grundsätzlich denkbaren äußeren Erscheinungsformen von Marken. Eine allgemeine Markendefinition hat jedoch aufgrund der großen Bandbreite des Begriffs schon im Gesetz wenig Sinn.[147] Wegen dieser Bandbreite des Begriffs können hier nur die für die Werke der angewandten Kunst relevanten Bereiche kurz skizziert werden.

(i) Entstehung

Nach der Entstehung des Markenschutzes sind drei Kategorien von Marken zu unterscheiden:

1. *Register- oder Eintragungsmarke* nach § 4 Nr. 1 MarkenG – entsteht durch die Anmeldung und Eintragung eines Zeichens als Marke in das Register;
2. *Benutzungs- oder Verkehrsgeltungsmarke* nach § 4 Nr. 2 MarkenG – entsteht durch die Benutzung eines Zeichens und den Erwerb von Verkehrsgeltung als Marke;
3. *Notorisch bekannte oder Notorietätsmarke* nach § 4 Nr. 3 MarkenG – entsteht durch den Erwerb notorischer Bekanntheit.

Der Markenschutz nach § 4 Nr. 1 MarkenG ist ein förmliches Recht und entsteht durch Anmeldung und Eintragung in das Register beim Deutschen Patent- und Markenamt. Die Anmeldung begründet die Priorität, unabhängig vom Zeitpunkt der Eintragung. Die Anmeldung ist dabei als Anspruch auf die Eintragung zu verstehen, welche den Markenschutz und die Ansprüche aus der Marke sichert, ohne daß es zunächst der tatsächlichen Benutzung bedarf.[148]

Dem steht die Entstehung nach § 4 Nr. 2 MarkenG durch Erlangung von Verkehrsgeltung gegenüber. Die Verkehrsgeltung ist ein bestimmter Zuordnungsgrad eines bestimmten Zeichens für bestimmte Waren oder

---

[147] Ingerl/Rohnke, § 1 Rdnr. 5.

[148] S.: § 25 I MarkenG.

Dienstleistungen zu einem bestimmten Unternehmen.[149] Der Zuordnungsgrad ist dabei nicht im Gesetz festgelegt worden. Es ist vielmehr darauf abzustellen, daß eine Verkehrsgeltung „innerhalb beteiligter Verkehrskreise"[150] erreicht wird. Dies ist je nach Art, Verwendungszweck und Absatzmöglichkeit funktionsspezifisch zu bestimmen.[151]

Der Markenschutz nach § 4 Nr. 3 MarkenG entsteht durch notorische Bekanntheit der Marke. Wenn die Marke im Inland benutzt wird, ist davon auszugehen, daß in der Regel eine Verkehrsgeltung im Sinne des § 4 Nr. 2 MarkenG gegeben ist und daher nur kumulativ auch die Entstehung nach § 4 Nr. 3 gegeben sein kann. Deshalb erlangt § 4 Nr. 3 lediglich für ausländische Marken selbständige Bedeutung, die im Inland nicht benutzt werden. Der notwendige Bekanntheitsgrad ist nach den Umständen des Einzelfalls zu ermitteln.[152]

Dabei ist die Unterscheidung des Entstehungstatbestands lediglich für die Frage des Erlöschens des Schutzes von Bedeutung. Bei der Verkehrsgeltung und der notorischen Bekanntheit kann diese mit Nachlassen derselben zum Erlöschen des Zeichenrechts führen, wogegen eine eingetragene Marke nach § 47 I MarkenG für 10 Jahre Gültigkeit hat und entsprechend § 47 II MarkenG um jeweils 10 Jahre verlängert werden kann. Dabei stellt das Markenrecht grundsätzlich einen zeitlich unbegrenzten Schutz zur Verfügung, verlangt aber mit der jeweiligen Verlängerung um 10 Jahre sozusagen eine Bekundung des Interesses an der Fortführung der Marke und führt ohne Verlängerung zur Löschung (§ 47 VI MarkenG). Hinsichtlich der Markenfähigkeit von Zeichen und der Rechtsfolgen bestehen jedoch keine Unterschiede.

---

[149] Ingerl/Rohnke, § 4 Rdnr. 14.

[150] S.: § 4 Nr. 2 MarkenG.

[151] Althammer/Ströbele/Klaka, § 4 Rdnr. 14.

[152] Ingerl/Rohnke, § 4 Rdnr. 24.

(ii) Markenfähigkeit

Was kann als markenschutzfähiges Zeichen in Betracht kommen? § 3 MarkenG eröffnet die Möglichkeit eines Schutzes für jede denkbare Form von Zeichen und zählt nur die praktisch bedeutsamsten Fälle auf.[153] Damit ist zunächst jedes Zeichen schützbar, das nicht den Schutzhindernissen des § 8 MarkenG unterliegt. Dabei sei besonders erwähnt, daß es der Marke nicht an Unterscheidungskraft fehlen darf (§ 8 II Nr. 1 MarkenG). Unterscheidungskraft kommt der Marke dann zu, wenn sie geeignet ist, vom Verkehr als Unterscheidungsmittel für Waren oder Dienstleistungen eines Unternehmens von denen anderer Unternehmen aufgefaßt zu werden.[154]

Zu denken ist in bezug auf Werke der angewandten Kunst an Gebrauchsgraphiken oder auch Schriftzeichen. Besondere Bedeutung für den Bereich der angewandten Kunst hat vor allem die dreidimensionale Gestaltung erlangt. Die dreidimensionale Marke stellt eine Markenkategorie dar, die erst mit dem neuen Markengesetz[155] explizit als schutzfähig genannt wird. Die Frage, ob ein dreidimensionales Warenzeichen geschützt werden konnte, war umstritten[156] und von der Rechtsprechung zum Warenzeichengesetz[157] immer abgelehnt worden.[158] Es war für dreidimensionale Formen nur anerkannt, daß insoweit Ausstattungsschutz im Sinne des. § 25 WZG erlangt werden konnte.[159] Ferner konnte eine Raumform mit Hilfe der Perspektive in zwei Dimensionen darge-

---

[153] Ingerl/Rohnke, § 3 Rdnr. 8.

[154] BGH GRUR 1995, 408, 409 (PROTECH).

[155] Gesetz über den Schutz von Marken und sonstigen Kennzeichen v. 25. Oktober 1994 (BGBl. 1994 I, 3082).

[156] Vgl.: Eichmann, GRUR 1995, 184 ff.

[157] S. z.B.: BGHZ 41, 187, 190 ff. (Palmolive); GRUR 1975, 550, 551 (Drahtbewehrter Gummischlauch); 1976, 355 (P-tronics); 1985, 383 f. (BMW-Niere); BPatGE 5, 44, 45 f. (Triangularflasche).

[158] Gaul/Bartenbach, Bd. 2, Anm. R 121.

[159] Traub, FS Söllner, S. 1213, 1217.

stellt werden.[160] Die Markenrechtsrichtlinie[161], die im neuen Markengesetz umgesetzt wurde, hat diesem Streit ein Ende bereitet, indem dreidimensionale Marken in Art. 2 dieser Richtlinie[162] ausdrücklich als schutzfähig deklariert wurden.[163] Nunmehr direkt schutzfähig sind zum einen Phantasiegebilde, zum anderen aber auch die Form der Ware, ihre Verpackung oder funktionale Teile davon. Dabei unterliegen die dreidimensionalen Marken den Schutzhindernissen des § 3 II MarkenG.[164] Der Zweck dieser Schutzhindernisse ist es zu vermeiden, daß durch Anmeldung von Formmarken ein zeitlich theoretisch unbegrenzter Schutz für Merkmale erlangt wird, die nicht in erster Linie der Kennzeichnung von Produkten dienen, sondern ihre physische Beschaffenheit ausmachen.[165] Insbesondere ist eine Form ausgeschlossen, die durch die Ware selbst bedingt ist (§ 3 II Nr. 1 MarkenG), das heißt Merkmale, die ein Produkt dieser Gattung generell aufweist. Diese Vorschrift hat gewisse Ähnlichkeit mit dem Ausschluß der Individualität im Bereich des Urheberrechtsschutzes der angewandten Kunst bei Formgebundenheit des Künstlers.[166] Beide Ausschlußkriterien wollen unter anderem verhindern, daß für ganze Arten von Waren durch ein Schutzrecht Monopole errichtet werden. Das Wesen der Ware bleibt davon unberührt und kann in der Marke durchaus zum Ausdruck kommen, zum Beispiel in gewissen ästhetischen Ausprägungen,[167] solange es sich nicht um eine ästhetisch bedingte Formgebung handelt, die nach der Verkehrsanschauung die Ware

---

[160] Diese Flächenzeichen konnten aber ihrerseits von dreidimensionalen Gestaltungen verletzt werden; s.: BGH GRUR 1982, 111, 112 (Original-Maraschino) m.w.N.

[161] Erste Richtlinie des Rates v. 21. Dezember 1988 zur Angleichung der Rechtsvorschriften der Mitgliedstaaten über Marken (89/104/EWG) (ABlEG Nr. L 40, 1), abgedruckt in: GRUR Int. 1989, 294 ff.

[162] Die Definition der Markenformen des Art. 2 umfaßt u.a. die „Form oder Aufmachung der Ware".

[163] Für die Anmeldungsvoraussetzungen s.: § 9 MarkenV.

[164] S. hierzu ausführlich: Eichmann, GRUR 1995, 184, 185 ff.

[165] Ingerl/Rohnke, § 3 Rdnr. 39.

[166] S. oben: 1.1.A.II.d), S. 13 ff.

[167] S. hierzu ausführlich: Ingerl/Rohnke, § 3 Rdnr. 39 ff.

in ihrem eigentlichen Wesensgehalt erst entstehen läßt.[168] Wenn in einer dreidimensionalen Marke also nicht ausschließlich eine Form abgebildet ist, sondern die Form zusätzliche Elemente aufweist, können diese eine Eintragungsfähigkeit der Marke begründen, ohne daß darüber befunden werden müßte, ob die Form als solche Unterscheidungskraft aufweist.[169]

b) Vergleich

Markenschutz und Urheberrechtsschutz können zusammentreffen, wenn die Marke eine ästhetische Prägung aufweist, die urheberrechtsschutzfähig ist. Zu denken wäre zum Beispiel an ein als angewandte Kunst schützbares Spielzeug, das ein Hersteller von Spielwaren dann zusätzlich als Marke für sein Unternehmen verwendet.

Nach § 2 MarkenG ist auch eine Anwendung anderer Vorschriften zum Schutz von Kennzeichen nicht ausgeschlossen. Durch die ausdrückliche Erweiterung der Markenfähigkeit auf dreidimensionale Gestaltungen sind Werke der angewandten Kunst nunmehr auch direkt als Marke schützbar, wenn obige Schutzvoraussetzungen erfüllt sind.

Dabei ist besonders zu berücksichtigen, daß die Marke die nötige Unterscheidungskraft im Sinne des § 8 II Nr. 1 MarkenG aufweist. Um ein unterscheidungsfähiges Zeichen zu finden, bedarf es der Kreativität des Schöpfers der Marke. Das heißt, die Marke muß eine Gestaltung aufweisen, die sich von den vorhandenen Marken abhebt, damit sie von anderen Marken unterschieden werden kann.[170] Damit muß ein Mindestmaß an individueller Eigenart des Zeichens gegeben sein. Eine Gestaltungshöhe, wie sie im Bereich der angewandten Kunst im Urheberrecht gefordert wird, wird jedoch nicht verlangt. Dies bedeutet aber, daß ein Werk, das durch die nötige Gestaltungshöhe den Schutz des Urhe-

---

[168] So bereits: BGHZ 5, 1, 7 (Hummel-Figuren) – „das Ästhetische ist dann für die Ware funktioneller Natur und muß in gleicher Weise, wie die technisch funktionell bedingte Gestaltung einer Ware" für den Schutz ausscheiden.

[169] Eichmann, GRUR 1995, 184, 191.

[170] Wandtke/Bullinger, GRUR 1997, 573, 576.

berrechts für Werke der angewandten Kunst genießt, regelmäßig als unterscheidungskräftig gelten darf.

Grundlage des Markenschutzes ist, unabhängig von der Funktion, die der Marke zugesprochen wird,[171] nicht die Ware als solche, sondern die durch die Marke gegebene Unterscheidungsfähigkeit zu anderen Produkten. Damit unterscheidet sich das Markenrecht wesentlich vom Schutzzweck des Urheberrechts; das Urheberrecht schützt individuelle Formgestaltung und damit die ideellen und materiellen Beziehungen des Urhebers zu seinem Werk.

Es ist theoretisch möglich, daß die Marke eine unbegrenzte Schutzdauer hat.[172] Dem steht der lange, aber nicht unbegrenzte Schutz des Urheberrechts gegenüber.[173] Damit kann der Markenschutz den Schutz durch das Urheberrecht überdauern. Ebenso ist daran zu denken, daß ein Schutz der Werke der angewandten Kunst durch das Markenrecht erfolgt, auch wenn das Werk nicht urheberrechtlich oder geschmacksmusterrechtlich schutzfähig ist beziehungsweise nachdem der Urheberrechtsschutz erloschen und das Werk gemeinfrei geworden ist.[174] Dabei kann der Schutz einer solchen Formmarke auch dazu mißbraucht werden, um anderweitig nicht schutzfähige Werke zu monopolisieren.[175] Es ist jedoch besonders zu berücksichtigen, daß dem Werk als Marke die nötige Unterscheidungskraft gegeben ist.

Der Urheber von Werken der angewandten Kunst kann daran interessiert sein, sein Werk durch markenmäßigen Gebrauch für sein Unternehmen als Marke zu schützen. Der Schutz durch das Markenrecht kommt damit jedoch lediglich für ein Werk des Künstlers in Betracht.

---

171 Vgl. zu den Markenfunktionen: Gaul/Bartenbach, Bd. 2, Anm. R 67 ff.; Ingerl/Rohnke, Einleitung Rdnr. 33 ff.

172 S. oben: 1.1.C.IV.a)i), S. 33.

173 S. oben: 1.1., S. 4.

174 S. hierzu ausführlich: Osenberg, GRUR 1996, 101 ff.; Wandtke/Bullinger, GRUR 1997, 573, 577 f.

175 Traub, FS Söllner, S. 1213, 1217 f.

Der Unternehmer und Urheber von Werken der angewandten Kunst kann nicht beliebig viele Werke als Marken eintragen lassen, da es dann zumindest an der Unterscheidungskraft fehlen würde. Ferner muß das Werk, das als Marke registriert ist, gemäß § 25 I MarkenG mit Ablauf der Frist von 5 Jahren auch als Marke genutzt werden. Das Markenrecht kann daher in Einzelfällen mit dem Urheberrecht für Werke der angewandten Kunst koexistieren, aber ein markenmäßiger Gebrauch von Werken der angewandten Kunst liegt nicht für viele Werke nahe, auch wenn die Benutzung von Kunstwerken als Kennzeichnung für Waren im Wirtschaftsleben zunehmend an Bedeutung gewinnt.

D. FOLGERUNGEN ZUM SCHUTZ DER ANGEWANDTEN KUNST NACH DEUTSCHEM RECHT

Werke der angewandten Kunst sind primär durch das Urheberrecht schützbar. Jedoch kommt ein Schutz der angewandten Kunst auch durch andere Schutzrechte in Betracht. Dabei schützen verschiedene Schutzrechte jeweils unterschiedliche Gegenstände, verfolgen unterschiedliche Ziele, stellen materiellrechtlich und verfahrensrechtlich unterschiedliche Schutzvoraussetzungen auf und unterscheiden sich auch im Rechtsfolgenbereich, insbesondere in bezug auf Schutzumfang und Schutzdauer. Dabei stehen die Schutzrechte grundsätzlich unabhängig nebeneinander. An Werken der angewandten Kunst können nebeneinander oder gegebenenfalls auch nacheinander verschiedene Schutzrechte bestehen.

Letztendlich sind Werke der angewandten Kunst jedoch wohl am umfassendsten durch das Urheberrecht geschützt, denn erstens steht bei diesem Schutzrecht das künstlerische Schaffen im Vordergrund, zweitens ist nicht jedes Werk der angewandten Kunst auch gewerblich verwertbar, wie es die gewerblichen Schutzrechte fordern, drittens besitzt das Urheberrecht (abgesehen vom Markenrecht) die längste Schutzdauer, viertens bedarf es keiner behördlichen Anmeldung und schlußendlich wohnt nicht jedem Werk der angewandten Kunst auch eine technische Komponente inne oder soll dieses der Unterscheidung von Waren oder Dienstleistungen eines Unternehmens zu anderen dienen. Manchmal soll angewandte Kunst eben nur Kunst sein und verdient ein eigenständiges Schutzrecht.

Dabei kann jedoch nicht übersehen werden, daß das Geschmacksmusterrecht für Werke der angewandten Kunst zunehmend an Bedeutung gewinnt. Vielfach werden Stimmen laut, welche die angewandte Kunst durch ein selbständiges Designrecht geschützt sehen wollen.[176] Dies würde aber nicht vollständig der Tatsache gerecht, daß angewandte Kunst nicht Industriedesign gleichzusetzen ist und nicht immer gewerbliche Verwertbarkeit anstrebt, und vernachlässigt damit (auch wenn diese in der modernen Industriegesellschaft zugegebenermaßen immer mehr in den Hintergrund treten) die rein künstlerisch Schaffenden. Und nicht zuletzt daraus zieht das Urheberrecht für Werke der angewandten Kunst seine Berechtigung.

---

[176] Z.B.: Auteri, GRUR Int. 1998, 360, 361.

2. DER URHEBERRECHTSSCHUTZ DER ANGEWANDTEN KUNST NACH DEM RECHT ANDERER EG-MITGLIEDSTAATEN

Nachdem der Begriff der angewandten Kunst für das deutsche Recht nunmehr eingegrenzt wurde, bleibt auf europäischer Ebene vieles zu hinterfragen. Es ist schwierig genug, den Begriff angewandte Kunst für ein Rechtssystem zu definieren. Die unterschiedlichen Länder der Europäischen Gemeinschaft haben je nachdem, ob sie den Kunst- oder den gewerblichen Charakter eines solchen Werks oder die Persönlichkeit des Schöpfers in den Vordergrund stellen, den Schutz des Werks rechtlich unterschiedlich bewertet. Die Grenze ist oft fließend, und die Meinungsunterschiede darüber, wo und wie die rechtliche Schwelle angesetzt werden soll, beruhen darauf, daß kulturelle Unterschiede und ökonomische Realitäten den Gesetzgeber und die Rechtsprechung bei der Definition dieser Werkkategorie beeinflußt haben.[177] Daraus hat sich ein Irrgarten der verschiedenen Terminologien ergeben. „Design", „Industriedesign", „angewandte Kunst", ist das alles das gleiche? Die Revidierte Berner Übereinkunft sieht vor, daß „den Werken der angewandten Kunst Schutz gewährt wird, soweit die innere Gesetzgebung eines jeden Landes dies gestattet".[178] Zentraler Punkt bei der Frage der Handhabung des Rechts der angewandten Kunst in Europa ist somit die Auseinandersetzung mit der Definition des Begriffs angewandte Kunst und deren rechtlicher Stellung in den einzelnen EG-Mitgliedstaaten.

---

[177] Levin, GRUR Int. 1985, 713.

[178] Abgedruckt in: Nordemann/Vinck/Hertin/Meyer, Anhang S. 534 ff.

A. FRANKREICH

Frankreich gilt als die Wiege eines stark persönlichkeitsrechtlich geprägten Urheberrechts.[179] Hieran hat auch die neue Gesamtkodifizierung des französischen Rechts zum geistigen Eigentum von 1992 nichts geändert. Der Code de la Propriété Intellectuelle (CPI)[180] vereinigt die wichtigsten Gesetzestexte des geistigen und gewerblichen Rechtsschutzes seit der Jahrhundertwende.[181] Darin enthalten ist nicht nur, wie ursprünglich geplant, das Urheberrecht und die verwandten Schutzrechte, sondern auch die gewerblichen Schutzrechte.[182] Der erste Teil befaßt sich mit dem literarischen und künstlerischen Eigentum, der zweite Teil enthält Bestimmungen zum Patent-, Marken- und Musterrecht und der dritte Teil betrifft die Anwendung des Gesetzes auf Überseegebiete und Mayotte. Die Kodifikation erfolgte „à droit constant“, das heißt ohne wesentliche Veränderung des Inhalts der gesetzlichen Vorschriften.[183] Sie hatte das Ziel, die zuvor etwas unübersichtliche Regelung des Urheberrechts zu ordnen, die über mehrere Gesetze, insbesondere die Gesetze von 1957[184] und von 1985[185], verstreut gewesen war.[186]

---

[179] Möhring/Schulze/Ulmer/Zweigert - Dreier, Frankreich I, S. 5; Art. 22-38 der Pariser Fassung der RBÜ, für Frankreich in Kraft seit dem 15. Dezember 1972, Art. 1-21 seit dem 10. Oktober 1974.

[180] Gesetz Nr. 92-597 v. 1.7.1992; veröffentlicht im Journal Officiel v. 3.7.1992; abgedruckt in: Dreier/Krasser, S. 90 ff.

[181] Lindner, UFITA 125, 9.

[182] Zur Gesetzgebungsgeschichte des CPI s.: Dreier/Krasser - Dreier, S. 1 ff.

[183] Pollaud-Dulian, GRUR Int. 1995, 361, 362.

[184] Gesetz Nr. 57-298 v. 11. März 1957 über das literarische und künstlerische Eigentum; veröffentlicht in: Journal Officiel v. 12. März 1957.

[185] Gesetz Nr. 85-660 v. 3. Juli 1985 über die Urheberrechte und die Rechte der ausübenden Künstler, der Hersteller von Tonträgern und Bildtonträgern und der Unternehmen der audiovisuellen Kommunikation; veröffentlicht in: Journal Officiel v. 4. Juli 1985; zu dieser Reform s. ausführlich: Thurow, UFITA 104, 9 ff.

[186] Lindner, UFITA 125, 9, 11.

I. Der urheberrechtliche Schutz für Werke der angewandten Kunst

Grundgedanke des französischen Urheberrechts in bezug auf Werke der angewandten Kunst ist die „unité de l'art“[187]. Die Philosophie der „unité de l'art“ wurde von POUILLET[188] entwickelt. Nach dieser Auffassung konnte innerhalb des Urheberrechts keine Trennlinie zwischen den eher traditionellen Formen der Kunst und den Entwürfen nützlicher Gegenstände gezogen werden.[189] Danach ist von einem einheitlichen Begriff der Kunst auszugehen, welcher sich objektiv definiert und nicht subjektiv zu bewerten ist.[190] Die ästhetischen Qualitäten sowie das künstlerische Niveau sind für die Schutzfähigkeit ohne Belang; es kommt darauf an, daß das Werk Ausdruck der Persönlichkeit des Schöpfers ist.[191] Dieser Grundgedanke hat zur Folge, daß Kunstwerke aller Art, unabhängig von ihrer Zweckbestimmung, urheberrechtlich geschützt werden können und ein besonderer kumulativer Schutz durch das Urheberrecht und das Musterrecht möglich ist.[192]

a) Der Werkbegriff der angewandten Kunst im französischen Urheberrecht

Das französische Urheberrecht schützt gemäß Art. L. 112-1 CPI[193] alle „œuvre de l'esprit“ (Geisteswerke), „unabhängig von der Art, der Ausdrucksform, dem Wert oder der Bestimmung des Werks“. Als Geisteswerke werden „notamment“, das heißt insbesondere die in Art. L. 112-2 CPI aufgelisteten Werke angesehen. Dabei handelt es sich, wie diese Formulierung zum Ausdruck bringt, nur um eine beispielhafte Aufzählung. Insoweit besteht eine Ähnlichkeit zum deutschen Urheber-

---

[187] Einheit der Kunst.

[188] Pouillet, S. 49 ff.

[189] Cohen Jehoram, GRUR Int. 1991, 687, 688.

[190] StRspr. seit: C.Cass. Ann. 1932, 324, 325 ff.

[191] Möhring/Schulze/Ulmer/Zweigert - Dreier, Frankreich I, S. 8.

[192] S. hierzu unten: 1.2.A.II.a), S. 50 f.

[193] Dies entspricht im wesentlichen dem Art. 2 des Gesetzes 57-298 v. 11. März 1957 über das literarische und künstlerische Eigentum.

recht, das auch einen nur exemplarischen Katalog in § 2 I UrhG enthält.[194]

Die exemplarische Aufzählung in Art. L. 112-2 CPI führt unter n. 10 als geschützte Werke „les œuvres des arts appliqués“[195], also die Werke der angewandten Kunst, gesondert auf. Dabei wird im französischen Recht die angewandte Kunst nicht als Teil der bildenden Kunst im weiteren Sinne verstanden,[196] sondern ihr kommt eigenständige Bedeutung zu. Die Werke der Zeichenkunst, der Malerei, der Architektur, der Bildhauerei, der Gravierkunst und der Lithographie sind unter Art. L. 112-2 n. 7 CPI separat aufgeführt.

Die angewandte Kunst ist nicht legaldefiniert. Es hat mehrere Ansätze gegeben, um eine Abgrenzung zu der Kunst zu erreichen, die wir als bildende Kunst verstehen.[197] Dabei werden Werke der angewandten Kunst heute verstanden als „Geisteswerke mit Gebrauchszweck oder kommerziellem Zweck, unter dem Vorbehalt, daß ihre Form nicht vollständig durch ihre Funktion vorgegeben ist“.[198] Damit sind kunstgewerbliche und industriell gefertigte Gegenstände von Möbeln bis hin zu Elektrogeräten wie auch im deutschen Recht[199] als Werke der angewandten Kunst zu verstehen.

Unter Art. L. 112-2 n. 14 CPI werden Schöpfungen der Bekleidungs- und Putzwarensaisonindustrie gesondert aufgeführt.[200] Dabei könnte

---

[194] S. oben: 1.1., S. 4.

[195] Auch genannt: art industriel oder art appliqué à l'industrie.

[196] So im deutschen Recht; s. oben: 1.1.A., S. 5.

[197] Vgl. z.B.: Gautier, S. 89 f.; Plaisant, GRUR Ausl. 1959, 9, 10.

[198] So: Bertrand, S. 149.

[199] S. oben: 1.1.A.I., S. 7 f.

[200] „Als Bekleidungs- und Putzwarensaisonindustrie gelten die Industrien, die mit Rücksicht auf die Erfordernisse der Mode häufig die Form ihrer Erzeugnisse ändern, insbesondere die Schneiderei, Kürschnerei, Wäschefabrikation, das Stickereigewerbe, das Putzmachergewerbe, die Handschuhmacherei, die Herstellung feiner Lederwaren, die Herstellung von Stoffen neuester Geschmacksrichtung oder von Stoffen, die eigens für elegante Maßschneidereien bestimmt sind, und die Produktion der Putzwaren- und Schuhfabrikation und die Fabriken von Möbelbezugsstoffen“ (Art. L. 112-2 n. 14 CPI).

daran gedacht werden, daß in Frankreich Modeschöpfungen nicht als Werke der angewandten Kunst verstanden werden, sondern ihnen eigenständige Bedeutung zukommt, da sie neben den Werken der angewandten Kunst einen eigenen Unterpunkt in Art. L. 112-2 CPI bilden. Schöpfungen der Bekleidungs- und Putzwarensaisonindustrie sind jedoch als Werke der angewandten Kunst anerkannt. Eine gesonderte Aufzählung dieser Werkart in Art. L. 112-2 n. 14 CPI erfolgte nur, um diese früher spezialgesetzlich geregelten Schöpfungen expressis verbis in das Gesetzbuch des geistigen Eigentums zu integrieren. Die saisonbedingten Modeschöpfungen wurden vor der Neukodifizierung zusätzlich durch ein eigenes Gesetz[201] geschützt, um ihrer Kurzlebigkeit Rechnung zu tragen. Damit erfuhr der Urheber einer Modeschöpfung neben dem Urheberrecht und dem Geschmacksmusterrecht durch dieses Gesetz einen zusätzlichen schnellen Schutz ohne Formalitäten, der auch eine starke strafrechtliche Komponente enthielt.[202] Dabei wurde ein strenger Maßstab bei der Frage angelegt, bis wann die Mode noch als saisonbedingt, das heißt für die Modewelt als interessant anzusehen war.[203] Mit der Neukodifizierung der Gesetze zum geistigen Eigentum wurde diese spezialgesetzliche Regelung abgeschafft. Die explizite und separate Nennung der Modeschöpfungen nimmt somit auf die vorherige Sonderregelung Bezug, aber Modeschöpfungen werden unter den Werkbegriff der angewandten Kunst subsumiert und wie diese geschützt.

b) Schutzvoraussetzungen

Was als Geisteswerk zu verstehen ist, ist gesetzlich nicht definiert. Ästhetische Qualitäten sowie das künstlerische Niveau sind nicht von Belang und durch die negativen Schutzvoraussetzungen („unabhängig von der Art, der Ausdrucksform, dem Wert oder der Bestimmung des

---

201 Gesetz Nr. 52-300 v. 12. März 1952 über die Schöpfungen der saisongebundenen Bekleidungs- und Putzwarenindustrie; veröffentlicht im Journal Officiel v. 15. März 1952.

202 Art. 1 des Gesetzes Nr. 52-300: „Im Rahmen des Schutzes, den die geltenden Gesetze (dem Urheberrecht und den Mustern und Modellen) gewähren, kommen den Erzeugnissen der Saisonindustrie auf dem Gebiet der Bekleidung und der Putzwaren außerdem die Bestimmungen dieses Gesetzes zugute."

203 Plaisant, GRUR Ausl. 1959, 9, 11.

Werks“[204]) ausgegrenzt. Allerdings muß das Werk Ausdruck der Persönlichkeit des Schöpfers sein.[205] Nach der herrschenden Meinung[206] bedarf es daher für den Urheberrechtsschutz eines Werks der ungeschriebenen Schutzvoraussetzung der „originalité“ (Originalität).[207]

Die Feststellung der Originalität obliegt den Instanzgerichten,[208] die mannigfaltige Interpretationen des Begriffs der Originalität liefern. Zunächst fordert die Rechtsprechung, daß das Werk die Individualität und Persönlichkeit widerspiegelt,[209] und es ist auf die persönliche Prägung des Werks durch den Autor abzustellen.[210] Zuweilen wurde von den Gerichten aber auch anstelle der Originalität „nouveauté“, das heißt Neuheit im Sinne des Musterrechts verlangt,[211] kumulativ Originalität und Neuheit,[212] oder die beiden Voraussetzungen wurden vermischt[213]. Dies mag Ausdruck des Grundsatzes der Einheit der Kunst sein. Jedenfalls ist in bezug auf die Frage der Originalität oft eine Überschneidung mit dem vom Geschmacksmusterrecht geforderten Kriterium der Neuheit[214] gegeben. Dem Gedanken der Originalität wohnt jedoch das Kernkriterium des urheberrechtlichen Schutzes inne, nämlich der Frage, ob dies das eigene Werk des Urhebers ist und es seine Persönlichkeit verkörpert. Dabei wird der Neuheitsfaktor wohl öfters als Indiz verwendet, um zu hinterfragen, ob ein Werk auch wirklich „original“ ist. Dies wäre zweifelhaft, sollte das Werk nicht neu sein, wobei die theoretische Möglichkeit

---

204 S.: Art. L. 112-1 CPI.

205 Dreier/Krasser - Dreier, S. 17.

206 Colombet, S. 20 ff.; Plaisant, GRUR Ausl. 1959, 9; Dreier/Krasser - Dreier, S. 17.

207 Die Originalität wird ausdrücklich nur für den Werktitel, dem auch Urheberrechtsschutz zukommen kann, verlangt; s.: Art. L. 112-4 CPI.

208 Dreier/Krasser - Dreier, S. 17.

209 CdA Paris, J.D.I. 1992, 1, 148, 157 f.

210 CdA Paris, CDA Juni 1989, 18, 19 f.

211 Cour de Paris, Ann. 1986, 93, 94.

212 Cour de Paris GRUR Ausl. 1959, 213; CdA Paris, CDA September 1990, 17, 19.

213 S. z.B.: CdA Paris, Gaz.Pal. 1968, 1, 289, 290 f.; s. für eine ausführliche Darstellung zur Frage der Originalität bei Werken der angewandten Kunst: Zech, S. 53 ff. m.w.N.

214 S. unten: 1.2.A.II.a), S. 50 f.

der Doppelschöpfung auch im französischen Urheberrecht gegeben ist. Im Ergebnis handelt es sich, wenn man die Grundsätze auf die deutsche Terminologie überträgt, um eine persönlich geistige Schöpfung im Sinne des deutschen Urheberrechts, die zumindest subjektiv neu sein muß.[215]

Allerdings kennt das französische Recht die Schutzvoraussetzung der Gestaltungshöhe nicht.[216] Das heißt, ein bestimmter Grad der Originalität wird regelmäßig nicht verlangt. Vielmehr reicht in Frankreich eine „unqualifizierte Originalität" in dem Sinne aus, daß das Erzeugnis keine Nachahmung, sondern eine eigene Leistung des Urhebers und nicht völlig banal ist, wobei im übrigen auf jegliche weitere Qualitätsanforderungen ausdrücklich verzichtet wird.[217] Der Verzicht auf jede Gestaltungshöhe entspringt dem Grundsatz der „unité de l'art". Dadurch ist eine Abgrenzung zum Musterrecht über die Gestaltungshöhe nicht notwendig. Allerdings bleibt zu bedenken, daß ohne das Merkmal der Gestaltungshöhe alle Werke schutzfähig sind, die auch nur ein absolutes Mindestmaß an Originalität mitbringen, bis hin zu Banalitäten. Daher wird sehr vereinzelt von den Gerichten verlangt, daß die Werke eine „gewisse" oder „genügende" Originalität aufweisen.[218]

Ferner gilt das Werk gemäß Art. L. 111-2 CPI als geschaffen „allein aufgrund der selbst unvollendeten Verwirklichung der Vorstellung des Urhebers". Daraus wird deutlich, daß allein die Idee nicht schutzfähig ist, sondern nach herrschender Meinung[219] eine gewisse Formgebung vorhanden sein muß.

Jedoch ist bei der Urheberrechtsfähigkeit eines Werks der angewandten Kunst Art. L. 511-3 II CPI zu berücksichtigen, der besagt: „Wenn derselbe Gegenstand zugleich als ein neues Muster oder Modell

---

[215] So auch: Decker, S. 145 f.

[216] Ruijsenaars, GRUR Int. 1998, 378, 381 f.; s. zur Gestaltungshöhe im deutschen Recht oben: 1.1.A.II.e), S. 15 ff.

[217] Levin, GRUR Int. 1985, 713, 714.

[218] So z.B.: Cour de Paris GRUR Ausl. 1959, 213; CdA Paris CDA Juni 1989, 6, 7.

[219] Desbois, S. 32, n. 18 ff.

und als eine patentfähige Erfindung angesehen werden kann und die Elemente, die die Neuheit des Musters oder Modells begründen, nicht von der Erfindung zu trennen sind, kann der genannte Gegenstand nur nach den Vorschriften des sechsten Buchs geschützt werden“, welches die Patente betrifft.[220] Diese Regelung ist wegen des Grundsatzes der „unité de l'art“ nach herrschender Meinung auch auf das Urheberrecht anzuwenden.[221] Als patentfähige Erfindung wird dabei die „création utilitaire“, das heißt die funktionelle Schöpfung angesehen. [222] Daneben können nur vom technischen Charakter unabhängige, eigentümliche Formgebungen als Geisteswerke im Sinne des Art. L. 112-2 CPI geschützt werden.[223] Diese Fragestellung der Trennbarkeit von Form und technischer Wirkung wird in einem anderen Kontext behandelt als im deutschen Recht, aber das französische Recht spricht damit ebenfalls die Problematik des Gebrauchszwecks und der technischen Gegebenheiten des Werks an, die Raum für die freie Entfaltung des Künstlers lassen müssen.[224]

„Du seul fait de sa création“, das heißt allein aufgrund seiner Schöpfung genießt der Urheber ein ausschließliches und absolutes Eigentumsrecht (Art. L. 111-1 CPI). Eine Antragstellung oder andere Formalien sind daher zur Entstehung des Urheberrechtsschutzes nicht erforderlich.

c) Schutzumfang

Dem Urheber stehen neben den Urheberpersönlichkeitsrechten[225] drei Vermögensrechte zu:

---

[220] Es ist strittig, ob diese Regelung als Schutzvoraussetzung für Werke der angewandten Kunst zu verstehen ist oder als Frage der Anwendbarkeit der urheberrechtlichen bzw. musterrechtlichen Vorschriften im Verhältnis zu den patentrechtlichen. Aber im Ergebnis dient die Regelung als Abgrenzung zu Werken, denen Patentrechtsschutz zukommt.

[221] S.: Plaisant, GRUR Ausl. 1958, 269; Debois n. 101.

[222] Grundlegend: C.Cass.Com., Bull.Civ. 1970, 2, n. 270.

[223] S. hierzu ausführlich: Zech, S. 41 ff.

[224] S. oben zur Voraussetzung der Individualität: 1.1.A.II.d), S. 12 ff.

[225] Das „droit moral“, welches für Frankreich besondere Bedeutung hat, ist in Art. L. 121 CPI geregelt und umfaßt die Rechte auf Anerkennung der Urheberschaft, auf Werkin-

(Fortsetzung siehe nächste Seite)

- „le droit de représentation“ – das Aufführungsrecht – (oder Darbietungsrecht) nach Art. L. 122-2 CPI;
- „le droit de reproduction“ – das Vervielfältigungsrecht nach Art. L. 122-3 CPI;
- „le droit de suite“ – das Folgerecht nach Art. L. 122-8 CPI.[226]

Von besonderer Bedeutung für diese Arbeit ist das Aufführungsrecht nach Art. L. 122-2 CPI und das Vervielfältigungsrecht nach Art. L. 122-3 CPI. Eine Aufführung ist als Mitteilung des Werks an die Öffentlichkeit zu verstehen und kann bei Werken der angewandten Kunst insbesondere durch Ausstellung des Werks geschehen, zum Beispiel durch Ausstellung auf Messen, in Museen oder zum Verkauf.[227]

Vervielfältigung ist jede körperliche Festlegung des Werks durch alle Verfahren, die seine Mitteilung an die Öffentlichkeit auf indirekte Weise erlauben (Art. L. 122-3 CPI). Beispielhaft in der Vorschrift aufgezählt sind Druck, Zeichnung, Gravierung, Fotografie, Abguß sowie jedes Verfahren der graphischen und plastischen Künste und die mechanische, filmische oder magnetische Aufnahme.[228] Ebenfalls zum Vervielfältigungsrecht zählt „le droit de destination“,[229] das sogenannte Bestimmungsrecht, das dem Urheber ermöglicht, die Vervielfältigung an gewisse Zweckbestimmungen zu binden.[230] Damit umfaßt das Vervielfältigungsrecht sowohl die Herstellung als auch die Verbreitung der Kopien.[231]

---

tegrität, auf Veröffentlichung und auf Rückruf oder Rücktritt. Es ist von unbegrenzter Dauer, unveräußerlich und unverjährbar; s. für eine ausführliche Darstellung der Persönlichkeitsrechte: Zech, S. 99 ff; Waasen, S. 214 ff, 232 ff., 242 ff.

226 S. für eine ausführliche Darstellung der Vermögensrechte: Pollaud-Dulian, GRUR Int. 1995, 361, 365 ff.; Zech, S. 89 ff.

227 Greffe/Greffe, S. 328 f.

228 Dreier/Krasser - Dreier, S. 23.

229 Vgl.: Art. L. 131-3 CPI.

230 Lindner, UFITA, 125, 9, 15; rechtsvergleichend für Deutschland und Frankreich s.: Pollaud-Dulian, GRUR Int. 1989, 811 ff.

231 C.Cass, RIDA 1988 (138), 295 f.; 1989 (140), 228 ff.

Alle Aufführungen oder Vervielfältigungen ohne die Zustimmung des Urhebers sind unzulässig (Art. L. 122-4 CPI), insofern die Aufführungs- und Vervielfältigungsrechte nicht Art. L. 122-5 CPI oder anderen, gesetzlich nicht verankerten Schranken unterliegen.[232]

II. Weitere Schutzmöglichkeiten für Werke der angewandten Kunst

Neben dem urheberrechtlichen Schutz der angewandten Kunst können auch andere Schutzrechte anwendbar sein. Nach dem Grundsatz der „unité de l'art“ ist vor allem ein besonderes Verhältnis zwischen Urheberrecht und Musterrecht gegeben.

a) Musterschutz

Art. L. 511-1 CPI nennt als Schutzgegenstände (zweidimensionale) Muster und (dreidimensionale) Modelle. Ferner wird das Musterrecht auf Gegenstände angewendet, die zur industriellen Verwertung bestimmt sind und sich von gleichartigen Gegenständen entweder durch eine andere, wiedererkennbare neue Gestaltung unterscheiden oder durch äußere Wirkungen, die ihnen ein neues Erscheinungsbild geben (Art. L. 511-3 CPI).

Das Musterrecht verlangt hierbei eine absolute Neuheit sowohl in zeitlicher wie auch in räumlicher Hinsicht, wobei jede geringfügige Unterscheidung vom Vorbekannten ausreicht.[233] Dabei hat sich herauskristallisiert, daß die Neuheit und die Originalität wegen der engen Verknüpfung mit dem Urheberrecht gleichermaßen nebeneinander verwendet werden.[234] Zudem muß als weitere Voraussetzung eine Schöpfung

---

[232] Zu nennen sind insbesondere die private kostenfreie Wiedergabe des Werks im Familienkreis (Art. L. 122-5 n. 1 CPI), Eigengebrauch (Art. L. 122-5 n. 2 CPI) sowie Parodien und Karikaturen (Art. L. 122-5 n. 4 CPI), Abbildung öffentlich plazierter Kunst (gesetzlich nicht verankert); s. hierzu ausführlich: Dreier/Krasser - Dreier, S. 23 ff.; Pollaud-Dulian, GRUR Int. 1995, 361, 365 ff.

[233] S. zur Neuheit ausführlich: Dreier/Krasser - von Lewinski, S. 71.

[234] Umgekehrt geht die Neuheit in die Originalitätsprüfung im Urheberrecht ein; s. oben: 1.2.A.I.b), S. 46 f.

vorliegen.[235] Das Muster oder Modell muß den „Stempel der Persönlichkeit des Schöpfers“ tragen oder „Ergebnis der schöpferischen Anstrengung“ sein.[236]

Neben diesen materiellen Schutzvoraussetzungen bedarf es der formellen Voraussetzung der Anmeldung/Hinterlegung (Art. L. 511-5 CPI).[237] Die Grundsätze für die Anmeldung beziehungsweise die Hinterlegung[238] sind in Art. L. 512 CPI geregelt.[239] Ohne die Anmeldung beziehungsweise Hinterlegung kann Musterschutz nicht geltend gemacht werden. Ab dem Zeitpunkt der Anmeldung hat der Schöpfer eine Schutzfrist von 25 Jahren, die auf Antrag um weitere 25 Jahre verlängert werden kann (Art. L. 513-1 CPI). Dabei ist das Musterrecht ein ausschließliches Recht, das dem Schöpfer die Rechte auf Verwertung, Verkauf, Vervielfältigung sowie Verbreitung einräumt (Art. L 511-1 CPI).

Wegen des Grundsatzes der „unité de l'art“ folgt ein kumulativer Schutz durch Urheber- und Musterrecht.[240] Zudem bestimmt Art. L. 511-1 CPI ausdrücklich, daß der Schöpfer neben dem Musterrecht insbesondere auch andere Schutzrechte des CPI innehaben kann. Durch die grundsätzlich gleichen materiellen Schutzvoraussetzungen im Urheber- und Musterrecht hat der Rechtsinhaber verschiedene Möglichkeiten, Werke der angewandten Kunst zu schützen. Er kann sich jeweils ausschließlich auf das Musterrecht oder das Urheberrecht berufen; es steht ihm aber auch offen, beide Rechte gleichzeitig zu nutzen (cumul absolu)[241]. Eine Ausnahme von diesem absoluten kumulativen Schutz macht

---

[235] Daß eine Schöpfung vorliegen muß, wird der Terminologie entnommen, daß „das Recht dem Schöpfer“ zuerkannt wird (Art. L. 511-1, L. 511-2 CPI), und rechtfertigt sich daraus und durch den Grundsatz der „unité de l'art“.

[236] Dreier/Krasser - von Lewinski, S. 71.

[237] Die Anmeldung dient daneben als Beweis für das Schöpfungsdatum.

[238] Zur Hinterlegung s.: Dreier, GRUR Int. 1991, 710, 712.

[239] S. im übrigen: Dreier/Krasser - von Lewinski, S. 73 f.

[240] S.: Greffe, GRUR Int. 1999, 605, 608.

[241] Ritscher, S. 76 ff.

das französische Recht jedoch aus eigenem Interesse im internationalen Recht.[242]

b) Markenschutz

Werke der angewandten Kunst sind auch in Frankreich durch das Markenrecht[243] schützbar, wenn die markenrechtlichen Voraussetzungen gegeben sind. Art. L. 711-1 I CPI definiert die Marke als ein Zeichen, das sich graphisch darstellen läßt und dazu dient, Waren oder Dienstleistungen einer natürlichen oder juristischen Person zu unterscheiden. Formen fallen nunmehr anerkanntermaßen uneingeschränkt unter die Kategorie Bildzeichen (Art. L. 711-1 II c) CPI). Frankreich hat ebenfalls die Markenrechtsrichtlinie[244] in seiner Neukodifizierung umgesetzt, so daß Werke der angewandten Kunst Markenschutz ähnlich wie im deutschen Recht[245] genießen.[246]

c) Patentschutz

Ein kumulativer Patent-[247] und Urheber- oder/und Musterschutz ist nicht möglich, wenn das Muster oder Modell auch als Erfindung angesehen werden kann und die Elemente der Neuheit des Musters/Modells

---

[242] S.: Art. 2 VII RBÜ, wonach es erlaubt ist, denjenigen ausländischen Werken Urheberrechtschutz zu verweigern, die in ihrem Heimatland nur Musterschutz erfahren. Es würde den Franzosen zum Nachteil gereichen, wenn sie den Künstlern aus Verbandsstaaten, die keinen vergleichbaren bzw. nur Musterschutz kennen, einen kumulierten Schutz gewähren, während Franzosen in diesem Verbandsland nur Musterschutz gewährt werden könnte. Zu berücksichtigen ist aber, daß diese Vorschrift auf Staatsangehörige der EG-Länder wegen der darin enthaltenen Diskriminierung nach Art. 12 EGV keine Anwendung mehr findet. Eingehend: Zech, S. 33 f.

[243] In deutscher Sprache abgedruckt in: Schricker/Bastian/Albert, S. 329 ff.

[244] Erste Richtlinie des Rates v. 21. Dezember 1988 zur Angleichung der Rechtsvorschriften der Mitgliedstaaten über Marken (89/104/EWG) (ABlEG Nr. L 40, 1), abgedruckt in: GRUR Int. 1989, 294 ff.

[245] S. oben: 1.1.C.IV., S. 31 ff.

[246] Zum französischen Markenrecht s. ausführlich: Dreier/Krasser - Krasser, S. 51 ff.

[247] S. zur neuesten Entwicklung im Patentrecht: Schmidt-Szalewski, GRUR Int. 1999, 848 ff.

nicht von der patentfähigen Erfindung getrennt werden können.[248] Dann steht nur Patentschutz zur Verfügung, um nicht eine Aushöhlung der patentrechtlichen Bestimmungen, insbesondere der Regelung über die (mit 20 Jahren weit kürzere) Schutzdauer herbeizuführen.[249]

III. Zusammenfassung

Frankreich hat mit der Schaffung der „unité de l'art" den Weg für den wohl umfassendsten Schutz für Werke der angewandten Kunst geebnet. Auf der Grundlage äußerst niedriger urheberrechtlicher Schutzvoraussetzungen und des Prinzips der absoluten Kumulation der Schutzformen des Musterrechts und des Urheberrechts besteht praktisch für jedes neue Muster oder Modell zugleich ein Urheberrechtsschutz.[250] Dadurch wird in Frankreich wesentlich mehr Werken Urheberrechtsschutz zuteil als in Deutschland, wo im Vergleich weit häufiger Urheberrechtsschutz mangels der erforderlichen Gestaltungshöhe ausscheidet.

B. BENELUX-STAATEN

Die Benelux-Staaten – Belgien, Niederlande und Luxemburg – zeichnen sich durch eine teilweise vereinheitlichte und eine teilweise nicht vereinheitlichte Gesetzgebung zum Schutz der Immaterialgüterrechte aus. Das Zustandekommen einheitlicher Regelungen auf dem Gebiet des industriellen Eigentums wird innerhalb der Benelux-Wirtschaftsunion[251] als ein Teil der gewünschten vollständigen Integration auf wirtschaftlichem Gebiet angesehen.[252] Es gibt auf dem Gebiet des

---

[248] S. hierzu ausführlich oben: 1.2.A.I.b), S. 45 ff.

[249] Plaisant, GRUR Ausl. 1958, 269.

[250] Beier, GRUR Int. 1994, 716, 726.

[251] Benelux-Economische Unie, gegründet durch den Vertrag v. 1. November 1960.

[252] Wibbens, GRUR Int. 1980, 732, 734.

Musterrechts[253] und des Markenrechts[254] eine einheitliche Gesetzgebung. Das einheitliche Mustergesetz ist als normativer Teil nationaler Gesetzgebung zu sehen.[255] Eine solche Vereinheitlichung hat aber für das Urheberrecht noch nicht stattgefunden.

I. Die urheberrechtliche Gesetzgebung für Werke der angewandten Kunst in den einzelnen Benelux-Staaten

a) Belgien

Das belgische Urheberrechtsgesetz[256] ist 1994 neu gefaßt worden. Es zählte lange Zeit zu den ältesten der Welt[257] und wurde seinerzeit als richtungweisend angesehen.[258] Die Neufassung des Gesetzes diente der Modernisierung und der Umsetzung von Richtlinien der Europäischen Union auf dem Gebiet des Urheberrechts.[259]

Als geschützte Werke führt Art. 1 §§ 1, 2 des belgischen Urheberrechtsgesetzes (belUrhG) Werke der Literatur und der Kunst auf, und die Rechtsprechung schützt in diesem Rahmen alle Geisteswerke ohne

---

253 De eenvormige Beneluxwet inzake de bescherming van tekeningen of modellen (BTMW)/la loi uniforme Benelux en matière de dessins ou modèles; in Kraft seit dem 1. Januar 1975; in deutscher Übersetzung abgedruckt in: Bl.f.PMZ 1976, 45 ff.; das Gesetz beruht auf der Geschmacksmusterübereinkunft zwischen Belgien, den Niederlanden und Luxemburg v. 25 Oktober 1966.

254 Benelux-Merkenwet (BMW); in deutscher Sprache abgedruckt in: Schricker/Bastian/Albert, S. 199 ff.

255 Cohen Jehoram, GRUR Int. 1974, 22, 23.

256 Gesetz über das Urheberrecht und die verwandten Schutzrechte v. 30. Juni 1994; veröffentlicht in: Moniteur belge v. 27. Juli 1994, S. 19297 ff.; abgedruckt in Möhring/Schulze/Ulmer/Zweigert - Wachter, Belgien II, S. 1 ff. = GRUR Int. 1996, 233 ff.; die Änderung des Gesetzes v. 3. April 1995 befaßt sich in erster Linie mit der Erweiterung der Grenzen der Urheberrechte zugunsten der staatlichen Kulturpflege, s. hierzu ausführlich: GRUR Int. 1995, 520 f.

257 „Autorswet" ist das Urheberrechtsgesetz von 1886.

258 Möhring/Schulze/Ulmer/Zweigert - Wachter, Belgien I, S. 7.

259 Möhring/Schulze/Ulmer/Zweigert - Wachter, Belgien I, S. 9.

Rücksicht auf ihre Ausdrucksform oder Bestimmung. Einen Katalog der schutzfähigen Werke, wie ihn das französische[260] und das deutsche[261] Recht kennt, enthält das belgische Urheberrecht nicht. Vielmehr ist in Anlehnung an das alte „Autorswet" auch auf Vorschriften über die allgemeinen Schutzvoraussetzungen verzichtet worden.[262]

Zusätzlich sind nur besondere Bestimmungen für Werke der bildenden Kunst in den Art. 9 bis 13 belUrhG enthalten. Eine ausdrückliche Feststellung der Schutzfähigkeit ergibt sich für die wichtigsten Werkgattungen lediglich aus Art. 2 (1) RBÜ.[263] Der Art. 2 (1) RBÜ[264] nennt als „Werke der Literatur und Kunst" insbesondere auch Werke der angewandten Kunst.

Schutzvoraussetzung für Werke der angewandten Kunst ist das Vorliegen einer „création originale", das heißt einer originellen Geistesschöpfung; auf einen ästhetischen oder künstlerischen Gehalt kommt es nicht an.[265] Ferner muß es sich um die eigene geistige Schöpfung des Urhebers handeln. Dabei ist der Schutz ausgeschlossen, wenn der eigene ursprüngliche Charakter des Werks nur das betrifft, was zur Erzielung eines technischen Effekts unabdingbar ist.[266] Ideen genießen ebensowenig urheberrechtlichen Schutz wie in Deutschland[267] und Frankreich[268], vielmehr muß das Werk einen wahrnehmbaren Ausdruck angenommen haben.

---

260 S. oben: 1.2.A.I.a), S. 43 f.

261 S. oben: 1.1., S. 4.

262 Möhring/Schulze/Ulmer/Zweigert - Wachter, Belgien I, S. 12.

263 Möhring/Schulze/Ulmer/Zweigert - Wachter, Belgien I, S. 13.

264 Die Brüsseler Fassung der RBÜ ist für Belgien in Kraft seit dem 1. Mai 1951; die Stockholmer Fassung der RBÜ ist für Belgien in Kraft seit dem 12. Februar 1975.

265 Möhring/Schulze/Ulmer/Zweigert - Wachter, Belgien I, S. 13.

266 Vgl. zum deutschen Recht oben: 1.1.A.II.d), S. 12 f.

267 S. oben: 1.1.A.II.c), S. 11.

268 S. oben: 1.2.A.I.b), S. 47.

Der Urheberrechtsschutz beginnt, sobald das Werk in sinnlich wahrnehmbarer Form entstanden ist.[269] Weiterer Formalien zur Entstehung des Urheberrechtsschutzes bedarf es nicht.

Durch die Werkschöpfung steht dem Urheber zunächst ein unveräußerliches Urheberpersönlichkeitsrecht an dem Werk zu (Art. 1 § 2 belUrhG). Daneben verfügt der Urheber über verschiedene Nutzungsrechte, insbesondere Verwertungsrechte:[270]

- „le droit de reproduction" – das Vervielfältigungsrecht nach Art. 1 § 1 belUrhG
- „le droit de communication au public" – das Recht der öffentlichen Wiedergabe nach Art. 1 § 1 S. 4 belUrhG
- „le droit de suite" – das Folgerecht nach Art. 11-13 belUrhG

Das Gesetz definiert hierbei nicht die einzelnen Verwertungsrechte, sondern führt einige exemplarisch auf, um nicht mögliche neue Verwertungsformen auszuschließen. Als Vervielfältigung ist dabei die Wiedergabe des Werks in jeder Art oder Form zu verstehen. Aufgeführt sind insbesondere das Verbreitungsrecht (Art. 35 § 1 S. 4 belUrhG), das Vermiet- und Verleihrecht (Art. 1 § 1 S. 3 belUrhG) und das Bearbeitungs- und Übersetzungsrecht (Art. 1 § 1 S. 2 belUrhG).

Alle Verwertungen ohne die Zustimmung des Urhebers sind unzulässig, sofern sie nicht den in Art. 21-23 belUrhG normierten Schranken[271] unterliegen.

---

[269] Möhring/Schulze/Ulmer/Zweigert - Wachter, Belgien I, S. 14.

[270] S. ausführlich: Möhring/Schulze/Ulmer/Zweigert - Wachter, Belgien I, S. 19 ff.

[271] Dazu zählen u.a. die Nutzung zu Informationszwecken (Art. 22 § 1 Nr. 1 belUrhG), Reprographie (Art. 22 § 1 Nr. 4 belUrhG), private Vervielfältigung (Art. 22 § 1 Nr. 5 belUrhG) und Karikaturen, Parodien oder Stilimitationen (Art. 22 § 1 Nr. 6 belUrhG).

b) Niederlande

Am 27. Oktober 1974 wurde in den Niederlanden ein neues Urheberrecht[272] erlassen, um der Brüsseler Fassung der RBÜ Rechnung zu tragen.[273] Dabei wurden einige wichtige Änderungen vorgenommen und ein besonderes Augenmerk auf die Kategorie der Werke der angewandten Kunst gerichtet.[274] Nunmehr schützen die Niederlande Werke der angewandten Kunst und industrielle Muster und Modelle ausdrücklich gemäß Art. 10 Nr. 10 des Gesetzes betreffend die Neuregelung des Urheberrechts vom 23. September 1912 (niedUrhG).

Dabei stellt sich die Frage, ob angewandte Kunst etwas anderes darstellt als industrielle Muster und Modelle. Diese Unterscheidung liegt aber wohl in der Tatsache begründet, daß die Niederlande bis zum Erlaß dieses neuen Gesetzes nicht über ein Geschmacksmustergesetz verfügten[275] und eine solche Regelung einheitlich für die Benelux-Staaten bevorstand.[276] Um der Revidierten Berner Übereinkunft Rechnung zu tragen, wurde die Werkkategorie „Werke der industriell angewandten Kunst“, wie sie das Urheberrecht vom 23. September 1912 kannte, auf „Werke der angewandten Kunst“ verkürzt. Damit hätte leicht das Mißverständnis entstehen können, daß der Schutz der industriell gefertigten Muster und Modelle in das Musterrecht überführt worden sei. Daher werden industrielle Muster und Modelle explizit und getrennt aufgeführt, nicht um sich von Werken der angewandten Kunst abzugrenzen, sondern um klarzustellen, daß auch industrielle Gegenstände weiterhin Urheberrechtsschutz genießen.[277]

---

[272] Gesetz betreffend die Neuregelung des Urheberrechts v. 23. September 1912 (niedUrhG); veröffentlicht in „Staatsblad“ 1972, 569; abgedruckt in: Möhring/Schulze/Ulmer/Zweigert - Brauns, Niederlande II, S. 1 ff.

[273] Die Brüsseler Fassung der RBÜ ist für die Niederlande in Kraft seit dem 7. Januar 1973; die Pariser Fassung der RBÜ ist für die Niederlande mit Vorbehalten in Kraft seit dem 10. Januar 1975.

[274] S. hierzu: Cohen Jehoram, GRUR Int. 1974, 22 ff.

[275] Croon/Sanders, GRUR Ausl. 1958, 271 f.

[276] S. hierzu ausführlich unten: 1.2.B.II.a), S. 61 ff.

[277] S. zur Entstehungsgeschichte ausführlich: Cohen Jehoram, GRUR Int. 1974, 22 ff.

Die Definition der Kunst ist nicht gesetzlich vorgegeben. Ob ein Werk als Kunstwerk verstanden werden kann, richtet sich nicht nach den Maßstäben eines kritischen Fachmanns, sondern es ist ausreichend, daß es den Vorstellungen entspricht, die nach der Umgangssprache mit diesem Ausdruck verbunden werden.[278]

Schutzvoraussetzung ist eine schöpferische Leistung. Dabei enthält das Gesetz keine Regelung über das Maß dieser schöpferischen Leistung. Vielmehr hat sich in bezug auf Kunstwerke im allgemeinen der Grundsatz herausgebildet, daß ein gewisses Maß an Originalität erforderlich ist.[279] Für Werke der angewandten Kunst wird jedoch ein bestimmtes Maß an Originalität verlangt.[280] Es bedarf einer „selbständigen Schöpfung", die den „persönlichen Stempel" des Urhebers trägt.[281] Die Originalität des Werks muß durch die individuelle Gestaltung der Form zum Ausdruck gelangen.[282]

Das Urheberrecht entsteht mit der Erschaffung des Werks, das eine gewisse Form angenommen haben muß. Nach Art. 1 niedUrhG steht dem Urheber das ausschließliche Recht zu, das Werk zu veröffentlichen und zu vervielfältigen.[283] Das Recht zur Veröffentlichung ist in Art. 12 niedUrhG näher erläutert und das Vervielfältigungsrecht in Art. 13 f. niedUrhG. Diese Begriffe umfassen weitreichende Befugnisse. Das Recht der Veröffentlichung beinhaltet jede Bekanntgabe oder Wiedergabe des Werks und damit auch das Recht zur Verbreitung nach Art. 12 n. 2 niedUrhG, jedoch im Rahmen gewisser Schranken.[284]

---

[278] Möhring/Schulze/Ulmer/Zweigert - Brauns, Niederlande I, S. 5.

[279] Hof's-Gravenhage NJ 1949, Nr. 216.

[280] Hooge Raad NJ 1929, Nr. 1315.

[281] Hof's-Gravenhage NJ 1967, Nr. 351.

[282] Hooge Raad NJ 1946, Nr. 712.

[283] Ferner ist der persönlichkeitsrechtliche Bestandteil des Urheberrechts in Art. 25 niedUrhG geregelt; s. hierzu: Möhring/Schulze/Ulmer/Zweigert - Brauns, Niederlande I, S. 17 f.

[284] S. hierzu ausführlich: Möhring/Schulze/Ulmer/Zweigert - Brauns, Niederlande I, S. 14 ff.

c) Luxemburg

1972 trat in Luxemburg ein neues Urheberrecht in Kraft,[285] das eine von den Urheberrechtsgesetzen der Nachbarländer unabhängige luxemburgische Schöpfung darstellt. Das Urheberrecht orientiert sich weitgehend an der Berner Übereinkunft.[286] Zum Teil wurden die Formulierungen sogar wörtlich übernommen.[287] Zielsetzung der Neufassung war es, das luxemburgische Recht an neuere technische Gegebenheiten anzupassen und neuere Begriffe aus den Gesetzen anderer Länder und des Schrifttums zu übernehmen.[288]

„Der Urheber eines Werks der Literatur oder Kunst genießt an diesem Werk gegenüber jedermann ein ausschließliches immaterielles Eigentumsrecht" (Art. 1 I luxUrhG). Damit schützt das luxemburgische Urheberrechtsgesetz grundsätzlich alle Werke der Literatur und Kunst. Der Art. 1 III luxUrhG enthält eine (nicht abschließende) Aufzählung der schutzfähigen Werkgattungen. Darunter fallen explizit auch Werke der angewandten Kunst.

Ein schutzfähiges Werk ist das Ergebnis menschlicher Tätigkeit und muß eine „geistige Schöpfung" darstellen. Das Merkmal der geistigen Schöpfung wird zwar nur in bezug auf Sammlungen erwähnt (Art. 1 V luxUrhG), findet aber auf alle Werkgattungen Anwendung.[289] Im wesentlichen entspricht es der Voraussetzung, die von der Berner Übereinkunft geprägt wurde und auch in den anderen EG-Ländern verwendet wird.[290] Ein besonderer ästhetischer Überschuß wird nicht gefordert.[291]

---

[285] Urheberrechtsgesetz v. 29. März 1972; veröffentlicht im Memorial (Gesetzblatt des Großherzogtums Luxemburg) v. 29. März 1972; in deutscher Sprache abgedruckt in: Möhring/Schulze/Ulmer/Zweigert - Bungeroth, Luxemburg II, S. 1 ff.

[286] Beitritt zur Pariser Fassung der RBÜ am 20. April 1975.

[287] Möhring/Schulze/Ulmer/Zweigert - Bungeroth, Luxemburg I, S. 2.

[288] Roeber, FuR 1973, 72.

[289] Möhring/Schulze/Ulmer/Zweigert - Bungeroth, Luxemburg I, S. 3.

[290] S. z.B. oben: 1.2.B.I.b), S. 57.

[291] S. hierzu insb. ausführlich unten: 1.2.B.II.b), S. 63 ff.

Vom Urheberrechtsschutz ausgeschlossen sind jedoch Gestaltungen, die notwendig sind, um eine bestimmte technische Wirkung zu erzielen.[292]

Die Art. 18-22 luxUrhG enthalten spezielle Regelungen für Werke der bildenden Kunst. Besonders ist hierbei zu nennen Art. 20 luxUrhG, der deutlich macht, daß trotz gewerblicher Verwendung und Vervielfältigung durch industrielle Verfahren das Urheberrecht Anwendung findet. Damit soll klargestellt werden, daß auch bei gewerblicher Verwendbarkeit nicht ausschließlich auf den Musterschutz zurückgegriffen werden muß und die Gewerblichkeit nicht verhindert, daß es sich gleichzeitig um Kunst handeln kann.

Das Urheberrecht entsteht auch in Luxemburg allein durch die Schöpfung des Werks. In der Regel bedarf es auch keiner schriftlichen oder sonstigen Fixierung des Werks.[293] Dabei entstehen neben den Urheberpersönlichkeitsrechten (Art. 9 luxUrhG) auch Nutzungsrechte. Art. 3 I luxUrhG räumt dem Urheber ein ausschließliches Verwertungsrecht ein, welches das Recht umfaßt, das Werk zu vervielfältigen oder auf andere Weise in der Öffentlichkeit zu verbreiten oder diese Rechte Dritten zu gewähren. Ebenso kennt das luxemburgische Urheberrecht in Anlehnung an das französische Recht das Folgerecht (Art. 22 luxUrhG). Auf eine detaillierte Festlegung und Definierung der Nutzungsrechte wurde bewußt verzichtet.[294] Die Nutzungsrechte sind auch mit Schranken versehen.[295]

---

[292] Möhring/Schulze/Ulmer/Zweigert - Bungeroth, Luxemburg I, S. 16.

[293] Möhring/Schulze/Ulmer/Zweigert - Bungeroth, Luxemburg I, S. 4.

[294] Emringer, UFITA 69, 47, 49.

[295] S. hierzu ausführlich: Möhring/Schulze/Ulmer/Zweigert - Bungeroth, Luxemburg I, S. 8 ff.

II. Das einheitliche Musterrecht der Benelux-Staaten und sein Einfluß auf den urheberrechtlichen Schutz

a) Musterschutz

Seit dem 1. Januar 1975 haben die Benelux-Staaten ein einheitliches Musterrecht.[296] Vor dieser Zeit gab es in den Niederlanden[297] und Luxemburg[298] gar kein Musterrecht.[299] Lediglich Belgien kannte das Musterrecht und wandte es fast noch ausgeprägter an als Frankreich.[300]

Gemäß Art. 1 BTMW[301] kann das neue Aussehen eines Gegenstands, der eine Gebrauchsfunktion besitzt, als Benelux-Muster oder -Modell geschützt werden. Eine Neuheit des Gegenstands ist nach Art. 4 BTMW ausgeschlossen, wenn

- ein wesentlich ähnliches Muster oder Modell bereits früher eingetragen wurde und zu irgendeinem Zeitpunkt innerhalb von 50 Jahren vor dem Tag der Hinterlegung eines Musters oder dem Prioritätszeitpunkt ein Erzeugnis in den interessierten Handels- oder Gewerbekreisen in den Benelux-Staaten tatsächlich bekannt geworden ist, welches dasselbe Aussehen besitzt oder nur geringfügige Unterschiede aufweist;

---

[296] Am 1. Mai 1999 ist eine Änderung des BTMW in Kraft getreten, die eine Neuheitsschonfrist sowie Regelungen zur Bekämpfung von Piraterieprodukten eingeführt hat.

[297] Croon/Sanders, GRUR Ausl. 1958, 271 f.

[298] Cohen Jehoram, (1989) 3 EIPR 83, 84.

[299] Ein Schutz fand zum Teil lediglich durch das Urheberrecht statt, das zu diesem Zeitpunkt jedes originelle Werk schützte, ohne weitere künstlerische Kriterien zu verlangen, und es wurde auf die unter dem Stichwort der „sklavischen Nachahmung" entwikkelte Rspr. zurückgegriffen.

[300] Cohen Jehoram, (1989) 3 EIPR 83, 84; zu Frankreich s. oben: 1.2.A.II.a), S. 50 f.

[301] Höchste Instanz für Fragen der Auslegung des einheitlichen Gesetzes ist der Benelux-Gerichtshof; s. hierzu insb.: Gerbrandy, GRUR Ausl. 1965, 545.

- ein gleiches Muster oder ein Muster, das nur geringfügige Unterschiede aufweist, bereits früher nach den Bestimmungen des Gesetzes oder des Haager Musterabkommens hinterlegt oder veröffentlicht wurde.[302]

Es wird dabei in besonderem Maße auf die Gebrauchsfunktion des Gegenstands abgestellt,[303] um einstufen zu können, welche eingetragenen Muster oder Modelle als neuheitsschädlich angesehen werden können. Nur wenn es sich in einem gewissen Umfang um die gleiche Gebrauchsfunktion handelt, kann sich der Urheber auf seinen Musterschutz berufen. So wurde zum Beispiel entschieden,[304] daß trotz vorheriger ordnungsgemäßer Hinterlegung eines Modells eines Ferraris durch den Fahrzeughersteller ein Spielzeugmodell eines Ferraris als Friseurstuhl ein unabhängiges und schutzfähiges Modell darstellt. Begründet wurde dies damit, daß das Fahrzeug nur als Spielzeugauto und als Fahrzeug hinterlegt worden war und nicht auch für den Gebrauchszweck als Friseurstuhl und somit die Neuheitsschädlichkeit zu verneinen sei. Diese Systematik der Voraussetzungen für den Musterschutz hat damit auch Konsequenzen für den Schutzumfang eines eingetragenen Musters oder Modells und kann diesbezüglich zu Unsicherheiten führen.[305]

Das Benelux-Musterrecht unterscheidet nicht zwischen Neuheit und einer etwaigen Eigenart oder Eigentümlichkeit.[306] Das heißt, eine besondere Eigentümlichkeit des Musters oder Modells ist nicht erforderlich. Gestaltungen, die notwendig sind, um eine besondere technische Wirkung zu erzielen, sind vom Musterschutz ausgeschlossen (Art. 2 BTMW).

---

[302] Haardt, GRUR Int. 1974, 347, 349; zur Neuheit s.: BenGH GRUR Int. 1987, 176 (Preisgekrönter Betonpflasterstein).

[303] Ruijsenaars, GRUR Int. 1998, 378, 379.

[304] Hoge Raad NJ 1995, 3310 Nr. 670 (Ferrari-Friseurstuhl); auszugsweise übersetzt in: GRUR Int. 1997, 756.

[305] S. zur Gebrauchsfunktion insb.: Ruijsenaars, GRUR Int. 1997, 687, 688 ff. mit Anmerkung zur Entscheidung des Hoge Raad aaO.

[306] Ruijsenaars, GRUR Int. 1997, 687, 688.

Nach Art. 3 wird das ausschließliche Recht an einem Muster unbeschadet einer etwaigen Prioritätsfrist gemäß den Bestimmungen der Pariser Verbandsübereinkunft durch die Hinterlegung als „Benelux-Depot“[307] oder durch eine „internationale Hinterlegung“[308] erworben.[309] Die Schutzdauer beträgt 5 Jahre und kann zweimal um jeweils 5 Jahre verlängert werden, so daß die Höchstschutzdauer sich auf 15 Jahre beläuft (Art. 12 BTMW).

Das Musterrecht schützt nach Art. 14 I BTMW vor allem Gegenstände, die dasselbe Aussehen wie das hinterlegte Muster haben oder nur geringfügige Unterschiede aufweisen. Maßgeblich bleibt dabei der Gesamteindruck.[310] Der Musterschutz ist ein ausschließliches Recht und verbietet jede Herstellung und Einfuhr, jeden Verkauf, jedes Anbieten zur Vermietung, jede Vermietung, jede Ausstellung, Lieferung und Benutzung sowie das Vorrätighalten zu einem dieser Zwecke, soweit diese gewerblicher oder kaufmännischer Natur sind.[311]

b) Einfluß des Art. 21 BTMW auf die nationale Gesetzgebung

Kapitel II des BTMW regelt die Kumulierung des Schutzes für Werke der angewandten Kunst durch Muster- und Urheberrecht in den Benelux-Staaten.[312] Dabei wird versucht, der Tatsache Rechnung zu tragen, daß eine „Häufung zwischen industriellem und künstlerischem Eigentum“ vorliegen kann.[313] Der Art. 21 I BTMW verlangt, daß urheberrechtlich geschützte Gebrauchskunst „artistique marqué/duidelijk kunstzinnig karekter“, das heißt „deutlich künstlerisch“ sein muß. Der Art. 21

---

[307] Hinterlegung bei den nationalen Behörden in den Benelux-Staaten oder beim Benelux-Musteramt in Den Haag mit anschließender Eintragung bei diesem Amt.

[308] Eintragung in Genf nach dem Haager Musterabkommen.

[309] Haardt, GRUR Int. 1974, 347, 349.

[310] Ruijsenaars, GRUR Int. 1992, 505.

[311] S. hierzu: Haardt, GRUR Int. 1974, 347, 350.

[312] BenGH GRUR Int. 1988, 679 (Autovorhang – Screenoprints).

[313] Amtliche Erläuterungen zur Konvention und zum Einheitlichen Benelux-Gesetz betreffend Muster oder Modelle (Bull. Benelux 1966-6, S. 23).

II BTMW schließt Muster ohne diese deutlich künstlerische Note ausdrücklich vom Urheberrechtsschutz aus. Dies könnte als materiell höhere Schutzanforderung für die urheberrechtliche Bewertung von Werken der angewandten Kunst durch das BTMW zu verstehen sein.

Zunächst erfolgte eine uneinheitliche Bewertung der Frage, was als deutlich künstlerisch zu verstehen ist.[314] Der Benelux-Gerichtshof hat jedoch in einer grundlegenden Entscheidung[315] deutlich gemacht, daß die Forderung nach dem „deutlich Künstlerischen" nur eingeführt worden war, um das belgische Urheberrecht hinsichtlich des Schutzes von Mustern und Modellen an dem Urheberrecht von Luxemburg und den Niederlanden auszurichten. Da Belgien keine so hohen Schutzanforderungen an Werke der angewandten Kunst stellt wie die Niederlande und Luxemburg, und um eine uneinheitliche Gewährung eines Urheberrechtsschutzes für Gegenstände, die vernünftigerweise nicht als Kunstwerke zu klassifizieren sind, zu vermeiden, sollen nur die Gegenstände schützbar sein, die auch tatsächlich als Werke der angewandten Kunst gelten können.[316] Das heißt nach dem BTMW, daß diese Werke einen deutlich künstlerischen Charakter haben müssen: „Dabei soll das Wort ‚deutlich' in Art. 21 lediglich dem Richter anzeigen, daß er dann, wenn er bei der Anwendung des oben genannten Kriteriums zu der Schlußfolgerung gelangt, daß ein vernünftiger Zweifel hinsichtlich der Werkeigenschaft im Sinne des Urheberrechtsgesetzes sich nicht ausräumen läßt, dem betreffenden Muster oder Modell den Schutz des Urheberrechts verweigern muß."[317] Dabei sind als Werke der angewandten Kunst solche anzusehen, die eine persönliche Prägung des Autors aufweisen.

Damit gilt auch für die Individualität von Werken der angewandten Kunst im nationalen Urheberrecht der Benelux-Staaten, daß weder ein ästhetischer Überschuß noch ein künstlerisches Streben gefordert

---

314 Levin, GRUR Int. 1985, 713, 714.

315 BenGH GRUR Int. 1988, 679, 680 (Autovorhang – Screenoprints).

316 BenGH aaO.

317 BenGH aaO.

wird.[318] Danach sind originelle Muster und Modelle trotz der Einführung des BTMW nach den jeweiligen nationalen Urheberrechtsgesetzen urheberrechtlich geschützt, [319] wobei durch das BTMW sozusagen ein kleiner Anstoß für Belgien gegeben ist, den Schutz nicht allzu weit auszudehnen.

III. Markenschutz

Werke der angewandten Kunst können grundsätzlich auch durch das einheitliche Benelux-Markenrecht[320] geschützt werden. Nach Art. 1 I BMW sind „Formen von Waren oder der Verpackung", das heißt auch dreidimensionale Werke, grundsätzlich markenfähig. Ausgeschlossen sind jedoch insbesondere Formen, die durch das Wesen der Marke bedingt sind oder den wesentlichen Wert der Ware beeinflussen (Art. 1 II BMW).[321]

IV. Patentschutz

Das Patentrecht hat in den Benelux-Staaten keine Vereinheitlichung erfahren. Jedoch haben die einzelnen Staaten im Zuge der Harmonisierungsmaßnahmen des Patentrechts ihre Gesetze angeglichen. Belgien,[322] Luxemburg[323] und die Niederlande[324] gewähren einer neuen Erfindung, die auf einer erfinderischen Tätigkeit beruht und gewerblich anwendbar ist, Schutz nach ihren jeweiligen Gesetzen.

---

[318] Ruijsenaars, GRUR Int. 1998, 378, 381 m.w.N.

[319] Cohen Jehoram, (1989) 3 EIPR 83, 86; GRUR Int. 1974, 22, 23.

[320] Benelux-Merkenwet (BMW), in deutscher Sprache abgedruckt in: Schricker/Bastian/Albert, S. 199 ff.

[321] S. hierzu ausführlich: Henning-Bodewig/Ruijsenaars, GRUR Int. 1990, 821, 826 f.; Ruijsenaars, GRUR Int. 1992, 505, 508 ff.

[322] S.: Francq, GRUR Int. 1985, 282 ff.

[323] Patentgesetz v. 20. Juli 1992; veröffentlicht im Memorial v. 20. Juli 1992; Bericht in: GRUR Int. 1993, 95.

[324] S.: Schäde, S. 106 f.

V. Zusammenfassung

In den Benelux-Staaten werden Werke der angewandten Kunst durch das nationale Recht der einzelnen Staaten geschützt. Dabei ist die Schutzanforderung an das Maß der schöpferischen Leistung besonders in den Niederlanden und Luxemburg etwas höher als in Belgien.

Werke der angewandten Kunst sind auch nach dem Musterrecht schützbar, jedoch enthält das einheitliche Benelux-Musterrecht die Eigenart, daß ein nicht neues Muster trotzdem Musterschutz genießen kann, wenn es zu einem anderen, nicht auch geschützten Gebrauchszweck verwendet wird. Dies führt zu einer Unsicherheit über das Ausmaß des Musterschutzes. Es bleibt abzuwarten, welche Neuerungen die Geschmacksmusterrichtlinie mit sich bringen wird.[325]

C. GROSSBRITANNIEN

Großbritannien[326] hebt sich von den meisten anderen EG-Mitgliedstaaten dadurch ab, daß es historisch auf „common law“[327] basiert. Der Common-Law-Schutz im Rahmen des Urheberrechts reicht bis ins 17. Jahrhundert zurück.[328] Diese Grundlage für den Schutz wurde jedoch mit der Zeit durch Urheberrechtsgesetze ersetzt,[329] so daß das Common Law für den Urheberrechtsschutz an Bedeutung verloren hat.[330] Die nunmehr maßgebliche Rechtsgrundlage ist der Copyright,

---

[325] S. zur Geschmacksmusterrichtlinie unten: 1.3.C.I., S. 105 f.

[326] Die Pariser Fassung der RBÜ ist für Großbritannien in Kraft seit dem 2. Januar 1990.

[326] Möhring/Schulze/Ulmer/Zweigert - Cornish, Großbritannien I, S. 2; s. zur Geschichte des Copyright Law: Ellins, S. 36 ff.

[327] S. zur Erläuterung des Common Law: Anders, S. 130.

[328] Möhring/Schulze/Ulmer/Zweigert - Cornish, Großbritannien I, S. 1.

[329] Das erste Urhebergesetz in Großbritannien war das „Statute of Anne“ von 1709 zum Schutz gegen den Nachdruck von Büchern.

[330] Zur Urheberrechtsgeschichte in Großbritannien s.: Ruete, S. 7 ff.

Designs and Patents Act 1988 (CDPA).[331] Besonders ist für das Vereinigte Königreich hieran, daß dieses Gesetz eine vollständige Regelung des Urheberrechts darstellt und sich keine weiteren Rechte aus Common Law für den Urheber ergeben.[332]

Dieses neue Gesetz wurde erlassen, um das Urheberrecht logischer und verständlicher und damit auch für den Laien zugänglicher zu machen.[333] Das neue Gesetz hat jedoch für Großbritannien vor allem eine große Veränderung im Bereich des Schutzes der angewandten Kunst mit sich gebracht. Es ist ein Gebilde entstanden, das zwei Formen von Musterschutz kennt, und zwar ein eingetragenes[334] und ein nicht eingetragenes Muster[335].

I. Der urheberrechtliche Schutz für Werke der angewandten Kunst

Das Werk ist auch im britischen Recht der Anknüpfungspunkt für den Urheberrechtsschutz. Die schutzfähigen Werke sind nach Sec. 1 (1) CDPA in 3 Kategorien unterteilt:

- ursprüngliche literarische und dramatische Werke sowie Werke der Musik oder Kunst (Sec. 1 (1) a CDPA);
- Tonaufnahmen, Filme, Sendungen oder Kabelprogramme (Sec. 1 (1) b CDPA);
- typographische Gestaltungen veröffentlichter Werkausgaben (Sec. 1 (1) c CDPA).

Diese Aufzählung ist abschließend; an anderen Werkarten besteht kein Copyright.[336]

---

331 In Kraft seit dem 1. August 1989; abgedruckt in Möhring/Schulze/Ulmer/Zweigert - Cornish, Großbritannien II, S. 1 ff.

332 Möhring/Schulze/Ulmer/Zweigert - Cornish, Großbritannien I, S. 2.

333 Davies, S. 31.

334 S. hierzu ausführlich unten: 1.2.C.II.b), S. 76 f.

335 S. hierzu ausführlich unten: 1.2.C.II.a), S. 74 ff.

336 Niemann, S. 131.

a) Schutzfähige Werke

Die einzelnen Werkgattungen werden in Sec. 3 bis 8 CDPA näher erläutert. Gemäß Sec. 4 (1) c CDPA umfaßt der Begriff „Werk der Kunst“:

- graphische Werke, Fotografien, Skulpturen und Collagen, ohne Rücksicht auf ihre künstlerische Beschaffenheit (Sec. 4 (1) a CDPA)
- Werke der Architektur (Sec. 4 (1) b CDPA)
- sowie „work of artistic craftsmanship“, also Werke des Kunsthandwerks (Sec. 4 (1) c CDPA).

(i) Kunsthandwerk und andere Werke der angewandten Kunst

Der Begriff des Kunsthandwerks als solches ist nicht näher definiert worden. Dabei ist dieser Begriff wohl nicht mit angewandter Kunst gleichzusetzen. Vielmehr wird hierbei darauf abgestellt, daß ein Werk tatsächlich durch handwerkliche Tätigkeit entsteht. Im Rahmen dieser handwerklichen Tätigkeit wird jegliche künstlerische Leistung unabhängig davon geschützt, ob das Werk einen Gebrauchszweck hat oder nicht. Das heißt, Kunsthandwerk kann auch angewandte Kunst sein, sofern das Werk handwerklich hergestellt wird.

Ebenso wird bei den graphischen Werken nicht darauf abgestellt, ob ihnen ein Gebrauchszweck zugrunde liegt. Das heißt, als graphische Werke kommen auch Gebrauchsgraphiken, also Werke der angewandten Kunst, in Betracht. Ebenso werden Skulpturen ohne Rücksicht auf die künstlerische Beschaffenheit geschützt.[337]

Das britische Recht hat keine explizite Werkgattung für Werke der angewandten Kunst vorgesehen. Vielmehr wird die künstlerische Leistung unabhängig von einem eventuellen Gebrauchszweck geschützt, wenn das Werk sich unter eine der Werkkategorien subsumieren läßt.

---

[337] MacQueen, S. 65; s. hierzu auch unten: 1.2.C.I.a)ii), S. 69 f.

Allerdings sind bei den oben aufgeführten Werkgattungen insbesondere die dreidimensionalen Werke (mit Ausnahme von Skulpturen) nur im Rahmen der kunsthandwerklichen Fertigung berücksichtigt worden.

(ii) Dreidimensionales Industriedesign

„Designs" haben in Sec. 51 CDPA eine eigenständige Regelung erfahren. Sec 51 (1) CDPA sieht vor:

> „Das Herstellen eines Gegenstands nach einem Muster oder das Vervielfältigen eines nach dem Muster hergestellten Gegenstands stellt keine Verletzung des Copyright an einem Muster-Dokument oder einem Modell dar, das ein Muster für etwas anderes als für ein Werk der Kunst oder ein typographisches Schriftzeichen aufzeichnet oder verkörpert".

Als Muster-Dokument ist jede Aufzeichnung eines Musters zu verstehen, sei es in Form einer Zeichnung, einer schriftlichen Beschreibung, einer Fotografie, in Form von in einem Computer gespeicherten Daten oder in anderer Form (Sec. 51 (3) CDPA). Dabei liegt die Betonung auf der Frage, ob es sich bei dem Muster-Dokument um eine Darstellung eines „künstlerischen Werkes" im Sinne der Sec. 4 (1) CDPA handelt oder um ein Dokument über einen Gegenstand, der vom Urheberrecht nicht erfaßt wird. Nur in letzterem Fall ist der Urheberrechtsschutz ausgeschlossen.

Als Muster zu verstehen ist „jegliche Ansicht der Form oder Gestalt (von innen oder von außen) eines ganzen Gegenstandes oder eines Teils davon, außer der Oberflächenverzierung" (Sec. 51 (3) CDPA). Diese Regelung ist nur in Abgrenzung zu Werken der Kunst zu verstehen. Die Sec. 51 CDPA schließt jegliche Muster, die nicht unter den Werkbegriff der „Kunst" nach Sec. 4 (1) CDPA fallen, vom Urheberrechtsschutz aus. Da, wie oben gesehen,[338] Werke der angewandten Kunst nur unter den Kunstbegriff fallen, wenn sie Kunsthandwerk oder zweidimensionale

---

[338] S. oben: 1.2.C.I.a), S. 68 f.

Werke darstellen, sind dreidimensionale Werke zum größten Teil Gegenstand des Sec. 51 (1) CDPA und scheiden als urheberrechtsschutzfähig aus.[339]

Allerdings wurden Korrekturen dieses kategorischen Ausschlusses dreidimensionaler Gegenstände des Industriedesign vorgenommen. So wurde zum Beispiel befunden, daß ein Frisbee (Wurfscheibe) ein künstlerisches Werk sein kann und die Gußform zur Herstellung dieses Spielzeugs eine Skulptur darstellt.[340] Auch wurde anerkannt, daß einige Arten von Kleidung und Möbeln den Status eines „künstlerischen Werks“ haben können; dabei wurde ein Urheberrechtsschutz jedoch in den Fällen ausgeschlossen, in denen der Gegenstand als Massenprodukt dienen sollte.[341]

Demnach sind dreidimensionale Gegenstände des Industriedesign vom Urheberrechtsschutz nach Sec. 51 (1) CDPA ausgeschlossen. Diese Werke werden aber immer öfter als Skulpturen, also als „künstlerische Werke“ angesehen und genießen so den Urheberrechtsschutz, den ihnen Sec. 51 (1) CDPA versagt.[342]

b) Schutzvoraussetzungen

Der urheberrechtliche Schutz wird gemäß Sec. 1 (1) a CDPA nur solchen künstlerischen Werken zuteil, die „original“ sind. Der englische Begriff „original“ ist dabei nicht als originell im Sinne von eigentümlich zu verstehen, sondern vielmehr als ursprünglich. Mit dem Begriff soll der Bezug zum Urheber klargestellt werden; das Werk muß vom Autor herrühren.[343]

---

[339] Ebenso: Cornish, GRUR Int. 1998, 368, 369.

[340] Wham-O Manufacturing Company v. Lincoln Industries Ltd. (1985) R.P.C. 127 ff.

[341] Merlet and Another v. Mothercare Plc. (1986) R.P.C. 115 ff.

[342] MacQueen, S. 65 ff. m.w.N.

[343] Moser, S. 161.

Eine gesetzliche Definition des Begriffs „original“ ist nicht vorhanden. Der Begriff „original“ bezieht nicht allein auf die Herkunftsbezeichnung des Werks, sondern er ist umfassender, da sonst jegliche vom Menschen geschaffene Werke geschützt wären. Vielmehr kommt es darauf an, daß der Urheber eine schützenswerte persönliche Leistung bei der Schaffung des Werks erbracht hat. Was dabei als persönlich schöpferische Leistung zu verstehen ist, war umstritten.[344] Jedoch hat sich ein grundlegender Anknüpfungspunkt herauskristallisiert, der auf ein gewisses Mindestmaß an „skill, labour and judgment“, das heißt an „Fertigkeit, Mühe und Verstand“ abstellt.[345] Bei „künstlerischen Werken“ ist generell von einer geringeren Anforderung an „Fertigkeit, Mühe und Verstand“ auszugehen.[346] Dies beruht auf dem Grundsatz: *„what is worth copying is worth protecting“.*[347] Jedoch sind davon die Werke des Kunsthandwerks auszunehmen, die ein bedeutendes Maß an Individualität verlangen.[348]

Das heißt, im britischen Recht werden bei Werken der angewandten Kunst unterschiedliche Grade der Individualität verlangt. Handelt es sich um ein Werk des Kunsthandwerks, so wird ein bedeutendes Maß an persönlich schöpferischer Leistung verlangt. Handelt es sich jedoch um eine Graphik, eine Skulptur oder um andere nicht kunsthandwerklich geschaffene Werke der angewandten Kunst, so ist die Anforderung an „Fertigkeit, Mühe und Verstand“ als gering einzustufen.

Der Urheberrechtsschutz entsteht mit der Schöpfung des Werks. Das Werk muß dabei in einer dauerhaften Form festgelegt sein. Auch hier reicht die Idee eines Werks für den Urheberrechtsschutz nicht aus.

---

[344] S. für die verschiedenen Auslegungen ausführlich: Moser, S. 162 ff.

[345] Möhring/Schulze/Ulmer/Zweigert - Cornish, Großbritannien I, S. 3.

[346] Moser, S. 163 f. m.w.N.

[347] Was wert ist, kopiert zu werden, ist auch wert, geschützt zu werden; University of London Press Ltd. v. University Tutorial Press Ltd. (1916) 2 Ch. 601, 610.

[348] Möhring/Schulze/Ulmer/Zweigert - Cornish, Großbritannien I, S. 4.

c) Schutzumfang

Der Urheber hat gemäß Sec. 2 (1) CDPA das ausschließliche Recht, die Handlungen vorzunehmen, die in Kapitel II CDPA, das heißt der Sec. 16 ff. CDPA, näher erläutert sind.[349]

(i) Nutzungsrechte

Als Nutzungsrechte stehen dem Urheber von Werken der angewandten Kunst insbesondere das Vervielfältigungsrecht (Sec. 16 (1) a, 17 CDPA) und das Recht, Vervielfältigungsstücke des Werks an die Öffentlichkeit herauszugeben (Sec. 16 (1) b, 18 CDPA), zu. Dabei sind die Schranken der Sec. 28 ff. zu beachten.

(ii) Schutzdauer

Die Schutzdauer beträgt regelmäßig 70 Jahre post mortem auctoris (Sec. 12 (1) CDPA). Jedoch ist bei Werken der Kunst Sec. 52 CDPA zu berücksichtigen. Danach unterliegen Werke, die durch den Copyright-Inhaber oder mit dessen Zustimmung verwertet werden, einer kürzeren Schutzdauer. Als Verwertung wird dabei verstanden:

- „das Herstellen von Gegenständen, die für die Zwecke dieses Teils[350] als Vervielfältigungsstücke des Werks anzusehen sind, in einem industriellen Verfahren“ (Sec. 52 (1) a CDPA);
- „das Vermarkten[351] solcher Gegenstände im Vereinigten Königreich oder anderorts“ (Sec. 52 (1) b CDPA).

In diesen Fällen erlischt das Urheberrecht an Werken der (angewandten) Kunst nach Ablauf von 25 Jahren seit dem Ende des Kalenderjahres, in dem die Werke erstmals vermarktet wurden (Sec. 52 (2)

---

[349] Daneben stehen dem Urheber Urheberpersönlichkeitsrechte zu, die im 4. Kapitel des CDPA behandelt werden.

[350] D.h. Teil I des CDPA.

[351] Das Vermarkten umfaßt nach Sec. 52 (6) b CDPA „das Verkaufen oder Vermieten oder das Feilhalten oder Ausstellen des Gegenstands zum Verkauf oder zur Vermietung“.

CDPA).[352] Demnach wird Werken der angewandten Kunst unabhängig davon, ob es sich um Kunsthandwerk oder Skulpturen oder ähnliches handelt, der volle Urheberrechtsschutz versagt, sobald eine umfassendere Verwertung des Kunstwerks stattfindet.[353] Obwohl das Urheberrecht, wie oben gesehen,[354] trotz der Sec. 51 (1) CDPA auch unter Umständen Industriedesign schützt, hat eine Restriktion der Schutzdauer über Sec. 52 (3) CDPA die Wirkung, daß diesen Werken nur ein Schutz zuteil wird, der dem Recht des eingetragenen Musters entspricht.[355] Damit kann die Ermittlung der Schutzdauer im Einzelfall schwierig sein.

Der beabsichtigte Effekt dieser Regelung ist, Industriedesign vom Urheberrechtsschutz auszuschließen.[356] Wird jedoch erst einmal einem Gegenstand Werkqualität zuerkannt, erscheint es nicht gerechtfertigt, dem Werk den vollen Urheberrechtsschutz zu entziehen und dem Recht des eingetragenen Musters gleichzusetzen, denn dann kommt dem Urheberrecht in diesem Bereich kaum noch eigenständige Bedeutung zu. Vor allem trifft diese Regelung nicht nur Werke des Industriedesigns, sondern auch jegliche künstlerischen Werke, ob Kunsthandwerk oder ähnliches, da jede Verwertung des Werks zu einer kürzeren Schutzdauer führt. Dies bedeutet eine Verkürzung der Schutzdauer gerade durch Handlungen (zum Beispiel Vervielfältigung), die dem Urheber ausdrücklich als Nutzungsrechte zuerkannt sind.

Auch ist die Folge dieser Regelung zu bedenken, nämlich daß die Rechte an den Werken der (angewandten) Kunst nach dem Grundsatz der EG-weiten Erschöpfung[357] in allen anderen EG-Ländern (in denen diese verkürzte Schutzdauer ja nicht besteht) nach 25 Jahren erlöschen, wenn das Werk in Großbritannien verwertet und damit in Verkehr ge-

---

[352] Ausnahmen kann unter gewissen Umständen der „Secretary of State" erlassen (Sec. 52 (4) CDPA).

[353] Firth, (1993) 2 EIPR 42, 44.

[354] S. oben: 1.2.C.I.a)ii), S. 69.

[355] S. unten: 1.2.C.II.b), S. 76 f.

[356] MacQueen, S. 67.

[357] S. hierzu ausführlich unten: 1.4.A.II., S. 113 ff.

bracht wird. Dabei war gerade auch wegen dieses Grundsatzes der EG-weiten Erschöpfung eine Schutzdauer-Richtlinie[358] erlassen worden, welche die Uneinheitlichkeit der Schutzdauer und die damit entstehenden Konsequenzen ausräumen sollte. Nicht zuletzt aus folgenden Gründen hat der Rat der Europäischen Gemeinschaften die Richtlinie erlassen: „... zur Einführung eines hohen Schutzniveaus, das sowohl den Anforderungen des Binnenmarkts als auch der Notwendigkeit entspricht, ein rechtliches Umfeld zu schaffen, das die harmonische Entwicklung der literarischen und künstlerischen Kreativität fördert".[359] Die Schutzdauer-Richtlinie ist anzuwenden auf Werke der Kunst im Sinne des Art. 2 der Berner Übereinkunft (Art. 1 (1) der Schutzdauerrichtlinie). Damit bezieht sie sich auch auf die Werke der Kunst, die das britische Urheberrecht schützt. Da Großbritannien den gewerblich genutzten Werken der Kunst eine wesentlich kürzere Schutzdauer zukommen läßt, als dies in der Schutzdauer-Richtlinie vorgesehen ist, stellt dies eine Umgehung der Schutzdauerrichtlinie dar, denn es erscheint zweifelhaft, ob die Regelung des Sec. 52 CDPA noch als zulässige Schranke der Nutzungsrechte gewertet werden kann.

II. Weitere Schutzmöglichkeiten für Werke der angewandten Kunst

a) Der Schutz des nicht eingetragenen Musters

Der Copyright Designs and Patents Act von 1988 hat ein völlig neues Musterrecht eingeführt. Nunmehr gibt es in Großbritannien einen Schutz auch für nicht eingetragene Muster. Das Recht, das diese Regelung gewährt, wird als Eigentumsrecht an einem „original design" bezeichnet.[360]

---

[358] Richtlinie 93/98/EWG des Rates v. 29. Oktober 1993 zur Harmonisierung der Schutzdauer des Urheberrechts und bestimmter verwandter Schutzrechte (ABlEG Nr. L 290, 9), abgedruckt in: GRUR Int. 1994, 141 ff.

[359] Richtlinie 93/98/EWG - Gründe Nr. 11, GRUR Int. 1994, 141.

[360] MacQueen, S. 70.

Das Musterrecht ist in den Sec. 213-264 CDPA normiert. Es besteht ohne Eintragung an ursprünglichen Gestaltungs- oder Strukturelementen eines Gegenstands, das heißt es schützt die Muster von Formen und Formgebung und versucht den Bereich abzudecken, der vom Urheberrechtsschutz ausgenommen ist.[361] Die Definition des Designs beziehungsweise Musters entspricht der des Sec. 51 (3) CDPA.[362] Schutzvoraussetzung ist auch hier, daß es sich um ein „original“, das heißt ursprüngliches Werk handelt. Dabei gibt hier das Gesetz vor, wann ein Werk nicht als ursprünglich zu gelten hat. Nach Sec. 213 (4) CDPA ist ein Werk dann nicht ursprünglich, wenn es im betreffenden Muster-Bereich zur Zeit der Schöpfung als „commonplace“, das heißt als alltäglich gilt. Demnach ist die Schutzvoraussetzung des nicht eingetragenen Musters nicht mit der gleichlautenden des Copyrights vergleichbar. Vielmehr wird hier lediglich darauf abgestellt, daß es sich um das Werk des Musterentwerfers handelt und aus seiner Schöpfung ein Muster entsteht, das nicht alltäglich ist.[363] Gestaltungsmethoden oder -prinzipien sind vom Schutz ausgeschlossen. Ausgenommen von diesem Schutz sind insbesondere auch „must-fit“-[364] und „must-match“-Muster[365] und Muster für Teile, die nicht einzeln verkauft werden.[366]

Es handelt sich bei dem Eigentumsrecht um ein Recht gegen Vervielfältigung (Sec. 226 (1) CDPA). Der Schutz besteht für höchstens 15 Jahre, nachdem das Muster zum ersten Mal in einem Muster-Dokument aufgezeichnet wird oder ein Gegenstand nach dem Muster hergestellt

---

361 Cornish, GRUR Int. 1998, 368, 370.

362 S. oben unter: 1.2.C.I.a)ii), S. 69.

363 S. besonders: C and H Engineering v. F. Klucznik and Sons Ltd. (1992) F.S.R. 421, 428.

364 „Must-fit“ bezieht sich auf „Merkmale der Form oder Gestalt eines Gegenstandes, die bewirken, daß der Gegenstand mit einem anderen Gegenstand so verbunden oder in ihm, um ihn herum oder an ihn so angebracht werden kann, daß jeder Gegenstand seine Funktion erfüllen kann“ (Sec. 213 (3) b i CDPA).

365 „Must-match“ bezieht sich auf „Merkmale der Form oder Gestalt eines Gegenstands, die von dem Aussehen eines anderen Gegenstands abhängen und von diesem Gegenstand gemäß der Absicht des Musterentwerfers einen wesentlichen Bestandteil bilden sollen“ (Sec. 213 (3) b ii CDPA).

366 S. hierzu ausführlich: MacQueen, S. 69, 73 ff.; Cornish, GRUR Int. 1998, 368, 369.

wurde (Sec. 216 (1) CDPA). Der Schutz besteht dabei nicht nur vorübergehend, bis das Muster registriert werden kann, sondern ist von der Registrierung unabhängig.[367] Damit ist die Schutzdauer wesentlich kürzer, als das Urheberrecht[368] oder das Recht des eingetragenen Musters[369] es vorsehen. Dem liegt der Gedanke zugrunde, zur Registrierung anzuspornen, wo immer das möglich ist.[370]

b) Der Schutz des eingetragenen Musters

Neue gewerbliche Muster, die nicht ausschließlich funktional sind, können als „Registered Designs", das heißt eingetragene Muster nach Sec. 265-273 CDPA, geschützt werden. Jede vorangegangene Eintragung oder Veröffentlichung eines Musters ist in Großbritannien neuheitsschädlich, die im Verhältnis zum eingetragenen Muster aus der Sicht des Durchschnittsdesigners lediglich „immaterial details", das heißt geringfügige Unterschiede, oder nur „features which are commonly used in the trade", also eine im betreffenden Bereich übliche Variation aufweist.[371] Weiterhin muß das Muster „eye appeal" haben, das heißt dem Auge des Konsumenten zusagen.[372] Diese Voraussetzung wird jedoch nur dort verlangt, wo es auf das Aussehen des Gegenstands ankommt.[373] Konstruktionsmethoden und Konstruktionsprinzipien sowie funktionelle Gestaltungselemente sind von diesem Schutz ebenfalls ausgenommen.[374]

Neu eingetragene Muster haben eine Schutzdauer von höchstens 25 Jahren. Das Muster ist alle 5 Jahre zu erneuern, ansonsten verfällt der Schutz (Sec. 269 CDPA). Dabei muß die Anmeldung erfolgt sein, bevor

---

367 Cornish, GRUR Int. 1998, 368, 370.

368 S. oben: 1.2.C.I.c)ii), S. 72 ff.

369 S. unten: 1.2.C.II.b), S. 76.

370 MacQueen, S. 79.

371 Ruijsenaars, GRUR Int. 1997, 687, 690.

372 MacQueen, S. 68.

373 S.: Sec. 265 CDPA.

374 Durie, GRUR Int. 1990, 832, 839.

die nach dem Muster hergestellten Gegenstände auf den Markt gebracht oder der Öffentlichkeit gezeigt werden.[375]

c) Markenschutz

Großbritannien hat die Markenrechtsrichtlinie[376] durch den Trademarks Act 1994[377] umgesetzt. Dieses Gesetz schützt damit entsprechend den Vorgaben der Richtlinie jedes Symbol, das graphisch wiedergegeben werden kann und der Unterscheidung von Waren oder Dienstleistungen eines Unternehmens von einem anderen Unternehmen dient (Sec. 1 (1) TMA).

Ebenfalls Formen der Ware und Verpackungen können markenfähig sein. Das heißt, bei Vorliegen der Schutzvoraussetzungen können auch Werke der angewandten Kunst durchaus als Marken geschützt werden. Allerdings darf es sich nicht um eine Form handeln, die aus der Natur des Produkts resultiert, zur Erzielung eines technischen Ergebnisses notwendig ist oder den wesentlichen Wert der Ware ausmacht (Sec. 3 (2) TMA). Die Schutzdauer beträgt zunächst 10 Jahre nach Anmeldung und ist um jeweils weitere 10 Jahre verlängerbar, wobei es keine Obergrenze für die Schutzdauer gibt.

d) Patentschutz

Der CDPA enthält in Teil V (Sec. 287-295) die Bestimmungen zum britischen Patentrecht.[378] Patentschutz wird gewährt für eine neue Erfindung. Es bedarf eines erfinderischen Schritts, und die Erfindung muß gewerblich nutzbar sein. Die Voraussetzungen sind mithin sehr ähnlich wie im deutschen Recht.[379] Werke der angewandten Kunst können auch

---

375 Durie, GRUR Int. 1990, 832, 839.

376 Erste Richtlinie des Rates v. 21. Dezember 1988 zur Angleichung der Rechtsvorschriften der Mitgliedstaaten über Marken (89/104/EWG) (ABlEG Nr. L 40, 1), abgedruckt in: GRUR Int. 1989, 294 ff.

377 In deutscher Sprache abgedruckt in Schricker/Bastian/Albert, S. 557 ff.

378 Zur Geschichte des Patentrechts in Großbritannien s.: Güttich, S. 1 ff.

379 S. oben: 1.1.C.II.a), S. 26 f.

als Patente geschützt werden, aber durch die Schutzvoraussetzungen für die Patentierbarkeit kommt der Patentschutz bei vielen dieser Werke nicht in Frage.[380]

III. Zusammenfassung

Der Schutz für Werke der angewandten Kunst ist im britischen Recht nicht so durchschaubar geregelt wie in anderen Ländern. Die angewandte Kunst wird insbesondere geschützt durch das Urheberrecht, das eingetragene Muster sowie das nicht eingetragene Muster.

Im Rahmen des Urheberrechts stellen Werke der angewandten Kunst keine eigene Werkgattung dar. Das britische Urheberrecht kennt aber den Schutz für Kunsthandwerk sowie den Schutz von Graphiken und Skulpturen. Durch letzteren ist ein „Hintertürchen" offengelassen, das immer wieder genutzt wird, um auch dreidimensionalen Werken Urheberrechtsschutz zukommen zu lassen.

Jedoch ist zu beachten, daß Werken der angewandten Kunst, die verwertet werden, der volle Urheberrechtsschutz nicht zuteil wird, sondern dieser sich auf einen Zeitraum von 25 Jahren ab der Verwertung beschränkt. Damit verfügt Großbritannien über einen im Vergleich zu anderen Mitgliedstaaten wesentlich eingeschränkten Schutz, der insbesondere in Hinblick auf die gemeinschaftweite Erschöpfung[381] von Urheberrechten und die Intention der Schutzdauerrichtlinie bedenklich erscheint.

---

[380] MacQueen, S. 26.

[381] S. zur Erschöpfungslehre unten: 1.4.A., S. 112 ff.

D. ITALIEN

Das heutige[382] Urheberrecht[383] stellt nach der Konzeption des italienischen Gesetzgebers einen Teil des allgemeinen Zivil- und Arbeitsrechts dar.[384] Das geltende italienische Recht richtet sich nach den Grundsatzbestimmungen, die in Art. 2575-2583 des Codice Civile (c.c.)[385] normiert sind, und dem aufgrund dieser Artikel erlassenen Spezialgesetz[386]. Im Codice Civile sind die Bestimmungen über den Gegenstand des Rechts, den Erwerb des Rechts, die Rechtsträger sowie den Inhalt der Rechte des Urhebers an Geisteswerken enthalten; im Spezialgesetz[387] wird unter anderem eine Klassifizierung der Werkarten vorgenommen.[388]

I. Der urheberrechtliche Schutz für Werke der angewandten Kunst

Geschützt werden nach Art. 1 itUrhG „Geisteswerke von schöpferischem Charakter, die der Literatur, der Musik, den bildenden Künsten, der Baukunst und dem Gebiet des Theaters oder des Films angehören". Art. 2 itUrhG führt die einzelnen Werkgattungen auf, wobei diese Aufzählung nur Beispielscharakter hat.[389] Als Werke der bildenden Kunst werden alle Schöpfungen verstanden, die einen gewissen gedanklichen Inhalt entweder in zwei- oder dreidimensionaler Form nach außen hin sichtbar werden lassen.[390]

---

[382] Zur Rechtsgeschichte des Urheberrechts in Italien s.: Fuchs, S. 4 ff.; zum Urheberrecht: Jarach, S. 26 ff.

[383] Beitritt zur Pariser Fassung der RBÜ am 14. November 1979.

[384] Fuchs, S. 13.

[385] Abgedruckt in Möhring/Schulze/Ulmer/Zweigert - Singer, Italien II, S. 1 ff.

[386] Gesetz Nr. 633 v. 22. April 1941 über den Schutz des Urheberrechts und anderer mit dessen Ausübung verbundener Rechte (itUrhG).

[387] Abgedruckt in Möhring/Schulze/Ulmer/Zweigert - Singer, Italien II, S. 3 ff.

[388] Patti, FS Reischl, S. 109, 111.

[389] Möhring/Schulze/Ulmer/Zweigert - Singer, Italien I, S. 3.

[390] Fuchs, S. 163 m.w.N.

a) Der Werkbegriff der angewandten Kunst im italienischen Urheberrecht

Art. 2 n. 4 itUrhG nennt insbesondere „die Werke der Bildhauerei, der Malerei, der Zeichenkunst, der Gravierkunst und ähnlicher darstellender Künste einschließlich der Bühnendekorationsmalerei, auch in Gestalt von kunstgewerblichen Erzeugnissen, vorausgesetzt, daß ihr künstlerischer Wert vom gewerblichen Charakter des Erzeugnisses *trennbar*[391] ist, mit dem sie verbunden sind".

(i) Kunstgewerbliche Erzeugnisse

Die Werkart „arte applicata all`industria", das heißt die kunstgewerblichen Erzeugnisse setzen einen „carattere industriale",[392] also einen gewerblichen Charakter des Werks voraus. Dabei ist der Begriff des gewerblichen Charakters strittig. Zum einen wird davon ausgegangen, daß die kunstgewerblichen Erzeugnisse sich insoweit von der „arte pura", der reinen Kunst, unterscheiden, als das Werk mit dem Gedanken geschaffen wurde, es industriell zu verwerten.[393] Hiergegen wird vorgebracht, daß es dann allein vom Willen des Urhebers, sein Werk seriell herzustellen, abhinge, ob es sich um „reine" oder „gewerbliche" Kunst handelt.[394] Daher versteht die herrschende Meinung unter dem Begriff des „carattere industriale", daß das Werk einen Gebrauchszweck haben muß, der über den Genuß des durch das Werk vermittelten ästhetischen Eindrucks hinausgeht, und es nicht auf die Frage ankommt, ob ein Werk Gegenstand der Serien- oder Massenherstellung sein soll.[395] Damit kennt das italienische Recht grundsätzlich den Schutz für Werke der angewandten Kunst.

---

[391] Hervorhebung durch die Verfasserin.

[392] Zur näheren Unterscheidung des „carattere industriale" s.: Oppo, Riv.dir.civ. 1973, 1 ff.

[393] So insb. auch: App. Firenze Riv.dir.ind. 1989, 267; Bonasi Benucci, S. 249.

[394] Benussi, GRUR Int. 1980, 403, 404.

[395] Fuchs, S. 183.

(ii) Trennbarkeit

Die Schutzfähigkeit der Werke der angewandten Kunst sowie die Abgrenzung zu Mustern und Modellen hängt von der „scindibilità", der Trennbarkeit des künstlerischen Werts des Werks von seinem gewerblichen Charakter, ab. Dieses Kriterium ist der Dreh- und Angelpunkt des italienischen Urheberrechtsschutzes für Werke der angewandten Kunst. Die Schutzvoraussetzung der Trennbarkeit hat sich in der Rechtsentwicklung bis 1941[396] zur Frage der Abgrenzung des Musterschutzes vom Urheberrechtsschutz durchgesetzt und wurde in das italienische Urheberrechtsgesetz aufgenommen. Damit hat der italienische Gesetzgeber durch Art. 2 n. 4 itUrhG alle anderen zuvor vorgeschlagenen oder in anderen Rechtsordnungen verwendeten Kriterien[397] zur Abgrenzung von Urheberrechts- und Musterschutz zurückgewiesen.[398]

Das italienische Urheberrecht mißt der Tatsache besondere Bedeutung bei, daß der Schöpfer bei der Gestaltung seines Werks durch die Verknüpfung des Ästhetischen mit dem Gebrauchszweck und die durch letzteren vorgegebenen Notwendigkeiten gegebenenfalls nicht das Maß an Kreativität einbringen kann, wie es zum Beispiel in der reinen Kunst zu sehen ist.[399] Hieraus resultiert auch letztendlich der Grundsatz der Trennbarkeit. Dabei wird in Italien davon ausgegangen, daß eine Unterscheidung gegeben ist zwischen Künstlern, die Gegenstände kreieren, um die Sinne anzuregen, und Handwerkern, die Gegenstände für den tri-

---

396 S. hierzu insb.: Fuchs, S. 187 ff.

397 So z.B. die Lehre der Bestimmung, vertreten von: Ghiron, S. 387; Lehre vom Zweck, vertreten von: Biamonti, Dir.aut. 1932, 443, 456.

398 Cass. Nr. 2035, Dir.aut. 1991, 63 ff.; auszugsweise übersetzt in: GRUR Int. 1992, 666, 667.

399 So auch: Cass. Nr. 2035, Dir.aut. 1991, 63 ff. Bezüglich der dem Gebrauchszweck beigemessenen Bedeutung ähnelt das italienische dem deutschen Recht (s. oben: 1.1.A.II.d), S. 12 ff.). Jedoch ist der Lösungsansatz verschieden. Im italienischen Recht wird das Problem über das Kriterium der Trennbarkeit gelöst, im deutschen Recht ist der Grad der Individualität entscheidend. Insofern gibt es im deutschen Recht grundsätzlich einen urheberrechtlichen Schutz für Werke der angewandten Kunst, wenn sie das nötige Maß an Individualität mitbringen. Im italienischen Recht führt dies jedoch über das Kriterium der Trennbarkeit fast immer zum Ausschluß des Schutzes (s. hierzu im weiteren ausführlicher).

vialen täglichen Gebrauch herstellen.[400] CIMOLI umschreibt diese Unterscheidung, die auf einem traditionellen, aber veralteten Verständnis von Kunst beruht,[401] als „Diskriminierung der Sinne“, bei der Werke, die für Augen und Ohren bestimmt sind, als künstlerisch eingestuft werden, und Werke, die auch durch andere Sinne genutzt werden können, niemals die Qualifizierung als Kunstwerk erreichen.[402] Damit darf Kunst alles sein, nur nicht nützlich. Sie muß von dem Nutzwert losgelöst sein, um Urheberrechtsschutz zu erlangen.

Der Grundsatz der Trennbarkeit ist in seiner Bedeutung umstritten. Dies beruht darauf, daß der Gesetzgeber die Voraussetzungen nicht definiert hat, unter denen eine Trennbarkeit gegeben sein soll; lediglich die zu trennenden Elemente sind genannt.[403]

aa) Meinung der Literatur

Die Literatur hat verschiedene Ansätze hervorgebracht, um den Grundsatz der Trennbarkeit näher zu definieren. Dabei haben sich zwei Auffassungen durchgesetzt.[404] Beide beruhen auf dem mittlerweile allgemein anerkannten Gedanken, daß die Trennbarkeit gedanklich-ideell und nicht in einem tatsächlich physischen Sinn zu verstehen ist.[405] Wäre eine materielle Trennung erforderlich, „so würde es sich sonst nicht um Werke der angewandten Kunst handeln, sondern um Werke der reinen Kunst, integriert in ein industrielles Produkt“.[406]

---

[400] Cimoli, (1993) 11 EIPR 425, 426.

[401] S. zum Begriff der Kunst heute: Benussi, FS Ulmer, S. 101, 108 m.w.N.

[402] Cimoli, (1993) 11 EIPR 425, 426.

[403] Fuchs, S. 192.

[404] Es gibt auch weitere Lösungsansätze. Zu denken ist an die Lehre vom Zweck, die Lehre der Bestimmung, die Lehre der Autonomie etc., die keine so große Bedeutung erlangen konnten, unter anderem wegen der Kritik, daß sie das Trennbarkeitskriterium nur durch weitere, dann ebenfalls auszufüllende Kriterien erschweren. So insb.: Bergomi, Contr.impr. 1987, 966, 969.

[405] Bergomi, Contr.impr. 1987, 966, 970.

[406] Are, S. 447 ff.

Zum einen wird die Lehre vom qualifizierten künstlerischen Wert vertreten.[407] Diese Theorie mißt der Tatsache große Bedeutung bei, daß im Gesetz, im Gegensatz zu den anderen Werkarten, bei den Werken der angewandten Kunst von einem „künstlerischen Wert“ die Rede ist. Daher wird ein gewisses erhöhtes Maß an Kreativität beziehungsweise Originalität verlangt. Der künstlerische Wert muß so hoch sein, daß der Gegenstand eine eigene künstlerische Aura erhält und das gewerbliche Erzeugnis nur als Mittel zur Manifestation des Kunstwerks nach außen dient.[408] Dabei wird das Trennbarkeitskriterium unterschiedlich bewertet:

- als Indiz für das Vorliegen der Kreativität,[409]
- als eigene Schutzvoraussetzung neben der Voraussetzung der Kreativität[410] oder
- als überflüssig und durch die Voraussetzung der Kreativität vollständig ersetzt[411].

Diese Ansicht wird von einem Teil der Lehre[412] sowie der Rechtsprechung[413] mit der Begründung abgelehnt, daß es im Gesetz keine Ansatzpunkte für eine Abweichung vom Prinzip der Unerheblichkeit des Maßes des künstlerischen Werts[414] und damit für eine Abstufung des künstlerischen Werts gibt. Denn eine solche Abstufung hätte immer subjektiven Charakter und bliebe damit undefinierbar.[415]

---

[407] Auletta, S. 120 f.; a.A.: Mangini, S. 172; Cass. Nr. 3189 Dir.aut. 1958, 72 ff.

[408] Sena, S. 571 f.

[409] Auletta, S. 120 f.

[410] Bonasi Benucci, S. 243 f.; Greco/Vercellone, S. 401 ff., die davon ausgehen, daß bei der Werkart der angewandten Kunst im Gesetz von Trennbarkeit *und* von künstlerischem Wert die Rede ist.

[411] Di Cataldo, S. 124 ff. insb. S. 131 f.

[412] S. insb.: Auteri, S. 586, Algardi, S. 78.

[413] So seit: Cass. Dir.aut. 1933, 51, 54.

[414] S. hierzu auch unten: 1.2.D.I.b), S. 86 ff.

[415] Trib. Milano v. 6. Dezember 1974, teilweise wiedergegeben in: Cass.sez.pen. Nr. 3238, Giur.ann. dir.ind. 1978, 3 ff. (Nr. 993).

Zum anderen wird die Lehre von der Übertragbarkeit des künstlerischen Werts vertreten.[416] Nach dieser Theorie ist ein Werk urheberrechtsschutzfähig, wenn es auf anderen, unterschiedlichen materiellen Trägern beziehungsweise Werkstoffen vervielfältigt werden kann als dem, mit dem es ursprünglich verbunden war.[417] Das heißt, der künstlerische Wert muß auch dann noch bestehen bleiben, wenn das Werk auf einem anderen als dem industriellen Produkt verwirklicht würde.[418] Das „Werk" muß vom „Produkt" gedanklich lösbar sein, wobei auch hier ein gewisses Maß an Kreativität verlangt wird. Dies führt zu den gleichen Bedenken wie bei der Lehre des qualifizierten künstlerischen Werts. Zudem ist zu berücksichtigen, daß nach dieser Theorie alle dreidimensionalen Formen vom Urheberrechtsschutz ausgeschlossen sind, da die Form bei einem Gegenstand nie hinweggedacht und damit ein Werk auch nicht auf andere materielle Träger übertragen werden kann. Denn aus einem Stuhl kann niemals ein Fahrrad werden, jedenfalls nicht ohne damit auch komplett die künstlerische Beschaffenheit des Werks und seinen künstlerischen Wert zu verändern.

bb) Auffassung der Rechtsprechung

Die Gerichte haben in ständiger Rechtsprechung[419] bestätigt, daß der Grundsatz der Trennbarkeit weiterhin Gültigkeit behalten soll, wobei Uneinigkeit darüber besteht, wie dieser Begriff zu definieren ist. Dabei geht die Orientierung der Gerichte dahin, dasselbe Maß an Kreativität bei der Werkart „angewandte Kunst" zu verlangen wie bei den übrigen Werkarten.[420] Damit wird deutlich, daß sich die Theorie des qualifizierten künstlerischen Werts in der Rechtsprechung nicht durchsetzen konnte. Die Voraussetzung der Trennbarkeit soll jegliche anderen Unterscheidungskriterien ausschließen.

---

416 Begründet von Auteri, S. 571 ff.

417 Auteri, S. 589 ff.

418 Greco/Vercellone, S. 402.

419 S. z.B.: Cass. Nr. 2035, Dir.aut. 1991, 63 ff.; auszugsweise übersetzt in: GRUR Int. 1992, 666 ff.; App. Firenze, Riv.dir.ind. 1989, 267.

420 So seit: Cass. Dir.aut. 1933, 51 ff.; absolute Mindermeinung: Trib. Siena Riv.dir.ind. 1989, 267 f.

Letztendlich bedeutet Trennbarkeit Autonomie der Ästhetik. Das Werk muß gelöst vom industriellen Produkt, mit dem es verbunden ist, gedacht und genossen werden können.[421] Die Trennbarkeit muß dabei lediglich auf einer gedanklich-ideellen Ebene vorgenommen werden; es muß sich also nicht um eine tatsächlich-materielle Trennbarkeit handeln.[422] „Trennbarkeit bedeutet nichts anderes als die gedankliche Möglichkeit, die Idee des Kunstwerks von dem Erzeugnis zu abstrahieren. Dies heißt, die künstlerische Form hätte auch in ihrem ‚Reinzustand' realisiert werden können, entsprechend der technischen Ausdrucksform, die der jeweiligen Werkkategorie zu eigen ist."[423] Wenn dagegen die Schöpfung nicht anders als eine „ästhetische Qualität des industriellen Objekts" denkbar ist, sind gewerbliche Anwendung und künstlerischer Wert nicht zu trennen und die Werkqualität wird versagt.[424] Dabei wird immer wieder auch auf den Aspekt der zwingenden Formgebung verwiesen, so daß, gleich wie hoch der künstlerische Wert auch sein sollte, es per definitionem an der schöpferischen Freiheit fehlt, die typisch und notwendig ist, um einem Werk der Skulptur, der Gravierung oder ähnlichem zum Leben zu verhelfen. Auch die Ausstellung in einem Museum ist kein Indiz für die Trennbarkeit.[425]

(iii) Folgen für die Urheberrechtsfähigkeit von Werken der angewandten Kunst

Die Schutzfähigkeit von Werken der angewandten Kunst ist von den Gerichten in den meisten Fällen abgelehnt worden,[426] da eine Trennung zwischen dem Ästhetischen der Kunst und dem Gebrauchscharakter ge-

---

[421] Giudici, Riv.dir.ind. 1989, 268, 270.

[422] Bergomi, Cont.impr. 1987, 966, 970 f.

[423] App. Firenze GRUR Int. 1991, 743, 745. – Diese Entscheidung verneint die Schutzfähigkeit von Le-Corbusier-Möbeln. Vgl. hierzu die deutsche Entscheidung: OLG Stuttgart GRUR 1987, 903 ff. (Le-Corbusier-Möbel).

[424] Schimman/Franzosi, GRUR Int. 1994, 472, 474.

[425] Trib. Milano Giur.ann.dir.ind.1980, 489 ff. (Nr. 1321).

[426] S. insb.: Cass.sez.pen. Nr. 3238, Giur.ann.dir.ind. 1978, 3 (Nr. 993).

danklich nicht hergestellt werden konnte.[427] Letztlich ist es aber wohl der Gebrauchszweck eines Gegenstands und damit die im italienischen Recht immer vermutete Einschränkung der schöpferischen Freiheit, die die Trennbarkeit verneinen läßt. Der Kassationshof (Corte di Cassazione) hat bestätigt, daß „ das originelle Design eines Kleides, der neue Typ einer Autokarosserie, das Design eines Stoffes, die Form eines Tellers oder ... die besondere Struktur eines Möbelstücks niemals von dem industriellen Produkt getrennt werden kann, mit dem es verbunden ist“[428]. Ein Erzeugnis ist nur dann trennbar, wenn eine Formgebung nicht zwingend ist. Diese Definition soll als objektives Kriterium zur Beurteilung der Schutzfähigkeit dienen. Allerdings sind danach alle dreidimensionalen Werke vom Urheberrechtsschutz ausgeschlossen, die einen reinen Gebrauchsgegenstand darstellen. Werke in Form von Figuren oder Nippes sind als schutzfähig anerkannt worden, da sie einen niedrigen Gebrauchswert aufweisen.[429] Zweidimensionale Werke können als urheberrechtsschutzfähig anerkannt werden, da sie zumeist nicht an eine konkrete Form gebunden sind.[430] Jedoch gibt es auch zweidimensionale Werke, die mit dem Erzeugnis untrennbar verbunden sind[431] und somit als urheberrechtsschutzunfähig ausscheiden. Dadurch gibt es nur sehr wenige Werke, die tatsächlich als angewandte Kunst nach Art. 2 n. 4 itUrhG urheberrechtsschutzfähig sein können.

b) Weitere Schutzvoraussetzungen

Die wenigen noch übrigbleibenden Werke, die unter den Werkbegriff der angewandten Kunst im Sinne des italienischen Urheberrechts fallen,

---

[427] Magelli, Contr.impr. 1993, 1291, 1292; s. auch Cass. Nr. 2035, Dir.aut. 1991, 63 ff.; auszugsweise übersetzt in: GRUR Int. 1992, 666, 667 f.

[428] Cass.sez.pen. Nr. 3238, Giur.ann.dir.ind. 1978, 3 (Nr. 993). In diesem Fall war über die Möbel und insbesondere auch den Stuhl des Designers Gerritt Thomas Rietveld entschieden worden. S.: Anhang Abb. 2.

[429] S. hierzu ausführlich: Fuchs, S. 208 f.

[430] Bergomi, Contr.impr. 1987, 966, 973 m.w.N.

[431] So: Cass. Nr. 2035, Dir.aut. 1991, 63 ff.; auszugsweise übersetzt in: GRUR Int. 1992, 666, 668.

müssen weitere allgemeine Voraussetzungen für einen Schutz durch das Urheberrecht erfüllen.[432]

Zunächst muß es sich um ein Geisteswerk handeln. Damit soll lediglich klargestellt werden, daß das Werk Ausdruck und Ergebnis einer geistigen Tätigkeit des Urhebers sein muß, das heißt das Werk soll durch die Gedanken des Urhebers geprägt sein und damit menschliches Schaffen darstellen.[433]

Das Werk muß Ausdruck einer persönlichen geistigen Schöpfung sein. Das heißt, der Urheber muß intuitiv tätig werden und dabei seine Phantasie und Ideen in das Werk einbringen, um damit dem Betrachter seine Vorstellungen, Ideen und Gefühle durch das Werk zu vermitteln. Ein schöpferischer Charakter liegt dann vor, wenn das Kunstwerk als wesentliche Eigenschaft eine gewisse Form von „originalità e novità", das heißt Originalität und Neuheit mit sich bringt.[434]

Der Begriff der Originalität ist sehr unbestimmt, und es hat mannigfaltige Ansätze zur Ausfüllung dieser Voraussetzung gegeben.[435] Letztlich kommt es darauf an, daß das Werk ein einzigartiges Produkt der Persönlichkeit des Urhebers darstellt.[436] Die Originalität soll die subjektive Seite des Werks sein. Das Werk fungiert dann als Träger der Persönlichkeit des Urhebers. Dabei ist generell keine erhöhte Kreativität zu verlangen. Es ist von dem Prinzip der Unerheblichkeit der künstlerischen Qualität auszugehen. Denn zur Abstufung der künstlerischen Qualität fehle es im italienischen Recht an hinreichend bestimmten Kriterien, und dies führe zu einer subjektiv-willkürlichen Beurteilung des Werks.[437] Bei

---

[432] So: Cass. Nr. 2035, Dir.aut. 1991, 63 ff.; auszugsweise übersetzt in: GRUR Int. 1992, 666, 668.

[433] Fuchs, S. 17, 22 ff.

[434] H.M.: Cass. Nr. 2035, Dir.aut. 1991, 63 ff.; auszugsweise übersetzt in: GRUR Int. 1992, 666, 668.

[435] S. hierzu: Fuchs, S. 25 ff.

[436] Cass. Nr. 2035, Dir.aut. 1991, 63 ff.; auszugsweise übersetzt in: GRUR Int. 1992, 666, 668.

[437] So: Algardi, S. 78 ff.

Werken der angewandten Kunst ist zudem zu berücksichtigen, daß die Trennbarkeit als maßgebliches Abgrenzungskriterium gelten soll, das einer qualifizierten künstlerischen Kreativität keinen Raum läßt.[438] Jegliche andere Lösung hieße, wie BERGOMI[439] zutreffenderweise feststellt, „das Werturteil durch das Fenster wieder hereinzubitten, das man durch die Tür hinausgeschickt hatte“. Letztlich muß es sich also um eine persönlich-originale Schöpfung handeln. Der hierzu notwendigen schöpferischen Freiheit wird bei Werken der angewandten Kunst durch das Kriterium der Trennbarkeit Rechnung getragen.[440]

Um einen schöpferischen Charakter zu haben, muß das Werk zudem neu sein.[441] Die Neuheit soll die objektive Komponente des schöpferischen Charakters eines Werks sein. Diese Voraussetzung wird in Italien zum Teil als eigenständige Schutzvoraussetzung gesehen oder mit der Voraussetzung der Originalität vermischt. Dabei besteht Uneinigkeit darüber, ob das Werk nur in subjektiver Hinsicht, also nur für den Urheber neu sein muß,[442] oder ob eine vollkommen objektive Neuheit vonnöten ist. Die wohl herrschende Meinung verlangt, daß das Werk sich von vorbestehenden Werken unterscheiden muß, und geht damit von einer eher objektiven Neuheit aus, die relativ zu verstehen ist, also einen Rückgriff auf bereits bestehende Elemente des Gemeinguts zuläßt.[443]

Das Werk muß, ähnlich wie im deutschen Recht,[444] eine konkrete Form im Sinne einer sinnlich wahrnehmbaren Gestaltung angenommen haben.

---

[438] S. auch oben: 1.2.D.I.a)ii)bb), S. 84.

[439] Bergomi, Contr.Impr. 1987, 966, 974.

[440] S. oben: 1.2.D.I.a)ii), S. 81 ff.

[441] So die h.M. in Lehre und Rspr.: s. z.B. Piola-Caselli, S. 243 ff.; Auteri, GRUR Int. 1998, 360, 364; Cass. Nr. 2035, Dir.aut. 1991, 63 ff.; auszugsweise übersetzt in: GRUR Int. 1992, 666, 668.

[442] Dies ließe theoretisch eine zufällige Doppelschöpfung zu. Dies entspräche dem deutschen Recht. S. oben: 1.1.A.II.a), S. 10 f.

[443] Auteri, GRUR Int. 1998, 360, 364; Are, S. 42 ff.; Piola-Caselli, S. 249; Cass. Giur.it. 1943, 352.

[444] S. oben: 1.1.A.II.c), S. 11 f.

Der urheberrechtliche Schutz entsteht aufgrund der Schöpfung des Werks (Art. 6 itUrhG, Art. 2576 c.c.). Die Erfüllung von Förmlichkeiten zur Entstehung des Schutzes ist für Werke der angewandten Kunst nicht erforderlich. Jedoch ist zu berücksichtigen, daß ein urheberrechtlicher Schutz ausscheiden kann, sobald für das Werk ein Geschmacksmuster eingetragen ist, da nach Art. 5 II RD (dem italienischen Geschmacksmustergesetz) eine Schutzkumulierung (noch) unzulässig ist.[445]

Ferner muß eine Kopie oder ein Vervielfältigungsstück des Werks gemäß Art. 105 I itUrhG beim Ministerium für Volkskultur hinterlegt werden (deposito), und es bedarf einer Erklärung des Urhebers. Die Nichterfüllung dieser Formalien hindert jedoch nicht den Erwerb oder die Ausübung des Urheberrechts (Art. 106 itUrhG).

c) Schutzumfang

Dem Urheber stehen neben den Urheberpersönlichkeitsrechten[446] mehrere Nutzungsrechte zur Verfügung. Zu nennen sind vor allem

- das Veröffentlichungsrecht (Art. 12 I itUrhG, Art. 2577 I c.c.),
- das ausschließliche Verwertungsrecht (Art. 12 II itUrhG, Art. 2577 I c.c.),
- das Bearbeitungsrecht (Art. 18 II itUrhG) sowie
- das Folgerecht (Art. 144 ff. itUrhG).

Das ausschließliche Verwertungsrecht ist eine Generalklausel, die alle möglichen Verwertungsarten erfaßt, gleichgültig, ob sie zur Zeit des Erlasses des Gesetzes bekannt sind oder sich erst durch spätere Erfindungen ergeben.[447] Jegliche Verbreitungshandlung ist somit durch Art. 12 itUrhG abgedeckt. Auch in Italien ist das Urheberrecht im allgemeinen Interesse bestimmten Einschränkungen unterworfen, die in

---

[445] S. hierzu ausführlicher unten: 1.2.D.II.a), S. 91 f.

[446] S. hierzu ausführlich: Möhring/Schulze/Ulmer/Zweigert - Singer, Italien I, S. 13 ff.

[447] Möhring/Schulze/Ulmer/Zweigert - Singer, Italien I, S. 8.

Art. 65 ff. itUrhG geregelt sind. Die Schutzfrist beträgt 70 Jahre post mortem auctoris (Art. 25 itUrhG).[448]

II. Weitere Schutzmöglichkeiten für Werke der angewandten Kunst

a) Musterschutz

Werke der angewandten Kunst können vor allem Schutz durch das Musterrecht genießen. Der Musterschutz richtet sich nach Art. 2593 f. c.c. und dem aufgrund von Art. 2594 II c.c. erlassenen Spezialgesetz, dem Gesetz Nr. 1411 vom 25. August 1940.[449] Dieses Gesetz umfaßt den Schutz für Geschmacksmuster sowie Gebrauchsmuster.

Nach Art. 5 I RD sind Geschmacksmuster „die neuen Modelle oder Muster, die durch ihre Formen, eine besondere Linienführung, Farben oder sonstige Kriterien geeignet sind, gewerblichen Erzeugnissen ein besonderes Aussehen zu geben".[450] Es wird insofern von einer besonderen „Ausschmückung" gesprochen. Das Musterrecht schützt die schöpferische Tätigkeit zur Schaffung eines Gebrauchsgegenstands. Verlangt wird, daß das Modell neu sowie gewerblich verwendbar ist. Inwieweit eine gewisse Originalität vorliegen muß, ist strittig;[451] zumeist wird jedoch ein gewisses Maß an ästhetischem Wert[452] beziehungsweise ein „schätzbares ästhetisches Resultat"[453] verlangt.

---

[448] Die Schutzfrist von 50 Jahren wurde durch Art. 17 des Gesetzes 52/1996 auf 70 Jahre verlängert.

[449] „Regio Decreto ‚brevetti per modelli ornamentali'" (RD) – Königliches Dekret Nr. 1411 von 1940; geändert durch das Gesetz Nr. 265 v. 23. Mai 1977; abgedruckt in: Gazz. Uff. v. 21. Oktober 1940 Nr. 247.

[450] In Abgrenzung hierzu sind Gebrauchsmuster nach Art. 2 I RD solche „Muster, die irgendwelchen Gebrauchsgegenständen besondere Wirksamkeit oder Bequemlichkeit im Gebrauch geben".

[451] S.: Montuschi, Dir.ind. 1999, 6 ff.

[452] Vanzetti/Di Cataldo, S. 456.

[453] Trib. Verona Dir.ind. 1999, 5.

Voraussetzung für den Musterschutz ist die Eintragung in das Musterregister, die Bezahlung der nötigen Gebühren und die Ausführung des Musters innerhalb eines Jahres seit der Eintragung. Die Schutzfrist beträgt 15 Jahre und beginnt mit dem Antrag auf Eintragung in das Musterregister (Art. 9 RD).

Gemäß Art. 5 II RD finden auf obengenannte Muster oder Modelle die Vorschriften des Urheberrechts keine Anwendung. Danach ist ein kumulativer Schutz durch das Urheberrecht und das Musterrecht ausgeschlossen.[454] Sobald ein Werk ein Muster im Sinne des Art. 5 I RD und als solches eingetragen ist, kann daneben ein Schutz durch das Urheberrecht nicht in Anspruch genommen werden.[455] Da Unsicherheit besteht, ob das Werk trennbar und damit nach dem Urheberrecht schützbar ist, ist zu befürchten, daß viele Künstler, um nicht ganz schutzlos dazustehen, den Geschmacksmusterschutz in Anspruch nehmen, der sie dann weitreichenderer Schutzmöglichkeiten beraubt. Allerdings wird auch nach Ablauf des Musterschutzes das Werk, wenn es die Schutzvoraussetzungen erfüllt, objektiv noch als Werk der angewandten Kunst im Sinne des Urheberrechts zu sehen sein. Daher versteht die wohl herrschende Meinung als Verbot der Schutzkumulation im Sinne des Art. 5 II RD lediglich einen Ausschluß der urheberrechtlichen Nutzungsrechte an dem Werk, beläßt dem Urheber aber seine Urheberpersönlichkeitsrechte.[456]

Allerdings ist für die Zukunft zu berücksichtigen, daß eine neue Geschmacksmusterrichtlinie[457] erlassen wurde.[458] Art. 17 dieser Richtlinie verpflichtet Italien, das Verhältnis zum Urheberrechtsschutz neu zu definieren. Dieser Artikel sieht vor, daß „... nach Maßgabe dieser Richtli-

---

[454] Lediglich eine Kumulation zwischen Geschmacksmuster und Gebrauchsmuster ist gemäß Art. 8 RD zulässig.

[455] Möhring/Schulze/Ulmer/Zweigert - Singer, Italien I, S. 25; a.A.: Greco/Vercellone, S. 406.

[456] S.: Fuchs, S. 186 m.w.N.

[457] Richtlinie 98/71/EG des Europäischen Parlaments und des Rates v. 13. Oktober 1998 über den rechtlichen Schutz von Mustern und Modellen (ABlEG Nr. L 289, 28), abgedruckt in: GRUR Int. 1998, 959 ff.

[458] S. hierzu ausführlich unten: 1.3.C.I., S. 105 f.

nie durch ein in einem oder mit Wirkung für einen Mitgliedstaat eingetragenes Recht an einem Muster geschützte Muster auch nach dem Urheberrecht dieses Staates von dem Zeitpunkt an schutzfähig ist, an dem das Muster geschaffen oder in irgendeiner Form festgelegt wurde". Damit wird das Verbot der Schutzkumulierung von Urheber- und Musterrecht aufzuheben sein.[459]

b) Markenschutz

„Gegenstand einer Eintragung als Marke können ... alle neuen Zeichen sein, die sich graphisch darstellen lassen, insbesondere Wörter, einschließlich Personennamen, Abbildungen, Buchstaben, Zahlen, Töne, die Form oder Aufmachung einer Ware, Farbkombinationen oder Farbtöne, soweit sie geeignet sind, die Waren oder Dienstleistungen eines Unternehmens von denjenigen anderer Unternehmen zu unterscheiden" (Art. 16 LM[460]).

Dies bedeutet, daß es auch denkbar ist, Werke der angewandten Kunst in zwei- sowie dreidimensionaler Form durch das Markenrecht zu schützen, wenn die nötigen Schutzvoraussetzungen vorliegen. Allerdings ist eine Kumulation von Muster- und Markenschutz ausgeschlossen, weil der Markenschutz eine theoretisch unbegrenzte Schutzfrist gewähren und damit der zeitlichen Beschränkung des Musterschutzes zuwiderlaufen würde.[461] Lediglich dann, wenn ein Musterschutz ausscheidet, kann der Markenschutz eingreifen.[462]

---

[459] So auch: Auteri, GRUR Int. 1998, 360, 361.

[460] Legge Marchi – Italienisches Markengesetz, Königliches Dekret Nr. 929 v. 21. Juni 1942 in der Fassung der Verordnung Nr. 480/1992 zur Umsetzung der Richtlinie 89/194/EWG, in Kraft seit 28. Dezember 1992, und der Verordnung 198/1996 v. 13. März 1996 zur Anpassung der italienischen Gesetzgebung an das Übereinkommen über handelsbezogene Aspekte der Rechte des geistigen Eigentums; in deutscher Sprache abgedruckt in: Schricker/Bastian/Albert, S. 416 ff.

[461] Vanzetti/Di Cataldo, S. 456, Cass. Dir.ind. 1995, 907, 909 ff.

[462] Cass. Dir.ind. 1995, 907, 909 ff.

c) Patentschutz

Patentschutz wird nach Art. 12 des italienischen Patentgesetzes[463] neuen Erfindungen gewährt, die eine erfinderische Tätigkeit voraussetzen und geeignet sind, gewerblich genutzt zu werden. Allerdings ist eine Schutzkumulation von Patent- und Gebrauchsmusterschutz ausgeschlossen.[464]

III. Zusammenfassung und Ausblick

Für die wichtige Materie der angewandten Kunst ist noch keine befriedigende Rechtsgrundlage entwickelt worden. Dies stellt gerade wegen der internationalen Bedeutung des italienischen Kunsthandwerks und des „industrial design" ein großes Problem dar.[465] Werke der angewandten Kunst werden in Italien urheberrechtlich nur dann geschützt, wenn der künstlerische Wert des Werks vom gewerblichen Charakter des Erzeugnisses trennbar ist. Über dieses Kriterium werden alle Werke der angewandten Kunst vom Urheberrechtsschutz ausgeschlossen, deren Form zwingend vorgegeben ist. Fast alle dreidimensionalen Werke sind dadurch ausgeschlossen. Lediglich Nippes und Figuren, denen kein spezifischer Gebrauchszweck zugrunde liegt, sowie einige zweidimensionale Werke wurden als urheberrechtsschutzfähig anerkannt. Dadurch werden praktisch alle wichtigen beziehungsweise klassischen Zweige der angewandten Kunst, also der Kernbereich der Gebrauchskunst, vom Urheberrechtsschutz ausgenommen. Ein urheberrechtlicher Schutz der Werke der angewandten Kunst, wie ihn die anderen Länder der Europäischen Gemeinschaft kennen, ist Italien damit fremd.

Jedoch ist es denkbar, Werke der angewandten Kunst durch gewerbliche Schutzrechte, insbesondere das Musterrecht, zu schützen. Dies

---

[463] Regio Decreto – Königliches Dekret Nr. 1127 v. 29. Juni 1939; abgedruckt in: Gazz. Uff. v. 14. August 1939 Nr. 189.

[464] S. auch: Art. 4 RD.

[465] S.: Benussi, GRUR Int. 1980, 403, 407; eine gleichzeitige Anmeldung des Patents und des Gebrauchsmusters ist gemäß Art. 4 RD zulässig für den Fall, daß das Patent nicht oder nur zum Teil erteilt wird.

stellt den italienischen Urheber nicht schutzlos, aber diese Schutzsystematik bringt insbesondere die Nachteile einer regelmäßig kürzeren Schutzfrist und begrenzterer Verwertungsrechte mit sich.

Diese für die italienischen Designer unbefriedigende Situation hat dazu geführt, daß die Associazione per il disegno industriale (ADI)[466] sowie die Confindustria[467] einen Mechanismus der alternativen Streitbeilegung entwickelt haben. Sie haben einen Verhaltenskodex[468] für interessierte Parteien entworfen und die „Giuri del Design" als Kontrollorgan eingesetzt, die der zügigen, fairen und kompetenten Streitbeilegung dienen soll.[469]

Durch den Erlaß der Geschmacksmusterrichtlinie[470] wird besonders das Verbot der Schutzkumulierung von Urheber- und Musterrecht zukünftig nicht aufrechtzuerhalten sein.[471] AUTERI prognostiziert zudem, daß Italien durch Art. 17 der Richtlinie verpflichtet sein wird, den urheberrechtlichen Schutz auf alle Werke der angewandten Kunst auszudehnen. Diese Verpflichtung kann jedoch wohl aus Art. 17 der Richtlinie nicht hergeleitet werden,[472] aber vielleicht wird Italien diese Richtlinie zum Anlaß nehmen, um sich bezüglich des Schutzes von Werken der angewandten Kunst den anderen EG-Mitgliedstaaten anzupassen.

---

[466] Verband für das gewerbliche Design.

[467] Nationaler Verband der Industrie.

[468] Codice di Autodisciplina del Disegno Industriale, abgedruckt in: Riv.dir.ind. 1991, 233 ff.

[469] S. hierzu ausführlich: Schimman/Franzosi, GRUR Int. 1994, 472, 475 ff.

[470] Richtlinie 98/71/EG des Europäischen Parlaments und des Rates v. 13. Oktober 1998 über den rechtlichen Schutz von Mustern und Modellen (ABlEG Nr. L 289, 28), abgedruckt in: GRUR Int. 1998, 959 ff.

[471] Zur Umsetzung der Gemeinschaftsvorschriften in das italienische Recht s.: Capelli, S. 6 ff.

[472] S. hierzu ausführlich unten: 2.2., S. 135 ff.

E. DIE ÜBRIGEN EG-MITGLIEDSTAATEN

In allen übrigen, vorstehend nicht ausführlich besprochenen EG-Ländern besteht grundsätzlich ein urheberrechtlicher Schutz für Werke der angewandten Kunst.[473] Auch wenn nicht alle Länder die gleiche Schutzhöhe haben und in ihren Schutzanforderungen variieren, so existiert zumindest die Möglichkeit, Werke der angewandten Kunst in diesen Ländern zu schützen.[474]

---

473 Zur Regelung des Musterschutzes in den einzelnen Mitgliedstaaten s.: Eichmann, GRUR Int. 1990, 121, 122 ff.

474 **DÄNEMARK**: § 1 des dänischen Gesetzes über das Urheberrecht an Werken der Literatur und Kunst v. 31. Mai 1961 führt als Gegenstand des Urheberrechts die Werke der angewandten Kunst ausdrücklich auf. Es besteht ein weitreichender urheberrechtlicher Schutz dieser Werke, jedoch mit einem eng bemessenen Schutzumfang; dänisches Gesetz in deutscher Sprache abgedruckt in: Möhring/Schulze/Ulmer/Zweigert - Blomquist, Dänemark II, S. 1 ff.; s. zum urheberrechtlichen und Musterschutz in Dänemark: Levin, GRUR Int. 1998, 371 ff.

FINNLAND: § 1 I des finnischen Urheberrechtsgesetzes v. 8. Juli 1961 über das Urheberrecht an Werken der Literatur und Kunst schützt ausdrücklich Werke des Kunsthandwerks und der Kunstindustrie. Eine neuere höchstrichterliche Rspr. zum urheberrechtlichen Schutz gibt es allerdings nicht. Lediglich die ältere Rspr. hat den Schutz bejaht, jedoch unter enger Auslegung des Begriffs; finnisches Gesetz (zuletzt geändert durch Gesetz Nr. 250/1998 v. 30. April 1998) in deutscher Sprache abgedruckt in: GRUR Int. 1998, 681 ff.; s. zum urheberrechtlichen und Musterschutz in Finnland: Levin, GRUR Int. 1998, 371 ff.

GRIECHENLAND: Art. 2 I des griechischen Gesetzes 2121/1993 über das Urheberrecht, verwandte Schutzrechte und andere kulturelle Fragen führt als Gegenstände des Urheberrechts Werke der angewandten Kunst an; griechisches Gesetz in deutscher Sprache abgedruckt in: Möhring/Schulze/Ulmer/Zweigert - Koumantos, Griechenland II, S. 1 ff. = GRUR Int. 1997, 531 ff.; s. zum urheberrechtlichen sowie Musterschutz in Griechenland: Selekos, GRUR Int. 1999, S. 705 ff.

IRLAND: Nach Art. 2 des irischen Urheberrechtsgesetzes 1963 erfolgt die nähere Begriffsbestimmung der Kunstwerke in Art. 9. Unter Art. 9 c) sind als Kunstwerke solche Werke des Kunsthandwerks genannt, die weder als Baukunst noch als bildende Kunst zu verstehen sind; irisches Gesetz in deutscher Sprache abgedruckt in: Möhring/Schulze/Ulmer/Zweigert - Schulze, Irland II, S. 1 ff.

ÖSTERREICH: § 3 des österreichischen Urheberrechtsgesetzes nennt als mögliche Werkkategorien nur den Oberbegriff der bildenden Kunst, zu dem auch Werke des Kunstgewerbes gehören. Dabei werden Werke des Kunstgewerbes als „eigentümliche geistige Schöpfungen, bei denen neben dem ästhetischen Gehalt der Gebrauchszweck stark in den Vordergrund tritt", definiert (OGH, ÖBl. 1985, 24); österreichisches Gesetz abgedruckt in: Möhring/Schulze/Ulmer/Zweigert - Aicher, Österreich II, S. 1 ff.; s. zum österreichischen Urheberrechtsschutz auch: CdA Paris GRUR Int. 1990, 153.

(Fortsetzung siehe nächste Seite)

F. FOLGERUNGEN ZUM EG-AUSLÄNDISCHEN SCHUTZ DER WERKE DER ANGEWANDTEN KUNST

In den meisten Ländern der EG werden die Werke der angewandten Kunst urheberrechtlich geschützt. Dabei gibt es zum Teil unterschiedliche Namensgebungen wie zum Beispiel „Kunstgewerbe" oder „Kunsthandwerk". Letztendlich beziehen sich jedoch alle Gesetze auf die Werke, die das deutsche Recht als angewandte Kunst versteht. Auch variieren die unterschiedlichen Länder in ihrer Bereitschaft, Werke der angewandten Kunst zu schützen. Dabei reicht der Schutz vom weiten, fast vollständigen kumulativen Schutz für Werke der angewandten Kunst (wie zum Beispiel in Frankreich) bis hin zu einer eher restriktiven Gewährung dieses Schutzes (wie zum Beispiel in Finnland). Aber jedes dieser Länder ist zumindest grundsätzlich bereit, Werken der angewandten Kunst überhaupt Schutz zu gewähren, obwohl in den verschiedenen Ländern zum Teil unterschiedliche Schutzvoraussetzungen bestehen. Man erkennt letztlich an den Schutzvoraussetzungen, daß immer versucht wird, angewandte Kunst als eigene geistige Schöpfung des Urhebers zu schützen.

Portugal: Als geschütztes Werk führt Art. 2 Nr. 1 i) des portugiesischen Gesetzes über das Urheberrecht und die verwandten Schutzrechte „Werke der angewandten Kunst, Geschmacks- oder Gebrauchsmuster und Design-Werke, unabhängig von einem Schutz durch gewerbliche Schutzrechte", auf; portugiesisches Gesetz in deutscher Sprache abgedruckt in: Möhring/Schulze/Ulmer/Zweigert - Dietz, Portugal II, S. 1 ff.; s. insb. auch rechtsvergleichend: Dietz, S. 26 ff.

Schweden: § 1 I des schwedischen Gesetzes über das Urheberrecht an Werken der Literatur und Kunst nennt Kunsthandwerk neben den übrigen Arten der bildenden Kunst. Die Rspr. hat in den letzten Jahren eine großzügige Haltung in bezug auf den Schutz der angewandten Kunst eingenommen, verlangt aber wie das deutsche Recht eine gewisse „Werkhöhe"; schwedisches Gesetz in deutscher Sprache abgedruckt in: Möhring/Schulze/Ulmer/Zweigert - Strömholm, Schweden II, S. 1 ff.; s. zum urheberrechtlichen und Musterschutz in Schweden: Levin, GRUR Int. 1998, 371 ff.; zur Werkhöhe und den Schutzvoraussetzungen s.: Nordell, GRUR Int. 1997, 110 ff.

Spanien: Gemäß Art. 10 I des spanischen Gesetzes über das geistige Eigentum sind Gegenstand desselben „sämtliche originalen Schöpfungen der Literatur, Kunst und Wissenschaft, die in jeglichem, derzeit bekannten oder in der Zukunft erfundenen Mittel oder Träger materieller oder immaterieller Art dargestellt sind". Dazu zählen insb. auch „Werke der angewandten plastischen Kunst" (Art. 10 I e); spanisches Gesetz abgedruckt in: Möhring/Schulze/Ulmer/Zweigert - Müller, Spanien II, S. 1 ff.; s. insb. auch rechtsvergleichend: Müller, S. 1 ff, S. 47.

Lediglich Italien bildet mit seiner Gesetzgebung und Rechtsprechung für Werke der angewandten Kunst eine Ausnahme und einen starken Kontrast zu den anderen EG-Mitgliedstaaten und steht damit in Europa allein da.[475] Wegen der Voraussetzung der Trennbarkeit des künstlerischen Werts vom gewerblichen Charakter ist fast jede dreidimensionale Formgebung vom Urheberrechtsschutz ausgeschlossen, und auch zweidimensionale Werke sind nur begrenzt schutzfähig. Ebenso ist zu berücksichtigen, daß eine Kumulierung von Urheberrechtsschutz und Musterschutz gesetzlich ausgeschlossen ist. Damit steht einem Urheber in Italien nur das Musterrecht zur Verfügung, das insbesondere auch wegen seiner Formalitäten[476] nicht so umfangreich genutzt wird und somit einen Großteil der nationalen Werke der angewandten Kunst in einem Land, das so viele bedeutende Designer hervorgebracht hat, ungeschützt läßt.[477]

---

[475] Ebenso: Schimmann/Franzosi, GRUR Int. 1994, 472, 474, Levin, GRUR Int. 1985, 713, 714.

[476] Die Unbeliebtheit des Musterschutzes wird im allgemeinen unter anderem auch darauf zurückgeführt, daß der Umfang des Schutzes durch das Musterrecht für unzureichend erachtet wird, daß das Überlappen des Musterrechts mit anderen Immaterialgüterrechten ein Musterrechtsschutz unnötig erscheinen läßt, daß eine Ungewißheit über die Natur des Musterrechts bei Anwälten sowie beim Management der Produktentwickler vorliegt sowie in einigen Ländern der Musterschutz zu leicht umgangen werden kann. - Phillips, (1993) 12 EIPR 431, 434 ff.

[477] Cimoli, (1993) 11 EIPR 425, 427.

3. DER AKTUELLE STAND EUROPARECHTLICHER INITIATIVEN ZUM SCHUTZ DER ANGEWANDTEN KUNST

Das Grundproblem des Immaterialgüterrechts – die Herstellung einer angemessenen Balance zwischen Schutzinteressen und Wettbewerbsfreiheit – stellt sich im Bereich des Schutzes der angewandten Kunst in besonderem Maße; es bildet den Hintergrund der gegenwärtigen Bestrebungen zur Vereinheitlichung des Designrechts.[478]

Aber was sind denn die aktuellen Bestrebungen? Das Urheberrecht hat im Verhältnis zu den anderen Immaterialgüterrechten wenig Beachtung erfahren. Es hat vereinzelt Harmonisierungsansätze gegeben. Man denke dabei an die Schutzdauer-Richtline[479], die Computerprogramm-Richtlinie[480], die Datenbank-Richtlinie[481]oder die Richtlinien zur Angleichung des Vermiet- und Verleihrechts[482] sowie des Satellitenrundfunk- und Kabelweiterverbreitungsrechts[483]. Eine umfassende Rechtsangleichung, wie sie im Patent- oder Markenrecht stattgefunden hat oder nunmehr auch im Geschmacksmusterrecht[484] stattfinden wird, gibt es im

---

[478] Kur, GRUR Int. 1998, 353.

[479] Richtlinie 93/98/EWG des Rates v. 29. Oktober 1993 zur Harmonisierung der Schutzdauer des Urheberrechts und bestimmter verwandter Schutzrechte (ABlEG Nr. L 290, 9), abgedruckt in: GRUR Int. 1994, 141 ff.

[480] Richtlinie 91/250/EWG des Rates v. 14. Mai 1991 über den Rechtsschutz von Computerprogrammen (ABlEG Nr. L 122, 42), abgedruckt in: GRUR Int. 1991, 545 ff.

[481] Richtlinie 96/9/EG des Europäischen Parlaments und des Rates v. 11. März 1996 über den rechtlichen Schutz von Datenbanken (ABlEG Nr. L 77, 20), abgedruckt in: GRUR Int. 1996, 806 ff.

[482] Richtlinie 92/100/EWG des Rates v. 19. November 1992 zum Vermietrecht und Verleihrecht sowie zu bestimmten dem Urheberrecht verwandten Schutzrechten im Bereich des geistigen Eigentums (ABlEG Nr. L 346, 61), abgedruckt in: GRUR Int. 1993, 144 ff.

[483] Richtlinie 93/83/EWG des Rates v. 27. September 1993 zur Koordinierung bestimmter urheber- und leistungsschutzrechtlicher Vorschriften betreffend Satellitenrundfunk und Kabelweiterverbreitung (ABlEG Nr. L 248, 15), abgedruckt in: GRUR Int. 1993, 936 ff.

[484] S. hierzu ausführlicher unten: 1.3.C., S. 104 ff.

Urheberrecht nicht.[485] Dies resultiert nicht zuletzt daraus, daß bei den gewerblichen Schutzrechten ein Bedürfnis besteht, die zur Anmeldung und damit die zur Schutzentstehung nötigen Regularien und Verfahren einheitlich zu regeln, während bei dem Urheberrecht der Schutz allein durch Schöpfung des Werks entsteht.[486]

A. URHEBERRECHTLICHE INITIATIVEN

Die derzeitigen Bestrebungen[487] im Bereich des Urheberrechts sind darauf ausgerichtet, bestimmte Aspekte des Urheberrechts und der verwandten Schutzrechte in der Informationsgesellschaft zu harmonisieren.[488] Diese Aspekte beziehen sich auf das Vervielfältigungsrecht, das Recht der öffentlichen Wiedergabe, das Verbreitungsrecht, den Schutz von technischen Maßnahmen und von Informationen für die Wahrnehmung der Rechte, betreffen also Teilelemente der Rechte des Urhebers. Grund für die Harmonisierungsmaßnahmen ist „der wirksame und rigorose Schutz der Urheberrechte und verwandten Schutzrechte“ und dieser Schutz „...ist eines der wichtigsten Instrumente, um die notwendigen Mittel für das kulturelle Schaffen in Europa zu garantieren und die Unabhängigkeit und Würde der Urheber und ausübenden Künstler zu wahren“.[489] Aber auch diese Harmonisierung bleibt umstritten.[490]

---

[485] Zu den bisherigen Harmonisierungsmaßnahmen im Bereich des Urheberrechts s.: Loewenheim, GRUR Int. 1997, 285 ff.; s. auch: Ginsburg, GRUR Int. 2000, 97, 100 ff.

[486] Schricker, FS Steindorff, S. 1437, 1442.

[487] Zur Geschichte des Urheberrechts in Europa s.: Wadle, FS Reischl, S. 9 ff.

[488] S.: geänderter Vorschlag für eine Richtlinie des Europäischen Parlaments und des Rates zur Harmonisierung bestimmter Aspekte des Urheberrechts und der verwandten Schutzrechte in der Informationsgesellschaft (ABlEG Nr. 1999 C 180, 6).

[489] Art. 9a der Gründe des geänderten Vorschlags für eine Richtlinie des Europäischen Parlaments und des Rates zur Harmonisierung bestimmter Aspekte des Urheberrechts und der verwandten Schutzrechte in der Informationsgesellschaft (ABlEG Nr. 1999 C 180, 6).

[490] S.: FAZ vom 26. Mai 2000, S. 14.

Eine Rechtsangleichung des Werkbegriffs im europäischen Urheberrecht hat bisher nicht stattgefunden und ist vorerst nicht zu erwarten.[491] Damit erfolgt zunächst auch keine Angleichung der traditionellen Werkarten, wie der angewandten Kunst. Der Schutzgegenstand des Urheberrechts ist in allen Mitgliedstaaten durch exemplarische Werkkataloge aufgeführt, die nicht abschließend sind. Lediglich eine Ergänzung der bereits bestehenden Kataloge durch Richtlinien über den Rechtsschutz weiterer Werkarten ist denkbar, wie zum Beispiel bereits im Bereich der Computerprogramme oder Datenbanken geschehen.[492] Durch diese Richtlinien bezüglich einzelner Werkarten wird jedoch nur punktuell eine Angleichung der Schutzvoraussetzungen vorgenommen.[493] Eine Koordinierung der Schutzvoraussetzungen könnte absehbar sein.[494] Die Harmonisierung der Schutzgegenstände wird jedoch auf längere Sicht eine nur fragmentarische Regelung bleiben.[495]

Der Weg zu einer Harmonisierung des Urheberrechts[496] der EG-Mitgliedstaaten[497] wird nicht ein Gemeinschaftsurheberrecht sein, wie zum Beispiel das Gemeinschaftsmarkenrecht, sondern die Rechtsangleichung soll nach der bisherigen Tendenz eher durch Richtlinien erreicht werden.[498] Damit vollzieht sich die Harmonisierung des europäischen Rechts durch ein schrittweises Verfahren und eine stufenweise Lösung besonders dringlicher Probleme.[499] Ziel sollte aber eine Gesamturheber-

---

[491] So auch: Loewenheim, GRUR Int. 1997, 285, 287.

[492] Das mangelnde Regelungsbedürfnis mag damit zusammenhängen, daß die wirtschaftliche Bedeutung der neuen Werkarten als höher angesehen wird.

[493] S. hierzu: Loewenheim, GRUR Int. 1997, 285, 287 f.

[494] Dreier, S. 23 ff.; s. auch Kommission der Europäischen Gemeinschaften; Grünbuch über den rechtlichen Schutz gewerblicher Muster und Modelle, Arbeitsdokument der Dienststellen der Kommission, Brüssel, Juni 1991, III/F/5131/91 - DE, Orig. EN, S. 161 ff. (Nr. 11.3.6).

[495] Dreier, S. 25.

[496] S. zur Harmonisierung insb. auch: Ellins, 231 ff.

[497] S. zu den Gründen und Zielen der Urheberrechtsharmonisierung: Schricker, FS Steindorff, S. 1437, 1441 ff.

[498] Loewenheim, GRUR Int. 1997, 285.

[499] So schon: Dietz, FS Reischl, S. 57, 64.

rechtsordnung sein, die den persönlichen, geistigen und wirtschaftlichen Interessen des Urhebers Rechnung trägt und an den vorhandenen Lösungsbestand in den EG-Ländern anknüpft.[500]

B. GEBRAUCHSMUSTERRECHTLICHE INITIATIVEN

Die Europäische Kommission hat am 30.6.1999 einen geänderten Vorschlag[501] für die Richtlinie zur Angleichung der Rechtsvorschriften betreffend den Schutz von Erfindungen durch Gebrauchsmuster vorgelegt.[502] Ziel dieser Richtlinie ist die Harmonisierung der Gebrauchsmustergesetze in den Mitgliedstaaten. Die meisten Mitgliedstaaten kennen einen Gebrauchsmusterschutz. Lediglich Großbritannien, Luxemburg und Schweden verfügen nicht über einen solchen Schutz und sollen durch die Richtlinie veranlaßt werden, ihn in ihr nationales Recht einzuführen. Die uneinheitliche Schutzrechtslage kann auch in diesem Bereich des Immaterialgüterrechts zu Behinderungen des Warenverkehrs zwischen den Mitgliedstaaten führen.[503]

Grund für das Anstreben einer Rechtsangleichung des Gebrauchsmusterrechts in den Mitgliedstaaten ist daher die Sicherung des freien Warenverkehrs in dem gemeinsamen Binnenmarkt. Darüber hinaus dient die Harmonisierung insbesondere der Gewährleistung eines unverfälschten Wettbewerbs auf dem europäischen Binnenmarkt, der Stärkung der Wettbewerbsfähigkeit der Industrie der Gemeinschaft sowie der Förderung der Forschung und technischen Entwicklung.[504]

---

[500] Dietz, FS Reischl, S. 57, 67.

[501] Ursprünglicher Vorschlag: Vorschlag für eine Richtlinie des Europäischen Parlaments und des Rates über die Angleichung der Rechtsvorschriften betreffend den Schutz von Erfindungen durch Gebrauchsmuster (ABlEG Nr. C 36, 13), abgedruckt in: GRUR Int. 1998, 245 ff.

[502] S.: GRUR Int. 1999, 807.

[503] S. hierzu unten: 1.4.A.II., S. 112 ff.

[504] Kraßer, GRUR 1999, 527, 528.

Die wichtigsten Regelungen sind die Angleichung der Schutzvoraussetzungen und der Schutzfrist sowie der Anmeldeverfahren. Ein Gebrauchsmuster soll dann gewährt werden, wenn es neu ist, auf einem erfinderischen Schritt beruht und gewerblich anwendbar ist (Art. 1 I des Vorschlags zur Gebrauchsmusterrichtlinie). Es wird eine geringere Erfindungshöhe verlangt als beim Patent. Daher ist auch eine kürzere Schutzfrist vorgesehen als beim Patent. Die Schutzfrist soll zunächst 6 Jahre betragen, zweimal verlängerbar um je zwei Jahre, und ist also auf 10 Jahre begrenzt (Art. 19 des Vorschlags zur Gebrauchsmusterrichtlinie). Bei der Gebrauchsmusteranmeldung erfolgt keine Vorabprüfung von Neuheit, Erfindungshöhe und gewerblicher Anwendbarkeit. Zur Eintragung wird lediglich die Erfüllung der Formerfordernisse verlangt. Im wesentlichen weist diese geplante Regelung Ähnlichkeiten mit dem deutschen Gebrauchsmusterrecht auf.

Gemäß Art. 22 dieses Vorschlags soll dann die Richtlinie „... unbeschadet etwaiger Rechtsvorschriften der Gemeinschaft oder des betreffenden Mitgliedstaates über Muster oder Modelle und sonstige Kennzeichen, Urheberrechte, Patente, Schrifttypen, Topographien von Halbleitererzeugnissen, zivilrechtliche Haftung und unlauteren Wettbewerb" gelten. Ebenso können nach Art. 23 dieses Vorschlags für dieselbe Erfindung gleichzeitig oder nacheinander ein Patent und ein Gebrauchsmuster angemeldet werden. Allerdings tritt die Wirkung eines Gebrauchsmusters dann nicht ein, wenn für dieselbe Erfindung bereits ein Patent erteilt und veröffentlicht wurde. Außerdem soll jeder Mitgliedstaat verhindern, daß der Rechtsinhaber im Verletzungsfall die Möglichkeit erhält, aufgrund der beiden Schutzsysteme aufeinanderfolgende Verfahren anzustrengen.

Diese Richtlinie würde es auch weiterhin ermöglichen, Werke der angewandten Kunst durch das Gebrauchsmusterrecht zu schützen, wenn sie einen erfinderischen Schritt beinhalten und die übrigen Schutzvoraussetzungen erfüllen. Allerdings wäre dann ein Doppelschutz durch

Patent und Gebrauchsmuster ausgeschlossen, entsprechend der italienischen Regelung.[505]

Eine Rechtsangleichung des Gebrauchsmusterrechts wäre begrüßenswert, führt aber über die oben aufgezeigten Aspekte hinaus zu keinen wesentlichen Verbesserungen, die für den Schutz für Werke der angewandten Kunst von besonderer Bedeutung wären.[506]

C. GESCHMACKSMUSTERRECHTLICHE INITIATIVEN

Auf dem Gebiet des Geschmacksmusterrechts ist derzeit wesentlich mehr einheitliche Bewegung auf europäischer Ebene zu verzeichnen als auf dem Gebiet des Urheberrechts und des Gebrauchsmusterrechts. Im Sommer 1991 legte die Kommission der Europäischen Gemeinschaften ein Grünbuch über den rechtlichen Schutz von Mustern und Modellen[507] vor. Auf der Basis dieses Grünbuchs soll eine Vereinheitlichung des Musterrechts auf europäischer Ebene durch ein Gemeinschaftsmuster stattfinden sowie parallel eine Angleichung der nationalen musterrechtlichen Bestimmungen durch eine Richtlinie erfolgen.[508]

---

505 S. oben: 1.2.D.II.c), S. 93.

506 S. im übrigen zu den neueren Entwicklungen des Gebrauchsmusterrechts: Kraßer, GRUR 1999, 527 ff.

507 Arbeitsdokument der Dienststellen der Kommission, Brüssel Juni 1991, III/F/5131/91-DE, Orig EN.; zur Kritik der geltenden nationalen Gesetzgebung zum Musterschutz s.: Begründung zum Diskussionsentwurf eines europäischen Musterrechts, GRUR Int. 1990, 573, 575 f.

508 S. hierzu: Eck, S. 38 ff.; kritisch: Kur, GRUR Int. 1992, 206, 208, die zunächst eher auf eine Richtlinie verzichtet hätte und nur auf das Gemeinschaftsgeschmacksmuster bauen würde.

Nach jahrelangen Arbeiten[509] wurde zunächst 1998 eine Geschmacksmusterrichtlinie[510] erlassen und zudem auch ein geänderter Vorschlag für eine Verordnung des Rates über das Gemeinschaftsgeschmacksmuster[511] von der Kommission vorgelegt. Dabei wird zu fragen sein, ob diese Maßnahmen ausreichend sind, „im Regelfall die praktische Notwendigkeit einer ergänzenden Inanspruchnahme des urheberrechtlichen Schutzes“ entfallen zu lassen,[512] um somit den umfassenden Schutz für Werke der angewandten Kunst zu gewährleisten.

I. Die Geschmacksmusterrichtlinie

Am 13. Oktober 1998 wurde die Richtlinie über den rechtlichen Schutz von Mustern und Modellen verabschiedet.[513] Dieser Geschmacksmusterrichtlinie waren jahrelange,[514] zum Teil sehr mühsame Verhandlungen vorangegangen.[515] Deren Dauer war insbesondere auch darauf zurückzuführen, daß es eine große Kontroverse über den Musterschutz von Ersatzteilen gab.[516] Dieses streitige Thema wurde jedoch von der Geschmacksmusterrichtlinie ausgeklammert,[517] um den Weg für eine Verständigung über die übrigen Aspekte der Richtlinie frei zu machen.

---

509 S. hierzu ausführlich: Eichmann, GRUR Int. 1996, 859 ff.; Ritscher, GRUR Int. 1990, 559 ff.; Kur, GRUR Int. 1998, 353 ff.

510 Richtlinie 98/71/EG des Europäischen Parlaments und des Rates v. 13. Oktober 1998 über den rechtlichen Schutz von Mustern und Modellen (ABlEG Nr. L 289, 28).

511 Kommission der Europäischen Gemeinschaften v. 21. Juni 1999: KOM (1999) 310 endg.

512 Begründung zum Diskussionsentwurf eines europäischen Musterrechts, GRUR Int. 1990, 573, 577.

513 Richtlinie 98/71/EG des Europäischen Parlaments und des Rates v. 13. Oktober 1998 über den rechtlichen Schutz von Mustern und Modellen (ABlEG Nr. L 289, 28); ursprünglicher Vorschlag: Vorschlag für eine Richtlinie des Europäischen Parlaments und des Rates über den Rechtsschutz von Mustern, abgedruckt in: GRUR Int. 1994, 511 ff.

514 Bereits 1959 war der Schutz des Designs von der Kommission in das Programm der Arbeiten zur europäischen Harmonisierung aufgenommen worden.

515 Kur, GRUR Int. 1998, 977.

516 S. zur Ersatzteilfrage: Beier, GRUR Int. 1994, 716 ff.

517 S. zur sog. „freeze plus“- oder „stand still plus“-Formel: Kur, GRUR Int. 1998, 977, 979 ff.; Begründung der Kommission der Europäischen Gemeinschaften des geänder-

(Fortsetzung siehe nächste Seite)

Die Richtlinie beinhaltet[518] vor allem die Definition des schutzfähigen Musters, den Schutzumfang, die Schutzdauer sowie das Verhältnis des Musterrechts zu anderen Immaterialgüterrechten. Schutzgegenstand ist „jeder industrielle oder handwerkliche Gegenstand" (Art. 1 b der Richtlinie) einschließlich Einzelteilen sowie Erzeugnisse, die aus mehreren Bauelementen zusammengesetzt sind (Art 1 b und c der Richtlinie). Schutzvoraussetzung ist allerdings, daß das Erzeugnis neu ist und Eigenart besitzt (Art 3 (2) der Richtlinie). Dabei gilt ein Muster als neu nach Art. 4 der Richtlinie, „wenn der Öffentlichkeit vor dem Tag der Anmeldung des Musters zur Eintragung oder, wenn eine Priorität in Anspruch genommen wird, vor dem Prioritätstag kein identisches Muster zugänglich gemacht worden ist". Dabei wird als identisches Muster auch ein solches angesehen, das sich nur in unwesentlichen Merkmalen unterscheidet. Ein Muster besitzt dann Eigenart nach Art. 5 der Richtlinie, wenn sich für den informierten Benutzer der Gesamteindruck des Musters von anderen unterscheidet. Sonstige qualifizierende Merkmale werden nicht verlangt.

Die Schutzdauer beträgt nach Art. 10 der Richtlinie fünf Jahre, jeweils verlängerbar um weitere fünf Jahre bis zu insgesamt 25 Jahren. Die Eintragung des Musters (Art. 6 der Richtlinie) „gewährt seinem Inhaber das ausschließliche Recht, es zu benutzen und Dritten zu verbieten, es ohne seine Zustimmung zu benutzen" (Art. 12 der Richtlinie). Gemäß Art. 17 der Richtlinie ist ein Muster auch durch das Urheberrecht schützbar, wobei es den einzelnen Mitgliedstaaten überlassen ist, den Umfang und die Bedingungen für einen solchen Schutz zu regeln.[519]

---

ten Vorschlags für eine Verordnung (EG) des Rates über das Gemeinschaftsgeschmacksmuster v. 21. Juni 1999: KOM (1999) 310 endg., S. 3 f. Grundsätzlich sieht die „freeze plus"-Formel vor, daß die nationalen Vorschriften betreffend die Nutzung von Ersatzteilen, die zum Zeitpunkt des Inkrafttretens der Richtlinie bestehen, beizubehalten sind und eine Änderung nur zulässig ist, wenn sie zu einer Liberalisierung des Handels mit Ersatzteilen führt.

[518] S. zum Inhalt insb. auch: Otero Lastres, GRUR Int. 2000, 408 ff.

[519] S. hierzu ausführlich unten: 2.2., S. 135 ff.

II. Geänderter Vorschlag für ein Gemeinschaftsgeschmacksmuster

Es soll ein in den einzelnen Mitgliedstaaten unmittelbar anwendbares gemeinschaftliches Musterrecht geschaffen werden. Im Wege der Verordnung soll ein Gemeinschaftsgeschmacksmuster geschaffen werden, das die nationalen Rechte aushebelt und den Schöpfern und den auftraggebenden Unternehmern der europäischen Mitgliedstaaten ein einheitliches, leicht zu handhabendes Werkzeug zur Seite stellt, welches ihre Schöpfungen wirkungsvoll schützt.[520]

Die Arbeiten an dem Gemeinschaftsgeschmacksmuster sollten in nahem zeitlichen Zusammenhang zur Richtlinie[521] stehen. Es hat nunmehr wesentliche Verzögerungen gegeben. Als Ursachen hierfür wird zum einen angesehen, daß die Verordnung nicht dem Verfahren der Mitentscheidung gemäß Art. 251 EGV unterliegt, sondern nur auf der Basis von Art. 308 EGV durch einstimmigen Ratsbeschluß erlassen werden kann.[522] Zum anderen sollte die Diskussion um die Richtlinie abgewartet werden,[523] um letztendlich auch die Verordnung entsprechend der Richtlinie anzupassen.

Der geänderte[524] Vorschlag wurde in weiten Bereichen an die Richtlinie angepaßt. Die Regelungsinhalte überschneiden sich zum Teil, da sämtliche relevanten Bestimmungen des materiellen Musterrechts der Geschmacksmusterrichtlinie entnommen wurden.[525] Insbesondere hat der geänderte Verordnungsvorschlag sich insoweit an die Richtlinie an-

---

520 Grünbuch über den rechtlichen Schutz gewerblicher Muster und Modelle, Arbeitsdokument der Dienststellen der Kommission, Brüssel Juni 1991, III/F/5131/91-DE, Orig. EN, S. 42 f., 59.

521 S. oben: 1.3.C.I., S. 105 f.

522 Kur, GRUR Int. 1998, 977, 981.

523 Kommission der Europäischen Gemeinschaften v. 21. Juni 1999: KOM (1999) 310 endg., S. 2.

524 Ursprünglicher Vorschlag: Vorschlag für eine Verordnung des Europäischen Parlaments und des Rates über das Gemeinschaftsgeschmacksmuster, abgedruckt in: GRUR Int. 1994, 492 ff.

525 Der Verordnungsvorschlag bringt ebenfalls keine vollständige Harmonisierung in der Frage der Ersatzteile mit sich.

gepaßt, als die Vorschriften über das Verhältnis zum Urheberrecht ebenfalls übernommen wurden. Daher ist auch durch die zukünftige Verordnung keine unmittelbare Einwirkung auf die urheberrechtlichen Bestimmungen zu erwarten.[526]

Hingewiesen werden soll daher nur auf die wichtigsten Abweichungen von der Geschmacksmusterrichtlinie, welche die zukünftige Verordnung mit sich bringen soll. Es soll eine gemeinsame Geschmacksmusterbehörde[527] mit gemeinschaftsweiten Befugnissen geschaffen werden. Ferner sieht der Verordnungsvorschlag zwei Schutzformen des Musterrechts vor, ein eingetragenes sowie ein nicht eingetragenes Musterrecht, das den kurzlebigen Erzeugnissen Rechnung tragen soll. Dementsprechend soll das nicht eingetragene Muster „für eine Frist von drei Jahren geschützt (sein) und zwar beginnend mit dem Tag, an dem es der Öffentlichkeit innerhalb der Gemeinschaft erstmals zugänglich gemacht wurde" (Art. 12 I des geänderten Verordnungsvorschlags).

D. AUSWIRKUNGEN DER INITIATIVEN AUF DEN URHEBERRECHTLICHEN SCHUTZ VON WERKEN DER ANGEWANDTEN KUNST

Durch die urheberrechtlichen Initiativen sowie die Initiative zum Gebrauchsmusterrecht sind keine besonderen Veränderungen für die nationalen Gesetzgebungen bezüglich des urheberrechtlichen Schutzgegenstands der angewandten Kunst gegeben oder zu erwarten. Eine Harmonisierung der Schutzvoraussetzungen des Urheberrechtsschutzes, die als das „Kernstück" eines europäischen Urheberrechts bezeichnet wird, wird vermutlich unter anderem eine neue Umschreibung der Voraussetzung der Originalität mit sich bringen.[528] Damit würde in den Ländern,

---

[526] S. zu den Auswirkungen der Geschmacksmusterrichtlinie auf das Urheberrecht ausführlich unten: 2.2., S. 135 ff.

[527] Harmonisierungsamt für den Binnenmarkt (Marken, Muster und Modelle) gemäß Art. 2 des geänderten Verordnungsvorschlags.

[528] Dreier, S. 25.

in denen ein Schutz der Werke der angewandten Kunst existiert, eine Angleichung der Schutzvoraussetzungen stattfinden. Hiervon bleibt jedoch der Schutzgegenstand der angewandten Kunst in Italien mit seinem Trennbarkeitskriterium[529] unberührt.

Die momentan größte Auswirkung auf die nationalen Rechte hat die neue Geschmacksmusterrichtlinie. Zunächst hebt die Richtlinie das Verbot der Schutzkumulation von Muster- und Urheberrechtsschutz einzelner Länder auf. Dabei belassen die Richtlinie sowie der geänderte Verordnungsvorschlag jedoch die Regelungsbefugnis für Umfang und Voraussetzungen des Urheberrechtsschutzes beim nationalen Gesetzgeber. Dennoch können sich aus der musterrechtlichen Regelung bestimmte Auswirkungen auf den nationalen Gesetzgeber bezüglich des Urheberrechts ergeben. So wird zum Beispiel die im deutschen Recht vorherrschende Theorie einer Abstufung durch die Gestaltungshöhe zwischen Urheber- und Musterrecht zu überdenken sein.[530] Diesbezügliche Änderungen sind den Mitgliedstaaten jedoch bis zu konkreten Vorgaben durch die Europäische Union freigestellt.

Die Geschmacksmusterrichtlinie sowie der geänderte Verordnungsvorschlag führen nicht zu einer umfassenden Regelung des Schutzes der Werke der angewandten Kunst, denn der Schutzgegenstand solcher Werke bleibt letztlich unberührt. Die Geschmacksmusterrichtlinie hat es durch die wesentlich kürzere Schutzfrist als im Urheberrecht nicht geschafft, das Bedürfnis einer ergänzenden Inanspruchnahme des urheberrechtlichen Schutzes entfallen zu lassen. Dies mag auch der Grund sein, warum ein Schutz der industriellen Formgebung durch ein Designrecht sui generis im Gespräch war und oft vorgezogen wird.[531] Ein solches Designrecht sui generis hätte den Vorteil eines umfassenden Schutzes unter Ausschluß anderer Schutzformen. Denn an der jetzigen Lösung

---

[529] S. oben: 1.2.D.I.a)ii), S. 81 ff.

[530] S. hierzu insb.: Kur, GRUR Int. 1998, 353, 358 f. m.w.N.

[531] So: Auteri, GRUR Int. 1998, 360, 361.

wird bemängelt, daß das Ziel eines Gemeinsamen Markts[532] nicht erreicht werden kann, solange keine urheberrechtliche Vereinheitlichung stattfindet.[533] Jedoch fürchtete die Kommission die politischen Schwierigkeiten, die eine komplette Harmonisierung der urheberrechtlichen Aspekte mit sich gebracht hätte.[534]

---

[532] Als Gemeinsamer Markt ist ein umfassendes System des Güter- und Leistungsaustauschs zu verstehen, bei dem die privatrechtlichen Funktionsmechanismen von Vertrag und Wettbewerb über die Grenzen unbehindert wirken. S.: Dreher, JZ 1999, 105, 106.

[533] Cohen Jehoram, (1992) 3 EIPR 75, 78.

[534] Cohen Jehoram, (1992) 3 EIPR 75, 78.

4. DIE NOTWENDIGKEIT EINES EINHEITLICHEN SCHUTZES DER ANGEWANDTEN KUNST

Das Interesse nach einem einheitlichen Schutz der angewandten Kunst wird bereits dadurch hervorgehoben, daß das Urheberrecht den umfassendsten Schutz für Werke der angewandten Kunst bietet und auch die Veränderungen auf europäischer Ebene bisher nicht geeignet waren, eine Regelung herbeizuführen, die den Schutzgegenstand der angewandten Kunst in der Europäischen Gemeinschaft vereinheitlicht oder jedenfalls das Bedürfnis einer ergänzenden Inanspruchnahme des urheberrechtlichen Schutzes entfallen läßt. Jedoch könnte sich aus der fehlenden gemeinschaftsweiten Vereinheitlichung[535] eine Notwendigkeit eines einheitlichen Schutzes der Werke der angewandten Kunst und damit die Notwendigkeit einer Anpassung allein des italienischen Rechts ergeben.

Das nationale Recht Italiens könnte vielleicht dann nicht mehr losgelöst von dem der anderen Mitgliedstaaten betrachtet werden, wenn der fehlende Schutz für Werke der angewandten Kunst in Italien zu einem gemeinschaftsweiten Problem führt, indem es die EG-angehörigen Urheber unter bestimmten Bedingungen urheberrechtlich schutzlos stellt. Bei diesem fehlenden Schutz spielt die Erschöpfungslehre eine wesentliche Rolle.[536]

---

[535] S. oben: 1.3.A., S. 100 f.

[536] Neben dem Grundsatz der gemeinschaftsweiten Erschöpfung war bis zum Phil-Collins-Urteil des EuGH (EuGH GRUR Int. 1994, 53 ff.) die Reziprozität des Art. 2 VII RBÜ ebenfalls zu berücksichtigen. Grundsätzlich besteht in den Verbandsstaaten das Prinzip der Inländerbehandlung nach Art. 5 I RBÜ. Danach kann der Urheber für verbandseigene Werke in allen Verbandsländern mit Ausnahme des Ursprungslands des Werks diejenigen Rechte in Anspruch nehmen, welche die gegenwärtigen und zukünftigen Gesetze dieser Länder gewähren (s. zur Inländerbehandlung: Nordemann, GRUR Int. 1989, 615 ff.). Hiervon ausgenommen sind jedoch die Fälle, in denen die Reziprozität Schutzvoraussetzung ist, so wie bei Werken der angewandten Kunst nach Art. 2 VII RBÜ. Die RBÜ sieht vor, daß nur dann im Verbandsland die Werke der angewandten Kunst geschützt sind, wenn das Ursprungsland diesen Schutz gewährt (OLG Frankfurt/M GRUR 1993, 116; OGH GRUR Int. 1992, 142, 143; CdA Paris GRUR Int. 1990, 153). Als Ursprungsland gilt das Land, in dem das Werk erstmals veröffentlicht wurde (Art. 5 IV a RBÜ). Als Veröffentlichung reichte dabei auch eine Ausstellung auf

(Fortsetzung siehe nächste Seite)

A. DIE ERSCHÖPFUNGSLEHRE

Zu den meistgenannten Harmonisierungsgründen im Urheberrecht gehört die Sorge um den freien Warenverkehr.[537] Dieser kann durch den Grundsatz der gemeinschaftsweiten Erschöpfung in Frage gestellt werden. Im Rahmen der Erschöpfungsproblematik ist zu erörtern, inwieweit die Beschränkung gewerblicher Schutzrechte infolge von Nutzungshandlungen des Inhabers gegeben ist.[538]

I. Problemstellung

Wer Urheberrechtsschutz für das Gebiet der Europäischen Gemeinschaft in Anspruch nehmen will, muß sich, soweit nicht die im Inland anwendbaren Regelungen der internationalen Konventionen Platz greifen, auf die (derzeit fünfzehn) nationalen Rechtsordnungen berufen, deren Urheberrechte unterschiedlich ausgestaltet sind.[539]

Man wird sich vielleicht fragen, warum ein Recht, das in Italien nicht besteht, so große Auswirkung auf andere nationale Rechte haben soll. Vom praktischen Gesichtspunkt her stellt sich das Problem wie folgt dar:

---

einer Verkaufsmesse aus (OLG Frankfurt/M GRUR 1993, 116; GRUR Int 1993, 962). Dies hat dazu geführt, daß Werken der angewandten Kunst, die in Italien ausgestellt oder anderweitig veröffentlicht wurden, unabhängig von der Staatsangehörigkeit des Urhebers der Urheberrechtsschutz in den anderen EG-Ländern verwehrt war, weil das italienische Recht keinen entsprechenden Schutz vorsieht. Dies hatte weitreichende Folgen für den gemeinschaftsweiten Schutz der Werke der angewandten Kunst. Nunmehr hat der EuGH entschieden, daß Art. 2 VII RBÜ für EU- sowie EWR-Staaten eine unzulässige Diskriminierung nach Art. 12 EVG darstellt, so daß diese Regelung auf diese Staatsangehörigen nicht mehr anzuwenden ist (EuGH GRUR Int. 1994, 53 ff.). Dieses Urteil hat zur Gleichstellung deutscher und EU- sowie EWR-Staatsangehöriger geführt, die in Deutschland in § 120 II UrhG verankert ist (S. zur RBÜ: Schricker - Katzenberger, Vor §§ 120 ff, Rdnr. 41 ff.; Dietz, FS zum hundertjährigen Bestehen der Deutschen Vereinigung für gewerblichen Rechtsschutz und Urheberrecht, S. 1445, 1456 ff.; Masouyé, Art. 2, S. 8 ff.; s. zur Gleichstellung: Schricker - Katzenberger, § 120, Rdnr. 4 ff.; s. zum Verhältnis zwischen der RBÜ und dem Europäischen Gemeinschaftsrecht: Ress, FS Reischl, S. 21 ff.).

[537] Schricker, FS Steindorff, S. 1437, 1442.

[538] Körber, S. 35.

[539] Loewenheim, UFITA 95, 41, 42.

Der Erschaffer eines Werks, wie zum Beispiel eines besonderen Stuhls, der in Deutschland und anderen Mitgliedstaaten als angewandte Kunst Urheberrechtsschutz genießen würde, bringt diesen in Italien auf den Markt, oder die Ware wird in Italien auf den Markt gebracht durch jemanden, der mit dem Künstler wirtschaftlich oder vertraglich verbunden ist. Welche Rechte stehen dem Erschaffer dann zu? Hat das italienische Gesetz Einfluß auf die Rechte, die dem Künstler in Deutschland oder anderen Mitgliedstaaten zustehen? Kann der Künstler den Import in diese Länder verhindern?

Wirtschaftlicher Hintergrund solcher Situationen ist oft ein niedrigeres Preisniveau im Ausland, das den Parallel- oder Reimport im Ausland in Verkehr gebrachter Gegenstände rentabel macht.[540] Dem steht gegenüber, daß ein Gemeinsamer Markt angestrebt wird, es aber nationale Gesetze gibt, die territorial segmentierte Schutzrechte hervorbringen und unterschiedliche Zielsetzungen haben. Diese Rechte können zur Isolierung nationaler Märkte in bestimmten Warenbereichen führen und damit die Schaffung eines einheitlichen übernationalen Markts behindern.[541] Hier greift der Grundsatz der gemeinschaftsweiten[542] Erschöpfung ein.[543]

II. Grundzüge der Erschöpfungslehre

Der gemeinschaftsweite Erschöpfungsgrundsatz wurde in der Rechtsprechung des Europäischen Gerichtshofs[544] entwickelt.[545] Er ist entstanden als Vermittlungsversuch zwischen dem nationalen Ursprung der ge-

---

[540] Loewenheim, GRUR Int. 1996, 307.

[541] Ferid, FS Ulmer, S. 75.

[542] Zur Erschöpfung der Schutzrechte im deutschen Recht s.: Sack, GRUR 2000, 610 ff.; Sack, WRP 1999, 1088 ff.; Joos, S. 37 ff.; Körber, S. 38 ff.; Loewenheim, GRUR Int. 1996, 307 ff.

[543] S. zur gemeinschaftsweiten Erschöpfung ausführlich: Körber, S. 56 ff.

[544] S. zur institutionellen Struktur des EuGH: Iglesias, NJW 2000, 1889 ff.

[545] Erste grundlegende Entscheidung zum grenzüberschreitenden Warenverkehr und dem Verhältnis zwischen gewerblichem Rechtsschutz und EGV: EuGH GRUR Ausl. 1966, 580 (Grundig/Consten).

werblichen Schutzrechte[546] und den Interessen an einer zügigen Integration der Mitgliedstaaten der Gemeinschaft.[547]

„Der Erschöpfungsgrundsatz ist ... Ausfluß des Gedankens, daß der Rechtsinhaber durch eigene Benutzungshandlungen das ihm vom Gesetz eingeräumte ausschließliche Verwertungsrecht ausnutzt und damit verbraucht hat, so daß bestimmte weitere Verwertungshandlungen nicht mehr vom Schutzumfang des Rechts erfaßt werden.“[548]

In einigen europäischen Rechtsordnungen war das Prinzip der Erschöpfung gewerblicher Schutzrechte und des Urheberrechts bis zur Rechtsprechung des Europäischen Gerichtshofs zur Vereinbarkeit dieser Rechte mit dem EG-Vertrag unbekannt.[549] In Deutschland ist der Erschöpfungsgrundsatz für das Urheberrecht in § 17 II UrhG verankert.[550]

Auf Gemeinschaftsebene hat der Grundsatz der Erschöpfung für den grenzüberschreitenden Warenverkehr seine Ausprägung durch die Rechtsprechung des Europäischen Gerichtshofs zu Art. 30, 36 EGV (Maastrichter Fasssung) erhalten.[551]

---

[546] Zur Erschöpfungslehre im Markenrecht s.: Rasmussen, (1995) 4 EIPR 174 ff.

[547] Ubertazzi, GRUR Int. 1984, 327, 330.

[548] BGH GRUR Int. 1981, 562, 564 (Schallplattenimport).

[549] Körber, S. 38.

[550] Das deutsche Recht kennt das Erschöpfungsprinzip zum urheberrechtlichen Verbreitungsrecht seit RGZ 63, 394, 398 (Königs Kursbuch). In diesem Urteil hat das RG in abgewandelter Form die von Kohler für das Patentrecht entwickelte Lehre von den Benutzungsarten übernommen (Kohler, S. 452 ff.). Die nationale Erschöpfung war bereits im Art. 17 II UrhG a.F. verankert (s.: Deutsch, UFITA 79, 9 ff.; s. zu den Theorien für die Erschöpfung nach nationalem Recht auch: Goutzamanis, S. 30 ff.). Einige europäische Richtlinien haben die Erschöpfung von Leistungsschutzrechten für die EG vorgegeben (s. z.B.: Art. 4 c S. 2 der Richtlinie 91/250/EWG des Rates v. 14. Mai 1991 über den Rechtsschutz von Computerprogrammen (ABlEG Nr. L 122, 42), abgedruckt in: GRUR Int. 1991, 545 ff.; Art. 6 d Richtlinie 96/9/EG des Europäischen Parlaments und des Rates v. 11. März 1996 über den rechtlichen Schutz von Datenbanken (ABlEG Nr. L 77, 20), abgedruckt in: GRUR Int. 1996, 806 ff.). Diese Regelungen sind insbesondere durch Art. 17 II UrhG n.F. in deutsches Recht umgesetzt worden.

[551] Die meisten Entscheidungen des EuGH sind zu Art. 30, 36 EGV (Maastrichter Fassung) ergangen. Dem entsprechen die Art. 28, 30 der nunmehr gültigen Amsterdamer Fassung des EGV. Ferner stimmt der Wortlaut der Art. 11, 13 EWRA weitgehend mit den

(Fortsetzung siehe nächste Seite)

a) Art. 28 EGV und das Urheberrecht als Maßnahme gleicher Wirkung wie eine mengenmäßige Einfuhrbeschränkung

Art. 28 EGV verbietet den Mitgliedstaaten der Europäischen Union „mengenmäßige Einfuhrbeschränkungen und alle Maßnahmen gleicher Wirkung“. Eine allgemeine Definition der Maßnahmen gleicher Wirkung findet sich in den Entscheidungen zum Urheberrecht sowie dem gewerblichen Rechtsschutz nicht.[552] Als Maßnahmen sind aber nicht nur private Maßnahmen, sondern auch staatliche Maßnahmen zu verstehen. Staatliche Maßnahmen sind dementsprechend auch Gesetze, die einem Teilnehmer am Wirtschaftsverkehr private Rechte einräumen.[553] Bei der Frage nach der „gleichen Wirkung wie eine mengenmäßige Einfuhrbeschränkung“ ist seit dem *Dassonville-Urteil*[554] von einer weiten Auslegung dieses Begriffs auszugehen. Dieser Begriff beinhaltet alle Handelsregelungen, die „geeignet sind, den innergemeinschaftlichen Handel unmittelbar oder mittelbar, tatsächlich oder potentiell zu behindern“.[555] Also ist eine Maßnahme gleicher Wirkung auch das in einer Rechtsordnung vorgesehene Recht eines Schutzrechtsinhabers, mit seinem Schutzrecht den Import von Waren aus anderen Mitgliedstaaten der Europäischen Gemeinschaft und deren inländisches Inverkehrbringen zu untersagen.[556] Dabei ist Art. 28 EVG auf das Urheberrecht[557] sowie die ge-

---

Art. 28, 30 EGV überein. Durch das EWRA (BGBl. 1993, II 266) wurde die territoriale Reichweite des Erschöpfungsgrundsatzes auf die Länder Island, Liechtenstein und Norwegen ausgedehnt; EWRA auszugsweise abgedruckt in: GRUR Int. 1994, 215 ff.

552 Körber, S. 67.

553 Sack, GRUR 1999, 193.

554 EuGH Slg. 1974, 837 ff.; GRUR Int. 1974, 467 f.

555 EuGH GRUR Int. 1974, 467, 468; diese Grundregel der Dasssonville-Formel hat auch weiterhin ihre Gültigkeit. Die einschränkende Entscheidung EuGH Slg. 1993, 6097 ff. (Keck und Mithouard) spielt für das Urheberrecht und die gewerblichen Schutzrechte keine Rolle; s.: Joliet, GRUR Int. 1994, 979, 980. Auch das Urteil „Cassis de Dijon“ (EuGH Slg. 1979, 649) hat in bezug auf das Urheberrecht und die gewerblichen Schutzrechte keine Auswirkung.

556 Sack, GRUR 1999, 193. Als Maßnahme gleicher Wirkung kommen auch Regelungen in Betracht, die Importe von unterschiedlichen Voraussetzungen abhängig machen, man denke an den Anspruch auf Nachzahlung von Lizenzgebühren (s. hierzu: EuGH GRUR Int. 1981, 229 ff. (Gebührendifferenz II)).

557 Die Frage der Anwendbarkeit der Art. 28, 30 EVG auf das Urheberrecht war umstritten. Zunächst war das Erschöpfungsprinzip für die gewerblichen Schutzrechte aufgestellt worden. Durch das Polydor-Urteil (Deutsche Grammophon GmbH gegen Metro, EuGH

(Fortsetzung siehe nächste Seite)

werblichen Schutzrechte anwendbar.[558] Grundsätzlich verstoßen damit alle Regelungen der Urheberrechte und der gewerblichen Schutzrechte, die zwischen der Nutzung im europäischen und im nationalen Markt differenzieren, gegen den Grundsatz des freien Warenverkehrs nach Art. 28 EGV.

b) Die Rechtfertigung der Beeinträchtigung des freien Warenverkehrs gemäß Art. 30 EGV

Es kann sich jedoch eine Rechtfertigung der Beeinträchtigung des freien Warenverkehrs durch das Urheberrecht und die gewerblichen Schutzrechte ergeben.[559] Eine Ausnahme nach Art. 30 EGV ist dann gegeben, wenn die Einfuhrbehinderungen durch gewerbliche Schutzrechte zum Schutz des gewerblichen und kommerziellen Eigentums gerechtfertigt sind, also wenn sie dafür geeignet und erforderlich und in bezug auf den angestrebten Zweck und unter Berücksichtigung des Allgemeininteresses an der europäischen Warenfreiheit verhältnismäßig sind.[560] Diese Verbote und Beschränkungen dürfen aber gemäß Art. 30 S. 2 EGV „weder ein Mittel zur willkürlichen Diskriminierung noch eine verschleierte Beschränkung des Handels zwischen den Mitgliedstaaten darstellen". Dabei wird bei der Anwendung des Art. 30 EGV nicht zwischen dem Urheberrecht und den anderen gewerblichen und kommerziellen Eigentumsrechten unterschieden.[561] Zu fragen ist also, ob eine

---

GRUR Int. 1971, 450 ff.) hat der EuGH die Anwendbarkeit des Grundsatzes der Erschöpfung auch für das Leistungsschutzrecht eines Tonträgerherstellers bejaht. Seit dem Gebührendifferenz II-Urteil (EuGH GRUR Int. 1981, 229, 230 f.) und dem Imerco-Jubiläums-Urteil (EuGH GRUR Int. 1981, 393 ff.) wird dieser Grundsatz auch auf das Urheberrecht im engeren Sinne angewendet. S. zur Gültigkeit der Erschöpfungslehre in bezug auf das Urheberrecht unten: 2.1., S. 126 ff.

[558] S. insb.: EuGH GRUR Int. 1981, 229, 230 f. (Gebührendifferenz II); s. auch: Dauses - Ullrich/Konrad, C. III, Rdnr. 8 m.w.N.; s. zum Erschöpfungsgrundsatz im Markenrecht: Klaka, FS Traub, S. 173 ff.; Joller, GRUR Int. 1998, 751 ff.; Beckmann, GRUR Int. 1998, 836 ff.

[559] In der Literatur wird zum Teil die Ansicht vertreten, daß sich aus Art. 30 EGV eine Einschränkung der Dassonville-Formel ergeben sollte, was zu einer engeren Auslegung der Formel führen würde. S. hierzu ausführlich: Körber, S. 75 ff. insb. S. 81 f.

[560] Sack, GRUR 1999, 193.

[561] EuGH GRUR Int. 1981, 229, 231 (Gebührendifferenz II); s. auch: Reischl, FS Reischl, S. 45, 46 ff.; Ferid, FS Ulmer, S. 74, 80 m.w.N.

Beschränkung des innergemeinschaftlichen Handelsverkehrs durch die Gewährleistung des geistigen Eigentums im Sinne von Art. 30 EGV zu rechtfertigen ist.

Zunächst ist der Europäische Gerichtshof davon ausgegangen, daß durch den EG-Vertrag der *Bestand* der durch die nationale Gesetzgebung eines Mitgliedstaats eingeräumten Schutzrechte nicht berührt werde, die *Ausübung* dieser Rechte aber sehr wohl je nach den Umständen durch die Verbotsnormen des Vertrags beschränkt werden kann.[562] Allerdings wird diese Unterscheidung in den neueren Urteilen nicht mehr erwähnt, ohne aber von dieser Formel Abstand zu nehmen.[563] Dies wird wahrscheinlich als ein „beredtes Schweigen" zu verstehen sein,[564] da dieser Unterscheidung letztlich keine entscheidungsrelevante sachliche Bedeutung zukommt.[565] Allerdings läßt sich nicht endgültig klären, ob der Europäische Gerichtshof weiter an der Unterscheidung festhalten will.[566]

Das zentrale Kriterium in bezug auf die Rechtfertigung der Beschränkung des freien Warenverkehrs ist der spezifische Gegenstand. Denn als Ausnahme von den grundlegenden Prinzipien des Gemeinsamen Markts erlaubt Art. 30 EGV Beschränkungen des freien Warenverkehrs nur, soweit sie zur Wahrung der Rechte gerechtfertigt sind, die den spezifischen Gegenstand dieses Eigentums ausmachen.[567] Das heißt, daß nur die schutzrechtsspezifischen Rechte durch Art. 30 EGV gerechtfertigt werden können.[568] Der spezifische Gegenstand des Urheberrechts

---

562 EuGH GRUR Int. 1981, 393, 396 (Imerco Jubliäum).

563 S. z.B.: EuGH Slg. 1990, 3752 ff. (HAG II); 1994, 2789 ff. (Ideal Standard).

564 So: Joliet, GRUR Int. 1991, 177, 182, der im HAG II-Urteil Mitglied des Entscheidungsorgans war.

565 Körber, S. 85; so auch: Sack, GRUR 1999, 193, der in dieser Unterscheidung kein brauchbares Kriterium dafür sieht, ob eine Rechtfertigung nach Art. 30 EGV gegeben ist; Loewenheim, UFITA 95, 41, 58.

566 A.A.: Sack, GRUR 1999, 193, der darin, daß diese Unterscheidung nicht mehr erwähnt wird, eine konkrete Aufgabe derselben sieht.

567 EuGH GRUR Int. 1981, 393, 396 (Imerco Jubiläum).

568 S. ausführlich: Körber, S. 86 ff. m.w.N.

wurde nicht einheitlich definiert[569] und wird wegen der Vielzahl der Nutzungsarten der Werke in Zukunft ausgeschlossen sein.[570] Dabei wird aber vom Europäischen Gerichtshof immer wieder betont, daß die kommerzielle Nutzung des Urheberrechts die gleichen Probleme aufwerfe wie die eines anderen gewerblichen oder kommerziellen Eigentumsrechts, und damit knüpft der Europäische Gerichtshof an seine bisherige Rechtsprechung zu diesen Rechten[571] an.[572] Dies schließt auch den Schutz der ausschließlichen Vervielfältigungs- und Verbreitungsrechte mit ein.[573]

Hieraus wird unmittelbar das Erschöpfungsprinzip hergeleitet.[574] Denn dieser spezifische Gegenstand des Urheberrechts, das heißt vor allem die dem Urheber national zustehenden ausschließlichen Verwertungsrechte, dürfen nicht verwendet werden, um eine künstliche Abschottung innerhalb des Gemeinsamen Markts zu schaffen oder beizubehalten.[575] Dies führt dazu, daß eine Abwägung zwischen den Interessen an einem freien Warenverkehr und dem Schutz des spezifischen Gegenstands stattfinden muß. Würde das Recht des Urhebers durch das Inverkehrbringen nicht erschöpft, sondern der Urheber bliebe berechtigt, sich der Einfuhr des in einem anderen Staat in den Verkehr gebrachten Werks zu widersetzen, so würde dies ein Hindernis des freien Warenverkehrs darstellen. Dieses Hindernis kann dann nicht gerechtfertigt

---

[569] Ebenroth, S. 19, Rdnr. 12.

[570] Reischl, GRUR Int. 1982, 151, 155.

[571] So z.B. wurde als spezifischer Gegenstand des Patentrechts bestimmt, „daß der Inhaber zum Ausgleich für seine schöpferische Erfindertätigkeit das ausschließliche Recht erhält, gewerbliche Erzeugnisse herzustellen und in den Verkehr zu bringen, mithin die Erfindung entweder selber oder im Wege der Lizenzvergabe an Dritte zu verwerten, und daß er ferner das Recht erlangt, sich gegen jegliche Zuwiderhandlung zur Wehr zu setzen. (EuGH Slg.1974, 1147, 1163 (Centrafarm/Sterling Drug)).

[572] Loewenheim, UFITA 95, 41, 60.

[573] So entschieden in bezug auf Tonträger: EuGH Slg. 1989, 79, 95 (Schutzfristenunterschiede).

[574] S. ausführlich: Körber, S. 87 ff., der nicht ganz zu Unrecht bemerkt, daß das Kriterium des spezifischen Gegenstands nur bedingt zur Lösung des Konflikts zwischen dem freien Warenverkehr und den Schutzrechten geeignet ist.

[575] EuGH Slg. 1989, 79, 95 (Schutzfristenunterschiede).

werden, wenn der Schutzrechtsinhaber das Erzeugnis in dem Herkunftsland selbst in Verkehr gebracht hat oder es mit seiner Zustimmung in Verkehr gebracht wurde. Sonst wäre es dem Urheber möglich, die nationalen Märkte abzuriegeln und den Handel zwischen den Mitgliedstaaten zu beschränken, ohne daß dies notwendig wäre, um sein Ausschließlichkeitsrecht in seiner Substanz zu erhalten.[576] In diesem Fall ist der Schutz im Interesse des freien Warenverkehrs zu versagen, und die Rechte des Urhebers sind erschöpft.

Dabei gilt eine Ware als in Verkehr gebracht, wenn die tatsächliche Verfügungsgewalt auf einen anderen übertragen wird, so daß dieser dadurch in die Lage versetzt wird, die Sache zu veräußern oder zu gebrauchen.[577] Inverkehrbringen ist somit nicht als Verwertungshandlung anderer Art zu verstehen.[578] So reicht eine Ausstellung des Werks nicht aus.[579] Das heißt, als Ort des Inverkehrbringens ist nicht der Ort der Herstellung zu verstehen, sondern der Ort des Übergangs der Verfügungsgewalt. Nach diesem Ort bestimmt sich dementsprechend auch das Herkunftsland der Ware.

Nach ständiger Rechtsprechung des Europäischen Gerichtshofs „kann sich der Inhaber eines gewerblichen und kommerziellen Eigentumsrechts, das nach den Rechtsvorschriften eines Mitgliedstaats geschützt ist, auf diese Vorschriften nicht berufen, um sich der Einfuhr eines Erzeugnisses zu widersetzen, das auf dem Markt eines anderen Mitgliedstaats von ihm selbst oder mit seiner Zustimmung rechtmäßig in

---

[576] EuGH Slg. 1974, 1183, 1195 (Winthrop); so auch: EuGH Slg. 1985, 2281, 2297 f. (Pharmon).

[577] Sack, GRUR 1999, 193, 195. Zu beachten ist dabei, daß ein rein konzerninterner Warenverkehr nicht zur Erschöpfung führt, da die Gegenstände sich noch nicht in dem freien Warenverkehr befinden, den der EGV durch Art. 28, 30 EGV schützt.

[578] S. ausführlich: Schricker - Loewenheim, § 17 Rdnr. 37 ff.; s. zur Theorie der Erschöpfung ohne Veräußerung: Omsels, GRUR 1994, 162 ff.

[579] BGH GRUR 1995, 673, 676. „Dies beruht auf der Erwägung, daß der Urheber mit der Veräußerung die Herrschaft über das Werkexemplar aufgibt", was bei einer Ausstellung des Werks regelmäßig nicht der Fall ist.

den Verkehr gebracht worden ist".[580] Der Rechtsinhaber kann nicht mit Hilfe seiner territorial segmentierten Schutzrechte den Warenverkehr über die EG-Binnengrenzen aufhalten.[581] Jedoch kann natürlich das Urheberrecht in einem EG-Land geltend gemacht werden, um die Einfuhr und den Vertrieb von Werkexemplaren zu unterbinden, die in einem anderen Mitgliedstaat rechtswidrig hergestellt worden sind.[582]

B. FOLGEN DER ERSCHÖPFUNGSLEHRE

Die Wirkung der Erschöpfung besteht darin, daß die Weiterverbreitung der Werkstücke zulässig ist und der Urheber oder sonstige zur Verbreitung Berechtigte das ihnen zustehende Ausschließlichkeitsrecht nicht mehr geltend machen können;[583] das Herstellungs- und Vervielfältigungsrecht ist hiervon in der Regel jedoch nicht erfaßt.[584] Dies ist Ausfluß des Gedankens, daß der Rechtsinhaber sein Verwertungsrecht durch eigene Benutzungshandlung ausgeschöpft und damit verbraucht hat.[585] So wie das Inverkehrbringen geschützter Ware im Gebiet des nationalen Staats in dessen gesamtem Staatsgebiet die Erschöpfung herbeiführt, führt das Inverkehrbringen innerhalb der Europäischen Gemeinschaft zur Erschöpfung im gesamten Gemeinschaftsgebiet.[586]

Dabei kommt es auf die Ursache der Erschöpfung nicht an. Das heißt, inländische Schutzrechte sind auch dann erschöpft, wenn das Land, in dem der Gegenstand mit Zustimmung des Urhebers rechtmäßig in Verkehr gebracht wurde, über gar kein entsprechendes Schutzrecht

---

[580] EuGH Slg. 1976, 1039, 1062 (Terrapin Overseas Limited); GRUR Int. 1981, 229, 229 ff. (Gebührendifferenz II).

[581] Schricker, FS Steindorff, S. 1437, 1442.

[582] Reimer, GRUR Int 1981, 70, 74.

[583] Schricker - Loewenheim, § 17 Rdnr. 56.

[584] S.: Sack, GRUR 1999, 193, 200 zu den eng begrenzten Ausnahmen von dieser Regel. Vgl. auch: EuGH Slg. 1997, 6013 ff. (Dior/Evora); Kur, GRUR Int. 1999, 24 ff.

[585] Schricker - Loewenheim, § 17 Rdnr. 52.

[586] Loewenheim, GRUR Int. 1996, 307, 310.

verfügt.[587] Der Grund für das Fehlen eines Schutzrechts ist unerheblich. So kann es bei den verschiedenen gewerblichen Schutzrechten daran liegen, daß ein Schutz in Ermangelung gewisser Schutzvoraussetzungen, wie der Anmeldung, nicht besteht oder das Herkunftsland solche Gegenstände gar nicht schützt.[588] Demnach tritt in Ermangelung eines Schutzes der Werke der angewandten Kunst in Italien eine gemeinschaftsweite Erschöpfung für diese Werke automatisch mit deren Inverkehrbringen in Italien ein.

Dieses Prinzip der gemeinschaftsweiten Erschöpfung führt dazu, daß durch die bewußte Förderung des freien Warenverkehrs ohne umfassende Angleichung der nationalen Rechtsvorschriften auf diesen Gebieten eine Lücke[589] im Schutz besonders für Werke der angewandten Kunst entsteht,[590] die eine Notwendigkeit zur einheitlichen Regelung des Werkbegriffs der angewandten Kunst schafft.

---

[587] EuGH Slg. 1996, 6285, 6385 ff. (Merck II); 1992, 5335, 5377 (Generics); 1981, 2063, 2081 f. (Merck – „Moduretik").

[588] EuGH Slg. 1996, 6285, 6385 f. (Merck II); 1981, 2063, 2081 f. (Merck – „Moduretik"); dies traf auch auf unterschiedliche Schutzfristen zu, s.: EuGH Slg. 1989, 79 ff. (Schutzfristenunterschiede).

[589] Ebenso ergeben sich durch den Erschöpfungsgrundsatz auch Schutzlücken bei anderen Schutzrechten. S. insbesondere im Patentrecht: EuGH Slg. 1981, 2063 ff. (Merck – „Moduretik").

[590] Zur Auseinandersetzung mit der Gültigkeit der Erschöpfungslehre s. unten: 2.1., S. 126 ff.

5. ZUSAMMENFASSUNG DES ERSTEN TEILS

Die meisten EG-Mitgliedstaaten verfügen über einen urheberrechtlichen Schutz der Werke der angewandten Kunst, auch wenn die jeweilige Ausprägung dieses Schutzes unterschiedlich ist. Lediglich Italien läßt den klassischen, insbesondere den dreidimensionalen Werken der angewandten Kunst keinen solchen Schutz zukommen.

Der fehlende urheberrechtliche Schutz kann auch nicht durch gewerbliche Schutzrechte ausgeglichen werden, denn diese haben zum Teil wesentlich unterschiedliche Schutzvoraussetzungen.

Die derzeitigen europäischen Richtlinien beeinflussen den Schutz der angewandten Kunst nur mittelbar und führen vor allem nicht zu einer umfassenden Angleichung der nationalen Rechte in bezug auf den Werkbegriff der angewandten Kunst. Ebenso sind vorerst keine europäischen Initiativen zu erwarten, die den europaweit einheitlichen Schutz der angewandten Kunst bedeutend verändern würden. Insbesondere kann auch die geplante Geschmacksmusterrichtlinie nicht die Lücke schließen, die durch die uneinheitliche Regelung des urheberrechtlichen Schutzes der Werke der angewandten Kunst in den einzelnen EG-Mitgliedstaaten entsteht.[591] Auch ein Schutz der angewandten Kunst durch ein Designrecht sui generis hat sich nicht durchsetzen können.

Der fehlende urheberrechtliche Schutz in Italien verursacht durch den Grundsatz der gemeinschaftsweiten Erschöpfung eine Lücke im urheberrechtlichen Schutz der angewandten Kunst, die über die Grenzen Italiens hinaus von Bedeutung ist. Die meisten Werke der angewandten Kunst aus dem Herkunftsland Italien können in den Mitgliedstaaten frei zirkulieren, da eine Erschöpfung der Rechte des Urhebers automatisch mit dem Inverkehrbringen des Werks in Italien eintritt.

---

[591] S. hierzu auch unten: 2.2., S. 135 ff.

Eine umfassende Rechtsangleichung des Schutzgegenstands der angewandten Kunst ist in absehbarer Zeit nicht zu erwarten, da trotz der Behinderung des freien Warenverkehrs, die durch den in Italien fehlenden Urheberrechtsschutz für Werke der angewandten Kunst entsteht, ein Regelungsbedarf bisher nicht gesehen wurde. Es ist fraglich, ob diese Sichtweise gerechtfertigt ist.

„Unterschiedliche Gesetze über das geistige Eigentum wirken als Schranken für den freien Warenverkehr ... Solange der Musterschutz unter dem Dach des Urheberrechts nicht harmonisiert ist, werden völlig befriedigende Binnenmarktbedingungen unbeschadet der Schaffung eines Gemeinschaftsgeschmacksmusters nicht in vollem Umfang hergestellt worden sein."

(Grünbuch über den rechtlichen Schutz gewerblicher Muster und Modelle)[592]

ZWEITER TEIL

In Ermangelung einer absehbaren EG-weiten Regelung der Schutzgegenstände des Urheberrechts[593] und der Probleme, die durch den in Italien fehlenden Schutz[594] der Werke der angewandten Kunst gemeinschaftsweit entstehen,[595] ist zu überprüfen, ob die Erschöpfungslehre im Lichte der urheberrechtlichen Problematik ihre Gültigkeit behält und wenn ja, welche Lösungsansätze möglich sind, um diese Lücke zu schließen und Italien zu verpflichten, seine Urheberrechtsgesetze und die

---

[592] Kommission der Europäischen Gemeinschaften; Grünbuch über den rechtlichen Schutz gewerblicher Muster und Modelle, Arbeitsdokument der Dienststellen der Kommission, Brüssel, Juni 1991, III/F/5131/91 - DE, Orig. EN, S. 4, 145 (Nr. 10.2.1); s. ausführlich zum Grünbuch: Eck, S. 38 ff.; krit.: Di Cataldo/Sarti/Spolidoro, Riv.dir.ind. 1993, 49 ff.

[593] S. oben: 1.3.A., S. 100 f.

[594] S. oben: 1.2.D.III., S. 93 f.

[595] S. oben: 1.4.B., S. 120 f.

entsprechende Gesetzgebung den anderen EG-Mitgliedstaaten anzupassen. Insbesondere ist auch zu untersuchen, ob sich aus der neuen Geschmacksmusterrichtlinie[596] eine dementsprechende Verpflichtung für Italien ergeben könnte.

1. DIE GÜLTIGKEIT DER ERSCHÖPFUNGSLEHRE IM HINBLICK AUF DEN GEMEINSCHAFTSWEITEN SCHUTZ DER ANGEWANDTEN KUNST

Die Folgen des mangelnden Schutzes der Werke der angewandten Kunst in Italien wären auf dessen territorialen Bereich beschränkt, wenn die Erschöpfungslehre nicht zu einer gemeinschaftsweiten Erschöpfung dieser Werke führen würde, sobald das Herkunftsland eines Werks Italien ist.[597] Daher spielt die Erschöpfungslehre für den gemeinschaftsweiten Schutz der Werke der angewandten Kunst eine wesentliche Rolle. Bevor also zu hinterfragen ist, ob Italien verpflichtet werden könnte, seine Gesetze und seine Rechtsprechung an die übrigen EG-Mitgliedstaaten anzupassen, ist kurz die Gültigkeit und die Begründung der Erschöpfungslehre zu betrachten.

A. ZUR ANWENDBARKEIT DES GEMEINSCHAFTSRECHTS, INSBESONDERE DER ART. 28, 30 EGV, AUF DAS URHEBERRECHT

Die Erschöpfungslehre[598] wird auf alle gewerblichen Schutzrechte sowie das Urheberrecht angewendet, um Wettbewerbsverzerrungen zu vermeiden und den freien Warenverkehr in den Mitgliedstaaten zu ga-

---

[596] Richtlinie 98/71/EG des Europäischen Parlaments und des Rates v. 13. Oktober 1998 über den rechtlichen Schutz von Mustern und Modellen (ABlEG Nr. L 289, 28).

[597] S. zur Erschöpfungslehre oben: 1.4.A., S. 112 ff.

[598] S. zu Art. 28, 30 EGV oben: 1.4.A.II., S. 113 ff.

rantieren. Zunächst war das Erschöpfungsprinzip für die gewerblichen Schutzrechte eingeführt worden. Daher war die Anwendbarkeit des Gemeinschaftsrechts auf das Urheberrecht umstritten. Erst seit Beginn der 80er Jahre befaßt sich der Europäische Gerichtshof intensiver mit der Frage der Anwendbarkeit des Gemeinschaftsrechts auf das Urheberrecht.[599]

Der Europäische Gerichtshof hat schließlich das Gemeinschaftsrecht auf das Urheberrecht angewendet[600] und dabei insbesondere auch Art. 28 EGV auf urheberrechtliche Einfuhrbeschränkungen.[601] Zugleich hat er die Urheberrechte dem gewerblichen und kommerziellen Eigentum im Sinne des Art. 30 EGV zugerechnet. Trotzdem hat es mehrere nachfolgend beschriebene Ansätze in der Literatur gegeben, das Urheberrecht der Anwendbarkeit gemeinschaftsrechtlicher Regelungen zu entziehen.

Es wurde der Tatsache besondere Bedeutung beigemessen, daß im Vertrag zur Gründung der Europäischen Wirtschaftsgemeinschaft lediglich in Verbindung mit Art. 106 III des Vertrags und dem entsprechenden Anhang III explizit auf das Urheberrecht Bezug genommen wird. Dabei war zu fragen, ob durch diesen Hinweis auf das Urheberrecht im Anhang eine allgemeine Zuständigkeit der Europäischen Gemeinschaft angenommen werden kann.[602] Daß eine allgemeine Zuständigkeit gesehen wird, hat die Rechtswirklichkeit in der Rechtsprechung der letzten 20 Jahre gezeigt.[603] Jedenfalls kann sich aus der Bezugnahme lediglich

---

[599] Ubertazzi, GRUR Int. 1984, 327 m.w.N.

[600] EuGH GRUR Int. 1971, 450 ff. (Polydor).

[601] EuGH GRUR Int. 1981, 393 ff. (Imerco Jubiläum); 1981, 229, 230 f. (Gebührendifferenz II); 1971, 450 ff. (Polydor); Slg. 1989, 79 ff. (Schutzfristenunterschiede); 1988, 2605 ff. (Warner Brothers); 1982, 2853 ff. (Keurkoop).

[602] Bejahend: Goutzamanis, S. 8.

[603] S. z.B.: EuGH GRUR Int. 1981, 393 ff. (Imerco Jubiläum); 1981, 229, 230 f. (Gebührendifferenz II); 1971, 450 ff. (Polydor); Slg. 1989, 79 ff. (Schutzfristenunterschiede); 1988, 2605 ff. (Warner Brothers); 1982, 2853 ff. (Keurkoop).

im Anhang nicht herleiten lassen, daß das Urheberrecht generell der gemeinschaftsrechtlichen Regelung zu entziehen sei.[604]

GOTZEN[605] hat seinen Ablehnungsversuch auf der Grundlage des Art. 30 EGV diskutiert. Es sei unter anderem von besonderer Bedeutung, daß Art. 30 EGV den Ausdruck des „gewerblichen und kommerziellen Eigentums" enthält ohne ausdrückliche Bezugnahme auf das Urheberrecht. Damit sei das Urheberrecht, da es kulturelle Belange betreffe, von der Regelungskompetenz der Europäischen Gemeinschaft ausgeschlossen. Das Urheberrecht wird insofern nicht dem gewerblichen, sondern dem kulturellen Bereich zugeordnet, als sein Schutz nicht von der gewerblichen Verwertbarkeit abhängig ist.[606] Jedoch wird dabei verkannt, daß die kulturellen Belange des Urheberrechts auch eng mit wirtschaftlicher Interessenwahrnehmung verknüpft sind.[607] Damit enthält das Urheberrecht eine wirtschaftlich-vermögensrechtliche Komponente,[608] welche die Anwendung des Gemeinschaftsrechts auf das Urheberrecht und insbesondere seine vermögensrechtlichen Aspekte zuläßt.[609] Sobald Werkstücke in den Verkehr gebracht worden sind, werden sie zu Objekten des Handelsverkehrs im weiteren Sinne und müssen entsprechen-

---

[604] Ein weiterer Versuch, die Anwendbarkeit des Gemeinschaftsrechts auf das Urheberrecht zu verneinen, basiert auf Art. 295 EGV. Hiernach läßt der EGV die „Eigentumsordnung in den verschiedenen Mitgliedstaaten unberührt". Deswegen seien die Wettbewerbsregeln auf das gewerbliche Eigentum und auf das Urheberrecht nicht anwendbar. Diese Regelung hat sich schon deswegen nicht durchsetzen können, da in der spezielleren Norm des Art. 30 EGV explizit auf das „gewerbliche und kommerzielle Eigentum" Bezug genommen wird, so daß auch unter Mitberücksichtigung des Art. 295 EGV ein Ausschluß der Art. 28, 30 EGV nicht gerechtfertigt wäre (im Ergebnis auch: EuGH Slg. 3752, 3755 ff. (HAG II)), der u.a. über eine Vorlagefrage zum Markenrecht unter Mitberücksichtigung des Art. 295 EGV zu entscheiden hatte). S. zu dieser Diskussion: Ubertazzi, GRUR Int. 1984, 327, 328 m.w.N.; Reimer, GRUR Int. 1972, 221, 230; s. auch: Körber, S. 131 f.

[605] Gotzen (Bestimmingsrecht), S. 1 ff.; Gotzen (Eigendom), S. 24 ff.

[606] Ferid, FS Ulmer, S. 75, 79.

[607] Ferid, FS Ulmer, S. 75, 80.

[608] Ubertazzi, GRUR Int. 1984, 327, 328.

[609] S. auch: EuGH GRUR Int. 1994, 53, 55 (Phil-Collins); s. zur ausführlichen Auseinandersetzung mit Gotzens Ansatz: Ubertazzi, GRUR Int. 1984, 327 ff. m.w.N.

den Regelungen unterliegen.[610] Des weiteren kann der Gemeinschaft auch nicht jede Kompetenz auf dem Gebiet der Kulturpolitik aberkannt werden.[611] Daher sind Ansätze, die sich auf die Persönlichkeitsinteressen des Urhebers und auf das öffentliche Interesse an der Förderung des kulturellen Fortschritts stützen, im Ergebnis abzulehnen.

Diese Ansätze haben auch deshalb nicht überzeugen können, weil eine Unterscheidung zwischen den gewerblichen Schutzrechten und dem Urheberrecht nicht angebracht ist. Bei den Urheberrechten geht es ebenso um wirtschaftliche Belange wie bei den gewerblichen Schutzrechten, so daß es keinen Grund für eine Unterscheidung bei der Anwendung des Art. 30 EGV gibt. Zu Recht schließt Art. 30 EGV den durch das Urheberrecht gewährten Schutz ein, vor allem soweit dieses Recht kommerziell genutzt wird.[612]

B. AUSEINANDERSETZUNG MIT DER ARGUMENTATION DES EUROPÄISCHEN GERICHTSHOFS ZUR ERSCHÖPFUNGSLEHRE

Es ist fraglich, inwieweit die Ausführungen des Europäischen Gerichtshofs zur Erschöpfungslehre eine ausreichende Begründung dieser Lehre liefern. Wird der spezifische Gegenstand eines Schutzrechts durch die Erschöpfungslehre ausgehöhlt und damit in seiner Substanz vernichtet, wenn das Ausschließlichkeitsrecht von vornherein gar nicht bestand? Das heißt, sollte nicht eine Entscheidung zugunsten des Schutzrechts stattfinden, wenn von vornherein in einem Land gar kein Schutz besteht? Hat die Erschöpfung auch dann Gültigkeit, wenn sozusagen gar kein Recht da ist, das sich erschöpfen kann? Oft wird geäußert, der Kon-

---

[610] S.: Goutzamanis, S. 10.

[611] Ubertazzi, GRUR Int. 1984, 327, 328.

[612] So: EuGH GRUR Int. 1981, 229, 230 (Gebührendifferenz II); so auch: Goutzamanis, S. 11 ff., 23; Ferid, FS Ulmer, S. 75, 80.

flikt zwischen freiem Warenverkehr und den gewerblichen Schutzrechten sei nicht überzeugend gelöst.[613]

I. Vorrang des freien Warenverkehrs

Es wurde die Auffassung vertreten, daß der Grundsatz der Territorialität der urheberrechtlichen Vorschriften stets dann Vorrang vor dem freien Warenverkehr habe, wenn eine Harmonisierung bestimmter Aspekte des Urheberrechts fehlt.[614] Der Europäische Gerichtshof hat diese Ansicht mit der Begründung abgelehnt, daß das wesentliche Ziel des EG-Vertrags, der Zusammenschluß der nationalen Märkte, nicht zu erreichen sei, „wenn Privatpersonen aufgrund der verschiedenen Rechtssysteme der Mitgliedstaaten die Möglichkeit hätten, den Markt aufzuteilen und verschleierte Beschränkungen im Handel zwischen den Mitgliedstaaten herbeizuführen".[615] Fraglich ist jedoch, ob diese vermeintliche Folge nicht in Wahrheit die Ursache des Problems darstellt. Denn muß der Privatmann seine ihm in einem Mitgliedstaat zustehenden Rechte nur deswegen verlieren, weil bisher ein Ziel des Vertrags noch nicht realisiert wurde, nämlich die Angleichung der urheberrechtlichen Vorschriften und damit die Sicherung des freien Warenverkehrs? Dieser Aspekt kann nicht losgelöst von den anderen Argumenten, welche die Erschöpfungslehre begründen, betrachtet werden.

II. Wahl des Schutzrechtsinhabers

Ein weiterer Ansatz für die Begründung der Erschöpfung der Schutzrechte ist, daß dem Schutzrechtsinhaber die Wahl obliegt, in welchem Land er das Werk in Verkehr bringt.[616] Es sei Aufgabe des Schutzrechtsinhabers, in voller Kenntnis der Sachlage über die Bedingungen zu entscheiden, unter denen er das Erzeugnis in Verkehr bringt. Die ent-

---

[613] S. Körber, S. 142.

[614] So u.a. die Stellungnahmen der belgischen und italienischen Regierung vor dem EuGH in der Sache Gebührendifferenz II (EuGH GRUR Int. 1981, 229, 231).

[615] EuGH GRUR Int. 1981, 229, 231 (Gebührendifferenz II).

[616] EuGH GRUR Int. 1981, 229, 231 (Gebührendifferenz II).

sprechenden Konsequenzen seiner Wahl habe er zu tragen, auch dann, wenn das Werk in einem Land in Verkehr gebracht wird, in dem gar kein Schutz besteht.[617]

Aber es ist fraglich, inwieweit die Schutzbedürftigkeit des Schutzrechtsinhabers gegeben ist. Man könnte einwenden, daß mit dem Inverkehrbringen des Erzeugnisses in einem Mitgliedstaat ohne entsprechende Schutzrechte ein Ausgleich für die schöpferische Tätigkeit überhaupt nicht erlangt worden sei und damit dem Schutzrechtsinhaber das Recht zustehen müsse, das Erzeugnis in einem anderen schutzbewährten Mitgliedstaat in Verkehr zu bringen und dort seinen Ausgleich zu erhalten.[618] Zu bedenken ist auch, daß ein bestimmtes Handeln, zu dem sich ein Schutzrechtsinhaber unter bestimmten rechtlichen Rahmenbedingungen entschließt, nicht zwingend einen Rückschluß auf die Rechtfertigung dieser Rahmenbedingungen zuläßt.[619]

Zu Recht hat der Europäische Gerichtshof in einer zum Patentrecht ergangenen Entscheidung[620] ausgeführt:

> „Dadurch, daß dieses Recht zum ersten Inverkehrbringen dem Erfinder das Monopol für die Verwertung seines Erzeugnisses vorbehält, ermöglicht es ihm, einen Ausgleich für seine schöpferische Erfindertätigkeit zu erhalten, *ohne ihm jedoch diesen Ausgleich unter allen Umständen zu garantieren.*“[621]

Letztendlich erhält der Schutzrechtsinhaber das Recht, mit dem Erzeugnis zu verfahren, wie es ihm beliebt, aber er muß bei „der Festlegung der Ausübungsmodalitäten seines Ausschließlichkeitsrechts“[622] ei-

---

617 So insb. auch entschieden in bezug auf den Patentschutz: EuGH Slg. 1996, 6285 ff., 6385 (Merck II).

618 Loewenheim, UFITA 95, 41, 61.

619 So: Sack, GRUR 1999, 193, 196.

620 EuGH Slg. 1981, 2063, 2081 (Merck – „Moduretik“).

621 Hervorhebung durch die Verfasserin.

622 EuGH Slg. 1981, 2063, 2082 (Merck – „Moduretik“); 1996, 6285 ff., 6385 (Merck II).

genverantwortlich den bestmöglichen Ausgleich für seine schöpferische Tätigkeit suchen. Dabei läßt sich eine Parallele zum nationalen Schutz ziehen. Hier muß der Schöpfer oder Erfinder eines Werks auch eigenverantwortlich den bestmöglichen Ausgleich suchen, der zum Beispiel darin bestehen kann, sein Werk zusätzlich durch andere Schutzrechte schützen zu lassen. Auf den gleichen Grundsatz stützen sich auch Entscheidungen im Urheberrecht[623] und im Markenrecht[624], die auf die Wahlfreiheit des Schutzrechtsinhabers abstellen. Dafür spricht konsequenterweise auch, daß ein Verstoß gegen die Grundsätze des freien Warenverkehrs nicht vorliegt, und damit keine Erschöpfung, wenn das Werk rechtswidrig hergestellt worden ist[625] oder ohne Zustimmung des Schutzrechtsinhabers in Verkehr gebracht wird. Eine besondere Schutzbedürftigkeit ist daher zu verneinen und der Schutzrechtsinhaber hat die Konsequenz seiner Wahl des Orts des ersten Inverkehrbringens zu tragen.

III. Aufgabe der Gemeinschaftsbehörden

Eine weitere Argumentation des Europäischen Gerichtshofs zur Erschöpfungslehre ist, daß auch dann keine Einschränkung der Warenverkehrsfreiheit gerechtfertigt ist, wenn von vornherein kein Schutzrecht in einem Mitgliedstaat bestand.[626] Es sei vielmehr Aufgabe der Gemeinschaftsbehörden, die dadurch verursachten Wettbewerbsverzerrungen auszuschalten.[627]

SACK sieht in diesem Ansatz eher ein Argument gegen die Aufrechterhaltung der Erschöpfungslehre. Solange nicht die Gemeinschaftsbehörden und die Mitgliedstaaten das bestehende Rechtsgefälle durch Anhebung des Schutzstandards eingeebnet haben, könne es nicht Aufgabe

---

[623] EuGH GRUR Int. 1981, 229, 231 (Gebührendifferenz II).

[624] EuGH Slg. 1976, 1039, 1062 (Terrapin Overseas Limited).

[625] Reimer, GRUR Int. 1981, 70, 75.

[626] EuGH Slg. 1996, 6285 ff., 6389 (Merck II).

[627] EuGH Slg. 1996, 6285 ff., 6389 (Merck II).

des Europäischen Gerichtshofs sein, mit Hilfe der Art. 28, 30 EGV das Schutzniveau in allen Mitgliedstaaten abzusenken.[628]

Der Europäische Gerichtshof hat es sich nicht zur Aufgabe gemacht, das Schutzniveau abzusenken. Es liegt keine gezielte Absenkung des Schutzniveaus vor, sondern diese ist eine Konsequenz des EG-Vertrags, der einerseits die nationalen Gesetzgebungen aufrechterhält und andererseits einen einheitlichen Binnenmarkt vorsieht, in dem der freie Warenverkehr im Vordergrund steht. Damit kommt der Europäische Gerichtshof seiner Aufgabe gemäß Art. 220 EGV nach, nämlich „der Sicherung und der Wahrung des Rechts bei der Auslegung und Anwendung dieses Vertrags“ sowie der Gemeinschaftsverträge.[629] In diesem Rahmen hat der Europäische Gerichtshof den EG-Vertrag ausgelegt und verweist daher zu Recht für eine Änderung der nationalen Gesetze auf die Gemeinschaftsbehörden.

C. FOLGERUNGEN

Das Gemeinschaftsrecht findet nunmehr fast unbestritten auch auf das Urheberrecht Anwendung. Art. 28 EGV wird auf urheberrechtliche Einfuhrbehinderungen angewendet, und Art. 30 EGV schließt den durch das Urheberrecht gewährten Schutz ein, vor allem soweit dieses Recht kommerziell genutzt wird.

Im Ergebnis hat die Erschöpfungslehre trotz der Lücke, die für den gemeinschaftsweiten Schutz der Werke der angewandten Kunst entsteht, Gültigkeit. Dabei macht es keinen Unterschied, warum ein Schutzrecht erschöpft ist. Dies kann auf einer Differenz im Umfang des Rechts beruhen,[630] auf der fehlenden Beantragung, der Löschung oder dem kompletten Fehlen eines Schutzrechts[631].

---

[628] Sack, GRUR 1999, 193, 196.

[629] S. auch: Art. 31 EGKSV, 136 EAGV.

[630] EuGH GRUR Int. 1981, 229 ff. (Gebührendifferenz II).

[631] EuGH Slg. 1981, 2063 ff. (Merck – „Moduretik“).

Aus den Unterschieden, die mangels einer Harmonisierung der innerstaatlichen Bestimmungen über die kommerzielle Nutzung von Urheberrechten bestehen, dürfen keine Hindernisse für den freien Warenverkehr im Gemeinsamen Markt hergeleitet werden.[632] Insbesondere darf der Schutzrechtsinhaber nicht die Möglichkeit haben, die nationalen Märkte abzuschotten, sofern nicht eine solche Beschränkung zum Schutze der Substanz der aus den Parallelschutzrechten fließenden Rechte erforderlich ist.[633]

Es gibt zwar immer wieder Auffassungen, welche die Argumentation des Europäischen Gerichtshofs zur Erschöpfungslehre nicht überzeugend finden,[634] aber letztlich hat sich gezeigt, daß auch die Gemeinschaftsbehörden der Auffassung des Europäischen Gerichtshofs folgen. So wurde der Grundsatz der gemeinschaftsweiten Erschöpfung bereits in mehreren Richtlinien umgesetzt. Zu denken ist dabei in bezug auf das Urheberrecht zum Beispiel an die Vermiet- und Ver-leihrechts-Richtlinie[635] sowie die Computerprogramm-Richtlinie[636].

Wie LOEWENHEIM zutreffend bemerkt: „Geht man vom Idealmodell der Europäischen Gemeinschaft als einheitliches Wirtschafts- und Rechtsgebiet aus, so drängt sich die Parallele zum Inverkehrbringen innerhalb eines (nationalen) Staates auf, das eben zur Erschöpfung des Schutzrechts führt.“[637]

---

632 Sack, GRUR 1999, 193, 194.

633 EuGH Slg. 1985, 2281 ff., 2297 f. (Pharmon).

634 So auch: Körber, S. 142 ff., 187, der die Ungleichbehandlung der nationalen Schutzrechte als Ansatz für die Konfliktlösung heranziehen will.

635 S.: Art. 9 II der Richtlinie 92/100/EWG des Rates v. 19. November 1992 zum Vermietrecht und Verleihrecht sowie zu bestimmten dem Urheberrecht verwandten Schutzrechten im Bereich des geistigen Eigentums (ABlEG Nr. L 346, 61), abgedruckt in: GRUR Int. 1993, 144 ff.

636 Art. 4 c) der Richtlinie 91/250/EWG des Rates v. 14. Mai 1991 über den Rechtsschutz von Computerprogrammen (ABlEG Nr. L 122, 42), abgedruckt in: GRUR Int. 1991, 545 ff.

637 Loewenheim, GRUR Int. 1996, 307, 311.

2. ART. 17 DER GESCHMACKSMUSTERRICHTLINIE UND DIE VERPFLICHTUNG ITALIENS, WERKE DER ANGEWANDTEN KUNST URHEBERRECHTLICH ZU SCHÜTZEN

Art. 17 der Geschmacksmusterrichtlinie[638] sieht vor:

> „Das nach Maßgabe dieser Richtlinie durch ein in einem oder mit Wirkung für einen Mitgliedstaat eingetragenes Recht an einem Muster geschützte Muster ist auch nach dem Urheberrecht dieses Staates von dem Zeitpunkt an schutzfähig, an dem das Muster geschaffen oder in irgendeiner Form festgelegt wurde. In welchem Umfang und unter welchen Bedingungen ein solcher Schutz gewährt wird, wird einschließlich der erforderlichen Gestaltungshöhe von dem einzelnen Mitgliedstaat festgelegt."

Diese Regelung ist wohl dahingehend zu verstehen, daß eine Schutzkumulation von Muster- und Urheberrecht zuzulassen ist.[639] Durch Art. 17 der Richtlinie soll ausgeschlossen werden, daß einem potentiellen Gegenstand der angewandten Kunst der Urheberrechtsschutz allein deswegen versagt wird, weil er gleichzeitig nach den Vorschriften des Musterrechts geschützt wird.[640] Ferner „ist es wichtig, solange das Urheberrecht nicht harmonisiert ist, den Grundsatz der Kumulation des Schutzes nach dem einschlägigen Recht für den Schutz eingetragener Muster und nach dem Urheberrecht festzulegen, während es den Mitgliedstaaten freigestellt bleibt, den Umfang des urheberrechtlichen Schutzes und die Voraussetzungen festzulegen, unter denen dieser

---

[638] Richtlinie 98/71/EG des europäischen Parlaments und des Rates v. 13. Oktober 1998 über den rechtlichen Schutz von Mustern und Modellen (ABlEG Nr. L 289, 28), abgedruckt in: GRUR Int. 1998, 959 ff.

[639] So z.B.: Kur, GRUR Int. 1998, 353, 358; Auteri, GRUR Int. 1998, 360, 361 f.; a.A.: Magelli, S. 139, die keine Pflicht für den italienischen Gesetzgeber sieht, sein Kumulationsverbot aufzuheben, da Art. 17 der Richtlinie keine „Muß-Norm" sei.

[640] Kur, GRUR Int. 1998, 353, 358.

Schutz gewährt wird".[641] Demnach wird insbesondere Italien sein Verbot der Schutzkumulierung nach Art. 5 II RD aufheben müssen.[642]

AUTERI sieht zudem in Art. 17 der Richtlinie eine Verpflichtung Italiens, den urheberrechtlichen Schutz auf alle Werke der angewandten Kunst auszudehnen.[643] Denn eine Aufhebung des Verbots der Schutzkumulation ohne gleichzeitige Anpassung der Schutzfähigkeit lasse die Beschränkungen des freien Warenverkehrs bestehen und widerspräche somit der erklärten Zielsetzung der Richtlinie.[644]

Es wäre wünschenswert, eine Verpflichtung Italiens zur Anpassung aus Art. 17 der Richtlinie herleiten zu können. Damit wäre eine schnelle Lösung zur Hand, die weitere unmittelbare Maßnahmen für eine Rechtsangleichung Italiens unnötig machen würde. Jedoch ist zweifelhaft, ob aus Art. 17 der Richtlinie eine solche Verpflichtung hergeleitet werden kann.

Dem Wortlaut des Art. 17 der Richtlinie ist explizit keine solche Verpflichtung zu entnehmen. Im Gegenteil: Art. 17 der Richtlinie überläßt es den einzelnen Mitgliedstaaten, den Umfang des Schutzes selbst zu bestimmen. Damit ist der nationale Gesetzgeber im Hinblick auf die Festlegung der urheberrechtlichen Schutzvoraussetzungen völlig frei.[645] Das heißt, der nationale Gesetzgeber darf den urheberrechtlichen Schutz von Werken der angewandten Kunst nur nicht grundsätzlich versagen. Dies ist im italienischen Recht auch nicht der Fall, denn es kennt den Schutz der Werke der angewandten Kunst.[646] Der Schutz ist lediglich

---

641 Gründe Nr. 8 der Richtlinie 98/71/EG des Europäischen Parlaments und des Rates v. 13. Oktober 1998 über den rechtlichen Schutz von Mustern und Modellen (ABlEG Nr. L 289, 28), abgedruckt in: GRUR Int. 1998, 959 ff.

642 S. hierzu oben: 1.2.D.II.a), S. 91 f.

643 Auteri, GRUR Int. 1998, 360, 361 f.

644 Auteri, GRUR Int. 1998, 360, 363.

645 So auch: Kur, GRUR Int. 1998, 353, 358.

646 S. oben: 1.2.D.I.a)i), S. 80.

vom Kriterium der Trennbarkeit abhängig,[647] und damit bestimmt Italien selbst den Umfang.

Auch ist eine solche Interpretation der Richtlinie auszuschließen, die nur an deren Zielsetzung ausgerichtet ist. Allein aus der Zielsetzung der Richtlinie läßt sich eine solche umfassende Reglementierung der urheberrechtlichen Regelungen zum Schutz der angewandten Kunst nicht herleiten. „Jeder Versuch, im Rahmen einer musterrechtlichen Regelung eine verbindliche Aussage über das Verhältnis zwischen Musterrecht und Urheberrecht zu treffen, hätte einen Eingriff in tiefverwurzelte urheberrechtliche Grundsätze einzelner Staaten bedeutet, der mit Sicherheit nicht hingenommen worden wäre.“[648] Zumal auch hinterfragt wurde, ob es der Europäischen Gemeinschaft zusteht, eine Regelung über eine Materie zu treffen, die nicht Objekt der Richtlinie ist, auch wenn sie an die musterrechtliche Regelung angrenzt.[649]

Zudem ist ganz bewußt eine umfassendere Rechtsangleichung abgelehnt worden. Denn die ursprünglichen Fassungen der Richtlinie[650] und der Verordnung[651] sahen zunächst vor, daß das Urheberrecht „unabhängig von der Zahl der Erzeugnisse (gewährt werden müsse), in die das Muster aufgenommen oder bei denen es verwendet werden soll, und unabhängig davon, ob sich das Muster von den Erzeugnissen trennen läßt, in die es aufgenommen oder bei denen es verwendet werden soll“.[652]

---

[647] S. oben: 1.2.D.I.a)ii), S. 81 ff.

[648] Kur, GRUR Int. 1998, 353, 358.

[649] Magelli, S. 139.

[650] Vorschlag für eine Richtlinie des Europäischen Parlaments und des Rates über den Rechtsschutz von Mustern (ABlEG Nr. C 345, 14), abgedruckt in: GRUR Int. 1994, 511 ff.

[651] Vorschlag für eine Verordnung des Europäischen Parlaments und des Rates über ein Gemeinschaftsgeschmacksmuster (ABlEG Nr. C 29, 20), abgedruckt in: GRUR Int. 1994, 492 ff.

[652] Art. 18 I des Vorschlags für eine Richtlinie des Europäischen Parlaments und des Rates über den Rechtsschutz von Mustern (ABlEG Nr. C 345, 14), abgedruckt in: GRUR Int. 1994, 514 sowie Art. 100 II des Vorschlags für eine Verordnung des Europäischen Parlaments und des Rates über ein Gemeinschaftsgeschmacksmuster (ABlEG Nr. C 29, 20), abgedruckt in: GRUR Int. 1994, 507.

Dies war ein deutlicher Wink in Richtung der italienischen[653] und britischen[654] Gesetzgebung, ihre urheberrechtlichen Gesetze bezüglich der Werke der angewandten Kunst den übrigen Mitgliedstaaten anzupassen. Letztlich haben diese beiden Länder es jedoch mit Unterstützung des Europäischen Parlaments erreicht, daß diese ursprüngliche Fassung nicht Bestandteil der Geschmacksmusterrichtlinie geworden ist.[655] Dies bedeutet für die bisher ergangene Richtlinie, daß eine bewußte Abkehr von dieser Einflußnahme auf den nationalen Gesetzgeber stattgefunden hat. Dasselbe zeichnet sich bei der Verordnung ab. Die entsprechende Regelung des geänderten Vorschlags für eine Gemeinschaftsmusterverordnung (Art. 100 II des geänderten Verordnungsvorschlags) wurde an Art. 17 der Richtlinie angepaßt.

Damit werden andere Schutzmöglichkeiten für Muster und Modelle nicht vorgeschrieben, sondern es wird nur die Nicht-Exklusivität des Geschmacksmusterechts ausgedrückt.[656] Dies bedeutet einen Fortschritt insoweit, als die Anmeldung des Musters in Zukunft nicht mehr automatisch zum Ausschluß des Urheberrechts führt. Eine Verpflichtung Italiens, den Grundsatz der Trennbarkeit aufzugeben und Werke der angewandten Kunst umfassend zu schützen, kann aus Art. 17 der Geschmacksmusterrichtlinie aber nicht hergeleitet werden[657] und wird sich wegen der Anpassung des Verordnungsvorschlags an die Geschmacksmusterrichtlinie nach dem jetzigen Wortlaut des Verordnungsvorschlags

---

653 Sarzi-Sartori, Riv.dir.ind. 1993, 81, 86 f.

654 Das britische Copyright verkürzt die Schutzdauer der Werke der angewandten Kunst, wenn das Werk verwertet wird (s. hierzu ausführlich oben: 1.2.C.I.c)ii), S. 72 ff.). Der Werkbegriff der angewandten Kunst selbst weicht in Großbritannien, im Gegensatz zum italienischen Recht, nicht wesentlich von dem in anderen Mitgliedstaaten ab (s. oben: 1.2.C.I. a), S. 68 ff.). Der Wink in dem ursprünglichen Vorschlag der Richtlinie bezieht sich somit auf die verkürzte Schutzdauer bei Verwertung. Dabei wäre diese Anregung vermutlich gar nicht notwendig gewesen, da die Verkürzung der Schutzdauer bei Verwertung wohl eine Umgehung der Schutzdauerrichtlinie darstellt (s. hierzu oben: 1.2.C.I.c)ii), S. 72 ff.).

655 Kur, GRUR Int. 1998, 353, 358.

656 So auch: Pilla, GRUR Int. 1998, 385, 388.

657 So im Ergebnis auch: Magelli, S. 140; Musso, AIDA 1999, 310, 327 f.

auch nicht aus der künftigen Verordnung für ein Gemeinschaftsmuster ergeben.

3. VERPFLICHTUNG ITALIENS ZUR ANPASSUNG SEINER URHEBERRECHTLICHEN REGELUNGEN DER ANGEWANDTEN KUNST

Angesichts der Tatsache, daß eine Lücke durch den fehlenden Schutz in Italien[658] im gemeinschaftsweiten Urheberrechtsschutz der Werke der angewandten Kunst gegeben ist und Italien nicht gemäß Art. 17 der Geschmacksmusterrichtlinie verpflichtet werden kann, Werke der dreidimensionalen angewandten Kunst urheberrechtlich zu schützen,[659] ist nach einem anderen Lösungsansatz zu suchen.

A. RECHTSANGLEICHUNG DURCH RECHTSAKTE DER GEMEINSCHAFT

Der naheliegendste Ansatz, Werke der angewandten Kunst gemeinschaftsweit urheberrechtlich umfassend zu schützen, wäre eine durch die Gemeinschaftsorgane geregelte Rechtsangleichung oder eine Rechtsvereinheitlichung. Auch wenn, wie oben gesehen,[660] eine Harmonisierung des Werkbegriffs der angewandten Kunst nicht zu erwarten ist, ist zu prüfen, ob nicht eine Anpassung durch Rechtsakte der Gemeinschaft erfolgen sollte oder müßte.

I. Handlungsermächtigung zur Rechtsangleichung

Nach dem Prinzip der begrenzten Einzelzuständigkeiten (Art. 5 I EGV) wird für jeden Rechtsakt der Gemeinschaftsorgane eine ausdrückliche, auf das jeweilige Handeln zugeschnittene Kompetenzgrundlage benötigt.[661] Art. 95 gibt der Gemeinschaft eine Handlungsermächtigung

---

[658] S. oben: 1.2.D.III., S. 93 f.

[659] S. oben: 2.2., S. 135 ff.

[660] S. oben: 1.3.A., S. 100 f.

[661] Oppermann, S. 197 f., Rdnr. 513.

für Maßnahmen zur Angleichung der Rechts- und Verwaltungsvorschriften der Mitgliedstaaten, welche die Schaffung und das Funktionieren des Binnenmarkts zum Gegenstand haben.[662] Die Vorschrift wurde eingeführt, um das Verfahren der gemeinschaftlichen Rechtsangleichung zu beschleunigen und flexibler zu gestalten[663] und damit eine Intensivierung und Vertiefung der Integration zu erreichen.[664] Art. 95 EGV stellt die zentrale Rechtsgrundlage für Rechtsakte zur Verwirklichung des Binnenmarkts dar.[665]

a) Gegenstand der Rechtsangleichung

Art. 95 I 1 EGV verweist auf die Ziele des Art. 14 EGV. Der Binnenmarkt ist in Art. 14 II EGV legaldefiniert.[666] Er umfaßt „einen Raum ohne Binnengrenzen, in dem der freie Verkehr von Waren, Personen, Dienstleistungen und Kapital gemäß den Bestimmungen dieses Vertrags gewährleistet ist". Dabei ist zu fragen, inwieweit sich der Begriff „Binnenmarkt" mit dem des „Gemeinsamen Markts" deckt. Nach der ständigen Rechtsprechung des Europäischen Gerichtshofs bedeutet der „Gemeinsame Markt" „die Beseitigung aller Hemmnisse im innergemeinschaftlichen Handel mit dem Ziele der Verschmelzung der nationalen Märkte zu einem einheitlichen Markt, dessen Bedingungen denjenigen eines wirklichen Binnenmarkts möglichst nahekommen".[667]

Gegenstand der Rechtsangleichung sind gemäß Art. 95 I 2 EGV Rechts- und Verwaltungsvorschriften. Rechtsvorschriften sind alle

---

[662] Groeben - Bardenhewer/Pipkorn, Art. 100a Rdnr. 1. Dieser sowie manche nachfolgend zitierten Kommentare enthalten noch die Besprechung der Artikel der Maastrichter Fassung des EGV. Mit der neuen Fassung des EGV ändert sich bezüglich der hier behandelten Artikel des EGV lediglich die Numerierung. Da der Inhalt der jeweiligen Vorschriften gleich geblieben ist, ist die Kommentierung auch auf die neuen Vorschriften anwendbar.

[663] Eingeführt durch Art. 18 EEA.

[664] Calliess/Ruffert - Kahl, Art. 95 Rdnr. 1.

[665] Lenz - Röttinger, Art. 95 Rdnr. 3.

[666] S. ausführlich hierzu: Calliess/Ruffert - Kahl Art. 14 Rdnr. 6 ff.

[667] EuGH Slg. 1982, 1409, 1431 f. (Gaston Schul).

staatlichen Gesetze im formellen und materiellen Sinne, aber auch Gewohnheitsrecht sowie die Präjudizrechtsprechung der Common-Law-Staaten.[668] Die Rechts- und Verwaltungsvorschriften müssen gemäß Art. 95 I 2 EGV das Errichten oder das Funktionieren des Binnenmarkts zum Gegenstand haben. Die wenigsten nationalen Vorschriften befassen sich jedoch mit dem Funktionieren des Binnenmarkts. Letztendlich ist damit gemeint, daß die Rechtsangleichungsmaßnahmen das Funktionieren oder das Errichten des Binnenmarkts zum Gegenstand haben müssen.[669] Bei der Ermittlung des Anwendungsbereichs des Art. 95 EGV ist auf den objektiven Wirkungsbereich der Angleichungsmaßnahme abzustellen, der sich durch eine Auslegung des Ziels und des Inhalts der vorgesehenen Angleichungsmaßnahme einschließlich ihrer Erwägungsgründe ergibt.[670]

Angleichungsmaßnahmen können nur dann auf Art. 95 EGV gestützt werden, wenn sie nicht von einer spezielleren Vorschrift erfaßt werden (Art. 95 I 1 EGV). Ferner sind Bereichsausnahmen in Art. 95 II EGV geregelt. Art. 95 EGV dient demnach nicht als Rechtsgrundlage für die Bestimmungen über Steuern, Freizügigkeit sowie die Rechte der Arbeitnehmer. Rechtsangleichungen in bezug auf das Urheberrecht, wie auch im Bereich des freien Warenverkehrs überhaupt,[671] finden aber ihre Rechtsgrundlage in Art. 95 EGV, soweit sie für die Verwirklichung des Binnenmarkts von Bedeutung sind.

b) Weitere Voraussetzungen der Rechtsangleichung

Voraussetzung für eine Rechtsangleichung nach Art. 95 EGV ist ferner, daß die Rechtsangleichungsmaßnahme eine substantielle und konkrete Auswirkung unmittelbarer oder mittelbarer Art hat, wobei ein zu

---

[668] Calliess/Ruffert - Kahl, Art. 94 Rdnr. 6. Verwaltungsvorschriften sind abstrakt-generelle Anweisungen, die eine vorgesetzte Behörde gegenüber einem nachgeordneten Funktionsträger erläßt.

[669] Calliess/Ruffert - Kahl, Art. 94 Rdnr. 10.

[670] Groeben - Bardenhewer/Pipkorn, Art. 100a Rdnr. 24.

[671] S.: Grabitz/Hilf - Langheine, Art. 100a Rdnr. 19.

beseitigender störender Effekt nicht vorliegen muß.[672] Ausgenommen sind Rechtsangleichungsmaßnahmen, die binnenmarktneutral, binnenmarktbehindernd oder ganz binnenmarktperipher sind.[673]

Ob eine Maßnahme geeignet, erforderlich und angemessen sein muß, ist streitig. In der Regel wird lediglich eine „binnenmarktbezogene Nützlichkeit der Maßnahme" verlangt.[674] Andererseits wird vertreten, daß dies dem Subsidiaritätsprinzip des Art. 5 II und III EGV widerspreche, und somit das Kriterium der Erforderlichkeit,[675] Geeignetheit und Angemessenheit ausdrücklich verlangt.[676] Erforderlich ist eine Harmonisierung immer dann, wenn die Rechtsvorschriften der Mitgliedstaaten in einem Gefälle zueinander stehen oder deren mangelnde Leistungsfähigkeit sich auf den Gemeinsamen Markt auswirkt. Die Beurteilung der Erforderlichkeit obliegt allein den Gemeinschaftsorganen.[677] In der Praxis werden auch Aspekte der politischen Durchsetzbarkeit bei der Beurteilung der Erforderlichkeit berücksichtigt.[678] Im Grünbuch über den rechtlichen Schutz gewerblicher Muster und Modelle wurde betont, daß völlig befriedigende Binnenmarktbedingungen unbeschadet der Schaffung eines Gemeinschaftsgeschmacksmusters nicht in vollem Umfang hergestellt werden können, solange der Musterschutz unter dem Dach des Urheberrechts nicht harmonisiert ist.[679] Weitere Maßnahmen der Gemeinschaft auf diesem Gebiet werden für nötig erachtet.[680] Damit kann der Meinungsstreit um die Frage, ob lediglich die binnenmarktbezogene

---

[672] Hailbronner - Klein, Art. 100a Rdnr. 4.

[673] Calliess/Ruffert - Kahl, Art. 95 Rdnr. 10.

[674] Hailbronner - Klein, Art. 100a Rdnr. 7.

[675] So auch: Schön, ZHR 160, 221, 227.

[676] Calliess/Ruffert - Kahl, Art. 95 Rdnr. 11.

[677] Grabitz/Hilf - Langheine, Art. 100 Rdnr. 11.

[678] Grabitz/Hilf - Langheine, Art. 100 Rdnr. 11.

[679] Kommission der Europäischen Gemeinschaften; Grünbuch über den rechtlichen Schutz gewerblicher Muster und Modelle, Arbeitsdokument der Dienststellen der Kommission, Brüssel, Juni 1991, III/F/5131/91 - DE, Orig. EN, S. 145 (Nr. 10.2.1).

[680] So: Kommission der Europäischen Gemeinschaften; Grünbuch über den rechtlichen Schutz gewerblicher Muster und Modelle, Arbeitsdokument der Dienststellen der Kommission, Brüssel, Juni 1991, III/F/5131/91 - DE, Orig. EN, S. 145 (Nr. 10.2.1).

Nützlichkeit der Maßnahme oder ihre Erforderlichkeit zu verlangen ist, dahinstehen, da jedenfalls auch eine Erforderlichkeit in bezug auf die Harmonisierung des Werkbegriffs der angewandten Kunst zu bejahen wäre. Die Frage der Geeignetheit und der Angemessenheit bezieht sich darauf, daß die Harmonisierungsmaßnahme nur so weit gehen darf, wie der Eingriff zur Funktionssicherung notwendig ist, und auch dann ist jeweils nur der schonendste Eingriff in die nationalen Rechte zu wählen.[681] Dies ist letztendlich auch eine Frage der Wahl der Maßnahme.[682] Selbst wenn man davon ausgeht, daß die Rechtsangleichungsmaßnahme erforderlich sein muß, kann man daraus jedoch keine Handlungspflicht der Gemeinschaftsorgane herleiten.[683]

Der Kommission obliegt das Vorschlagsrecht für Angleichungsmaßnahmen. Für das Verfahren der Mitentscheidung gilt Art. 251 EGV. Der Wirtschafts- und Sozialausschuß ist zu hören.[684] Der Rat entscheidet nach Art. 95 EGV grundsätzlich mit qualifizierter Mehrheit.[685]

II. Mögliche Instrumentarien des EG-Vertrags

Art. 95 EGV spricht von „Maßnahmen" zur Rechtsangleichung und eröffnet damit das gesamte Spektrum der in Art. 249 EGV enthaltenen Rechtsakte. Gemäß Art. 249 I EGV können Verordnungen, Richtlinien und Entscheidungen zur Erfüllung der Aufgaben des Europäischen Parlaments und des Rats beziehungsweise des Rats und der Kommission ergehen sowie Empfehlungen oder Stellungnahmen.

Dabei ist fraglich, welche Maßnahme im Einzelfall die geeignete ist. Dies hängt insbesondere auch von der erforderlichen Intensität der Angleichung ab. Bei der Wahl der Rechtsform für die Maßnahme nach Art. 95 haben die Gemeinschaftsorgane einen Beurteilungsspielraum,

---

681 Lutter, S. 11.

682 S. zu den möglichen Maßnahmen unten: 2.3.A.II., S. 145 ff.

683 S. auch: Grabitz/Hilf - Langheine, Art. 100 Rdnr. 11.

684 S.: Grabitz/Hilf - Langheine, Art. 100a Rdnr. 32 ff.

685 Vgl.: Art. 205 II EGV.

der jedoch durch die zu regelnde Materie sowie die rechtlichen Eigenschaften der jeweiligen Instrumentarien begrenzt wird.[686]

Die Richtlinie ist eine typische Figur des Gemeinschaftsrechts, für die es in den nationalen Rechtsordnungen keine Entsprechung gibt,[687] denn sie ist ein Instrument indirekter beziehungsweise kooperativer zweistufiger Rechtssetzung.[688] Richtlinien können nur an Mitgliedstaaten ergehen. Sie sind hinsichtlich des zu erreichenden Ziels verbindlich, überlassen aber den Mitgliedstaaten die Umsetzung der Richtlinie, das heißt die Wahl der Form und der Mittel (Art 249 III EGV).[689] Die Richtlinien enthalten Umsetzungsfristen. Bei ordnungsgemäßer Umsetzung[690] durch die Mitgliedstaaten entfaltet die Richtlinie Wirkungen für den einzelnen durch die nationalen Durchführungsmaßnahmen.[691] Aber auch vor Ablauf der Umsetzungsfrist entfalten Richtlinien Rechtswirkungen insoweit, als die Mitgliedstaaten alle Rechtshandlungen zu unterlassen haben, die den angestrebten Erfolg der Richtlinie vereiteln könnten.[692]

Verordnungen[693] sind abstrakt-generelle Regelungen, die allgemeine Geltung haben, in allen ihren Teilen verbindlich sind und unmittelbar in jedem Mitgliedstaat gelten (Art. 249 II EGV). Durch dieses Rechtsinstrument kann die Gemeinschaft unmittelbar bindendes Recht schaffen, das keiner Umsetzung durch nationale Instanzen bedarf.[694]

---

[686] Groeben - Bardenhewer/Pipkorn, Art. 100a Rdnr. 68.

[687] Ipsen, S. 455.

[688] Calliess/Ruffert - Ruffert, Art. 249 Rdnr. 43.

[689] S. zur Richtlinie ausführlich: Oppermann, S. 209 ff., Rdnr. 547 ff.; Groeben - Schmidt, Art. 189 Rdnr. 35 ff.; Calliess/Ruffert - Ruffert, Art. 249 Rdnr. 43 ff.; Bleckmann, S. 161 ff. Rdnr. 414 ff.

[690] Zu den Folgen fehlerhafter oder unterlassener Rechtsumsetzung s.: Calliess/Ruffert - Ruffert, Art. 249 Rdnr. 68 ff.

[691] Calliess/Ruffert - Ruffert, Art. 249 Rdnr. 43 f.

[692] Calliess/Ruffert - Ruffert, Art. 249 Rdnr. 44.

[693] S. zur Verordnung ausführlich: Oppermann, S. 207 ff., Rdnr. 539 ff.; Groeben - Schmidt, Art. 189 Rdnr. 26 ff.; Calliess/Ruffert - Ruffert, Art. 249 Rdnr. 38 ff.; Bleckmann, S. 157 ff., Rdnr. 400 ff.

[694] Oppermann, S. 207, Rdnr. 540.

Die Form der Richtlinie ist zu bevorzugen, wenn die Rechtsangleichung eine Änderung der Gesetze eines oder mehrerer Mitgliedstaaten mit sich bringt.[695] Der Erlaß einer Verordnung wird erwogen, wenn die bloße Ausrichtung des nationalen Rechts wegen seiner territorial beschränkten Geltung keine befriedigende Lösung ermöglicht, sondern Gemeinschaftsregeln für das Funktionieren des Binnenmarkts nötig sind.[696]

Es kommen aber auch Entscheidungen in Betracht. Diese dienen der Regelung von Einzelfällen ähnlich den Verwaltungsakten im nationalen Recht, wobei sie nur für die in der Entscheidung bezeichneten Adressaten verbindlich sind.[697] Die Entscheidungen können sich auch an Mitgliedstaaten richten.[698] Sie können Mittel und Wege zur Realisierung des enthaltenen Befehls im Gegensatz zur Richtlinie vorschreiben.[699] Dabei ist es in der Praxis oft streitig, inwieweit die Äußerungen der Kommission als verbindliche Entscheidungen zu werten sind.[700]

Empfehlungen und Stellungnahmen[701] sollen ihren Adressaten, überwiegend Mitgliedstaaten, ein bestimmtes Verhalten nahelegen, ohne eine Verbindlichkeit zu schaffen.[702] Allerdings haben sie sowohl rechtliche als auch politische Auswirkungen.[703] Die Mitgliedstaaten sind wegen der aus Art. 10 EGV resultierenden Pflicht zu gemeinschaftstreuem Verhalten[704] gehalten, ihr Handeln an der Stellungnahme oder Empfeh-

---

695 Schlußakte der Regierungskonferenz zur EEA (ABlEG 1987 L 169, 20).

696 Grabitz/Hilf - Langheine, Art. 100 a Rdnr. 45.

697 Vgl.: Art. 249 IV EGV.

698 S.: Lenz - Hetmeier, Art. 249 Rdnr. 17.

699 Groeben - Schmidt, Art. 189 Rdnr. 42.

700 S. hierzu ausführlich m.w.N. über die Abgrenzung durch den EuGH: Groeben - Schmidt, Art. 189 Rdnr. 43.

701 S. ausführlich: Calliess/Ruffert - Ruffert, Art. 249 Rdnr. 119 f.

702 Groeben - Schmidt, Art. 189 Rdnr. 46 f.

703 S. ausführlich: Schweitzer/Hummer, S. 111, Rdnr. 382.

704 S. unten: 2.3.B.II., S. 153 ff.

lung zu orientieren,[705] und Empfehlungen sind bei der Auslegung nationaler Rechtsvorschriften zu berücksichtigen.[706]

Dabei regelt Art. 249 EGV nur die wichtigsten Rechtssetzungsinstrumente und unverbindliche Handlungsformen.[707] Die Aufzählung der Rechtsakte in Art. 249 EGV ist nicht abschließend, sondern es kommen eine Menge von ungekennzeichneten Rechtsakten oder Rechtsakten sui generis hinzu.[708]

III. Folgerungen

Die zentrale Aufgabe der Europäischen Wirtschaftsgemeinschaft ist gemäß Art. 2 EGV die Errichtung eines Gemeinsamen Markts. Eine der Grundvoraussetzungen hierfür ist die Freiheit des Warenverkehrs. Um diesen Gemeinsamen Markt zu gewährleisten, sind die Organe der Gemeinschaft gefordert. Ihnen stehen auch die oben dargestellten Instrumentarien zur Verfügung,[709] und ein kompetenzieller Raum für Harmonisierungsmaßnahmen auf dem Gebiet des Werkbegriffs der angewandten Kunst ist gegeben.[710]

Alle oben genannten Instrumentarien des Art. 249 EGV sind geeignet, eine Rechtsangleichung der Urheberrechte zum Schutz der angewandten Kunst herbeizuführen. Eine Richtlinie käme in Betracht, um eine gemeinschaftsweite Angleichung des Werkbegriffs der angewandten Kunst zu erreichen. Dies wäre besonders zur Angleichung des urheberrechtlichen Werkbegriffs und seiner Voraussetzungen angebracht. Eine Verordnung erscheint jedoch wohl nicht angemessen, da wegen der automatischen Entstehung des urheberrechtlichen Schutzes ein geringeres

---

[705] Lenz - Hetmeier, Art. 249 Rdnr. 19.

[706] EuGH Slg. 1989, 4407 ff., 4421 (Grimaldi/Fonds des maladies).

[707] Groeben - Schmidt, Art. 189 Rdnr. 1.

[708] S. hierzu insb.: Calliess/Ruffert - Ruffert, Art. 249 Rdnr. 121 ff.; Bleckmann, S. 180, Rdnr. 470 ff.

[709] S. oben: 2.3.A.II., S. 145 ff.

[710] S. oben: 2.3.A.I., S. 141 ff.

Bedürfnis nach unmittelbar einheitlichen Regelungen besteht als bei den gewerblichen Schutzrechten. Am angemessensten erscheint eine Entscheidung, die sich unmittelbar an Italien als das Land wendet, das in besonderem Maße von dem Verständnis des Werkbegriffs der angewandten Kunst gegenüber den anderen Mitgliedstaaten abweicht. Aber auch Empfehlungen und Stellungnahmen könnten dazu führen, daß die italienischen Gerichte bei der Auslegung des nationalen Rechts die Gültigkeit des Grundsatzes der Trennbarkeit[711] überdenken.

Eine Harmonisierung des Werkbegriffs im allgemeinen oder der angewandten Kunst ist nicht geplant.[712] Sie wäre aber wünschenswert. Die Bedeutung dieses Bereichs für den Gemeinsamen Markt wird jedoch nicht als vorrangig eingeschätzt. Außerdem können die EG-Kommission und der Ministerrat nicht so viel legislatorische Arbeit leisten wie der nationale Gesetzgeber, denn sie verfügen nicht über die personellen Kapazitäten, und es gibt eine Fülle zu regelnder Materien.[713] Entscheidend ist jedoch letztendlich, daß eine Handlungspflicht der Organe der Gemeinschaft zur Rechtsangleichung nicht besteht.

B. EINZELSTAATLICHE ANPASSUNGSPFLICHT ITALIENS AUS EG-VERTRAGLICHER TREUEPFLICHT (ART. 10 EG-VERTRAG)

Es könnte eine einzelstaatliche Pflicht Italiens zur Rechtsangleichung in bezug auf den Werkbegriff der angewandten Kunst gegeben sein. Diese könnte sich aus Art. 10 EGV ergeben. Art. 10 EGV sieht vor:

> „Die Mitgliedstaaten treffen alle geeigneten Maßnahmen allgemeiner oder besonderer Art zur Erfüllung der Verpflichtungen, die

---

[711] S. oben: 1.2.D.I.a)ii), S. 81 ff.

[712] S. oben: 1.3.A., S. 100 f.

[713] Rittner, JZ 1990, 838, 843.

sich aus diesem Vertrag oder aus Handlungen der Organe der Gemeinschaft ergeben. Sie erleichtern dieser die Erfüllung ihrer Aufgabe. Sie unterlassen alle Maßnahmen, welche die Verwirklichung der Ziele dieses Vertrags gefährden könnten."

I. Art. 10 EGV und die Gemeinschaftstreue

Art. 10 ist als Grundsatznorm des EG-Vertrags zu sehen und damit damit quasi die „Geschäftsgrundlage" des gesamten Integrationsprojekts.[714] Daher ist es wohl nicht verwunderlich, daß die Begrifflichkeit und die dogmatische Einordnung des Art. 10 EGV besonders umstritten sind. Ob und gegebenfalls welche Pflichten für die Mitgliedstaaten sich aus Art. 10 EGV herleiten lassen, läßt sich nur bestimmen, wenn die Begrifflichkeit des Art. 10 EGV umgrenzt wird. Dabei wird oftmals vertreten, daß der „Grundsatz der Gemeinschaftstreue" in Art. 10 EGV enthalten ist oder selbständig neben diesen tritt.

a) Schrifttum

Besonders das deutschsprachige Schrifttum geht zu einem großen Teil davon aus, daß Art. 10 EGV Ausdruck des Grundsatzes der Gemeinschaftstreue ist.[715] Dieser Grundsatz bedeutet gegenseitige Pflichten und Loyalität der Mitgliedstaaten und der Gemeinschaft, die dazu führen, daß jederzeit den gemeinsamen Interessen Rechnung zu tragen und das Gemeinschaftsrecht nicht zu umgehen ist.[716] Er lehnt sich an den „Grundsatz der Bundestreue"[717] an. Diese Anlehnung an die Bundestreue sei gerechtfertigt „wegen der präföderalen Struktur der Europäischen Gemeinschaft beziehungsweise aufgrund ihrer ‚quasibündischen' Natur, der diesen Grundsatz begriffsnotwendig enthalte"[718]. Er

---

[714] Calliess/Ruffert - Kahl, Art. 10 Rdnr. 11.

[715] S. z.B.: Bleckmann, DVBl. 1976, 483, 486 f.; Däubler, NJW 1968, 325, 326; Groeben - Zuleeg, Art. 5 Rdnr. 1 ff.; Hilf, ZaöRV 35, 51, 58; Zweigert, RabelsZ 28, 601, 620.

[716] Söllner, S. 10.

[717] S. zum Grundsatz der Bundestreue: Bauer, S. 1 ff.

[718] Söllner, S. 11 m.w.N.; Zweigert, RabelsZ 28, 601, 620.

führe zu einer Vielzahl von Pflichten, dabei unter anderem zur Funktionssicherungspflicht durch die Mitgliedstaaten, zu Informationspflichten und Kooperationspflichten.[719] Dabei wird zum Teil Art. 10 EGV nur als Teil der Gesamtheit des Grundsatzes der Gemeinschaftstreue verstanden.[720] Verschiedentlich wird vertreten, der Grundsatz der Gemeinschaftstreue stelle ein ungeschriebenes Verfassungsprinzip der Gemeinschaft dar.[721] Zum Teil wird aber auch davon ausgegangen, daß Art. 10 EGV Ausdruck des Grundsatzes der Gemeinschaftstreue sei und nicht darüber hinausgehe, also der Grundsatz damit sozusagen als Synonym zu Art. 10 EGV zu verstehen sei.[722]

Die Existenz eines solchen Grundsatzes wird jedoch auch abgelehnt.[723] Dabei wird darauf verwiesen, daß die Europäische Gemeinschaft kein Bundesstaat sei und es Bundestreue nur in Bundesstaaten geben könne.[724] Eine analoge Anwendung des Grundsatzes der Bundestreue sei abzulehnen, da der Europäischen Gemeinschaft insbesondere das wesentliche Merkmal der Staatlichkeit fehle.[725] Außerdem sei der Grundsatz der Gemeinschaftstreue zu unbestimmt, um aus ihm Rechte und Pflichten abzuleiten. Eine andere Ansicht verwirft nicht die Idee des Grundsatzes der Gemeinschaftstreue als solche, sondern vielmehr die Benennung. So wird dann beispielsweise von Loyalitätspflicht[726] und ähnlichem gesprochen.

Die Lehre im nicht-deutschsprachigen Raum kennt den Begriff des Grundsatzes der Gemeinschaftstreue, der ja der Bundestreue nachempfunden ist, nicht, da diese im wesentlichen wegen ihrer andersartigen

---

[719] S. hierzu ausführlich: Söllner, S. 15 ff.; Bleckmann, DVBl. 1976, 483, 486 f.

[720] So: Bleckmann, S. 252, Rdnr. 704.

[721] So: Däubler, NJW 1968, 325, 326; Hilf, ZaöRV 35, 51, 58.

[722] So: Söllner, S. 28.

[723] S. z.B.: Epiney, EuR 1994, 301, 312.

[724] Groeben (2. Auflage) - Härringer, Art. 5 Rdnr. 1 ff.

[725] Feige, S. 90 m.w.N.

[726] Jarass, S. 6.

staatlichen Organisation schon den Grundsatz der Bundestreue nicht kennt.[727]

b) Rechtsprechung

Der Europäische Gerichtshof hat im Zusammenhang mit Art. 10 EGV zunächst für die Mitgliedstaaten eine gewisse Verpflichtung zur Solidarität[728] gesehen und im Verlauf der Jahre von „Pflicht zur Solidarität“[729], „Pflicht zur loyalen Zusammenarbeit“[730], „Grundsatz loyaler Zusammenarbeit“[731], „Grundsatz der Mitwirkungspflicht“[732] und ähnlichen Begriffen gesprochen. Der Begriff „Gemeinschaftstreue“ wurde vom Europäischen Gerichtshof nie verwendet. Ebensowenig läßt sich eine Pflicht zur Gemeinschaftstreue aus der Rechtsprechung des Europäischen Gerichtshofs ableiten,[733] denn soweit den Mitgliedstaaten Pflichten zur Zusammenarbeit und Solidarität auferlegt werden, stützt der Europäische Gerichtshof diese auf Art. 10 EGV.[734]

c) Folgerungen

Der Grundsatz der Gemeinschaftstreue ist ein Produkt des deutschen Schrifttums. Weder das nicht-deutschsprachige Schrifttum noch der Europäische Gerichtshof geht von diesem Konzept bei der Beurteilung der Pflichten der Mitgliedstaaten aus.

Inwieweit der Grundsatz der Gemeinschaftstreue existiert und in Art. 10 EGV enthalten ist, ist daher fraglich. Es ist wohl eher davon aus-

---

[727] S. Calliess/Ruffert - Kahl, Art. 10 Rdnr. 5.

[728] EuGH Slg 1969, 523, 540 (Kommission/Frankreich).

[729] EuGH Slg. 1973, 101, 115 (Kommission/Italien).

[730] EuGH Slg. 1983, 255, 287 (Luxemburg/Parlament).

[731] EuGH Slg. 1989, 3677, 3706 (Italien/Kommission).

[732] EuGH Slg. 1990, 2433 (Factortame I).

[733] Calliess/Ruffert - Kahl, Art. 10 Rdnr 1 f.; Söllner, S. 26; a.A.: Bleckmann, RIW/AWD 1981, 653.

[734] S. z.B.: EuGH Slg. 1973, 101, 115 (Kommission/Italien).

zugehen, daß entsprechend der Rechtsprechung des Europäischen Gerichtshofs nicht von einem Grundsatz der Gemeinschaftstreue auszugehen und dieser nicht in Art. 10 EGV enthalten ist. Jedenfalls gibt es keinen ungeschriebenen weiterreichenden Pflichtenkreis der Mitgliedstaaten über Art. 10 EGV hinaus. Alle Pflichten der Mitgliedstaaten ergeben sich daher lediglich aus Art. 10 EGV.[735]

II. Pflichten der Mitgliedstaaten im allgemeinen

Zunächst hatte der Europäische Gerichtshof dem Art. 10 EGV keine selbständige Bedeutung, das heißt keine unmittelbare Wirkung zugesprochen, sondern ist davon ausgegangen, daß Art. 10 EGV lediglich deklaratorischen Charakter habe.[736] Nach nunmehr fast einhelliger Meinung in Schrifttum[737] und Rechtsprechung[738] begründet Art. 10 EGV eine echte Rechtspflicht für die Mitgliedstaaten. Auf der Grundlage des Art. 10 EGV hat der Europäische Gerichtshof verschiedene Pflichten der Mitgliedstaaten angenommen, die im übrigen Gemeinschaftsrecht jedenfalls nicht explizit angelegt sind.

Als verfahrensrechtliche Pflichten sind zu nennen die Konsultations-, Auskunfts-, Geheimhaltungs- und Informationspflichten[739] der Mitgliedstaaten.[740] Der Europäische Gerichtshof hat auch weitere Kooperationspflichten der Mitgliedstaaten gegenüber der Gemeinschaft angenommen.[741] Vor allem besteht für die Mitgliedstaaten damit die Pflicht, den internen Funktionsablauf der Gemeinschaft nicht zu behindern.[742]

---

735 S. zu diesen Pflichten unten: 2.3.B.II., S. 153 f.

736 S. z.B.: EuGH Slg. 1973; 1135, 1151 ff. (Schlüter/Hauptzollamt Lörrach).

737 Jarass, S. 6 ff.; Groeben - Zuleeg, Art. 5 Rdnr. 2; Pescatore, EuR 1970, 307, 322; Epiney, EuR 1994, 311 ff.; a.A.: Lück, S. 107 ff.

738 S. oben: 2.3.B.I.b), S. 152.

739 S. z.B.: EuGH Slg. 1982, 1791, 1833 (Kommission/Niederlande).

740 S. hierzu ausführlich: Söllner, S. 51 ff.

741 S. z.B.: EuGH Slg. 1976, 1279, 1312 f. (Kramer).

742 EuGH Slg. 1981, 2205 ff., 2218 f. (Lord of Donington/Aspden).

Ferner obliegen den Mitgliedstaaten auch materielle Pflichten. Zum einen ergibt sich die Pflicht zur Umsetzung und Anpassung der Rechtsangleichungsmaßnahmen der Gemeinschaft aus Art. 10 I EGV.[743] Des weiteren sind die Mitgliedstaaten verpflichtet, ihr nationales Recht gemeinschaftskonform auszulegen,[744] Rechtsschutz zu gewähren[745] und während der Umsetzungsfrist einer Richtlinie den Erlaß von Vorschriften zu unterlassen, die das in der Richtlinie angestrebte Ziel in Frage stellen.[746]

Auch wird von einer gewissen Anpassungspflicht der Mitgliedstaaten ausgegangen, wenn die Gemeinschaftsorgane keine Regelung zur besagten Materie getroffen haben.[747] Insbesondere in bezug auf die Niederlassungsfreiheit[748] hat der Europäische Gerichtshof sich dafür ausgesprochen, daß in Ermangelung anderweitiger Regelungen des Gemeinschaftsrechts die Mitgliedstaaten aus Art. 10 EGV verpflichtet sind, „die Verwirklichung dieser Zielsetzung sicherzustellen".[749] Der Europäische Gerichtshof hat hierzu ausgeführt, daß

> „... die Freiheit der Niederlassung unter Beachtung im Allgemeininteresse gerechtfertigter Berufsregelungen zu den Zielen des Vertrags gehört. Soweit das Gemeinschaftsrecht hierzu selbst nichts bestimmt, kann es sich ergeben, daß die Verwirklichung dieser Zielsetzung durch Maßnahmen der Mitgliedstaaten erfolgt. Diesen obliegt nach Artikel 5 des Vertrages,[750] ‚alle geeigneten Maßnahmen allgemeiner oder besonderer Art zur Erfüllung der Verpflichtungen, die

---

[743] Calliess/Ruffert - Kahl, Art. 10 Rdnr. 19.

[744] Samtleben, RabelsZ 45, 218, 248; Bleckmann, RIW/AWD 1981, 653, 654 m.w.N.

[745] EuGH Slg. 1976, 1989, 1998 (Rewe/Landwirtschaftskammer).

[746] EuGH Slg. 1997, 7411, 7446 (Inter-Environnement).

[747] S. z.B.: EuGH Slg. 1978, 417, 447 (Kommission/Irland); 1981, 1045, 1075 (Kommission/Großbritannien).

[748] EuGH Slg. 1977, 765, 777 (Thieffry); s. auch: EuGH Slg. 1974, 631 ff. (Reyners).

[749] Zur Ansicht des Schrifttums zu den Rechtssetzungspflichten der Mitgliedstaaten s. unten: 2.3.B.III., S. 156 ff.

[750] Dies ist die alte Fassung des nunmehr gültigen Art. 10 EGV.

sich aus dem Vertrag oder aus Handlungen der Organe der Gemeinschaft ergeben', zu treffen und ‚alle Maßnahmen, welche die Verwirklichung der Ziele dieses Vertrages gefährden könnten', zu unterlassen. Die tatsächliche Ausübung der in Artikel 52 vorgesehenen Niederlassungsfreiheit darf also, wenn diese Freiheit in einem Mitgliedstaat auf der Grundlage der geltenden Rechtsvorschriften oder auf der Grundlage der Praktiken der öffentlichen Verwaltung oder berufsständischer Organisationen gewährleistet werden kann, einer dem Gemeinschaftsrecht unterstehenden Personen nicht allein deshalb verwehrt werden, weil die in Artikel 57 des Vertrages vorgesehenen Richtlinien für einen bestimmten Beruf noch nicht erlassen worden sind. Da sich der tatsächliche Gebrauch der Niederlassungsfreiheit demnach unter gewissen Umständen nach den innerstaatlichen Rechtsvorschriften und Praktiken richten kann, haben die zuständigen öffentlichen Stellen – einschließlich der gesetzlich anerkannten Organisationen des Berufsstandes – sicherzustellen, daß diese Rechtsvorschriften und Praktiken in einer den Zielen der Vertragsbestimmungen über die Niederlassungsfreiheit entsprechenden Weise angewendet werden."[751]

Inwieweit dieses Urteil den Mitgliedstaaten zukünftig eine echte Rechtsetzungspflicht[752] auferlegt, ist fraglich. Jedenfalls haben die Mitgliedstaaten über die bloße Anerkennung der Niederlassungsfreiheit hinaus die Pflicht, alle Mittel einzusetzen, um die Niederlassungsfreiheit durchzusetzen.[753] Dies könnte auch geschehen durch Erlaß eines diesbezüglichen Gesetzes oder durch die Aufhebung der entgegenstehenden Gesetze.[754]

Art. 10 EGV begründet also unter bestimmten Voraussetzungen[755] autonome zusätzliche Pflichten der Mitgliedstaaten, die im Recht der

---

[751] EuGH Slg. 1977, 765, 777 f. (Thieffry).

[752] So: Söllner, S. 72.

[753] Söllner, S. 72 m.w.N.

[754] Goose, RIW/AWD 1975, 36, 39.

[755] S. hierzu auch unten: 2.3.B.III.b), S. 158 f.

Europäischen Gemeinschaft im übrigen nicht ausdrücklich normiert sind.[756] Art. 10 hat insoweit eine Lückenschließungsfunktion.[757]

III. Anpassungspflicht des Art. 10 EG-Vertrag

Nach den oben dargelegten Pflichten der Mitgliedstaaten[758] könnte sich eine Pflicht Italiens ergeben, seinen urheberrechtlichen Werkbegriff der angewandten Kunst anzupassen.

a) Vergleich der hier vorliegenden Ausgangslage mit den vom EuGH angenommenen Pflichten der Mitgliedstaaten aus Art. 10 EGV

Eine besondere legislative Kooperationspflicht ist bisher nur in Fällen angenommen worden, in denen die Rechtsordnungen der Mitgliedstaaten vom primären Gemeinschaftsrecht abweichen, wie zum Beispiel bei der Niederlassungsfreiheit der Art. 43 ff. EGV.[759] Ferner ist in Teilen der Literatur die Meinung vertreten worden, daß die Mitgliedstaaten eine Rechtssetzungspflicht in den Bereichen der Dienstleistungsfreiheit[760] sowie des Kartellrechts[761] treffen sollte.[762]

Eine Rechtssetzungspflicht im Rahmen des Urheberrechts oder im Zusammenhang mit dem Grundsatz der Erschöpfung ist in der Rechtsprechung sowie in der Lehre bisher nicht diskutiert worden. Das heißt, eine legislative Handlungspflicht der Mitgliedstaaten aus Art. 10 EGV ist lediglich in den Fällen angewandt oder zumindest diskutiert worden,

---

[756] Calliess/Ruffert - Kahl, Art. 10 Rdnr. 15.

[757] Calliess/Ruffert - Kahl, Art. 10 Rdnr. 15.

[758] S. oben: 2.3.B.II., S. 141 f.

[759] S.: EuGH Slg. 1977, 765, 777 (Thieffry).

[760] Steindorff, ZHR 139, 249, 255 f.; s. auch: Goose, RIW/AWD 1975, 36, 40 m.w.N.

[761] So insb.: Dreher, JZ, 1999, 104, 107; Dreher, AG 1993, 437, 447; Dreher, Schwerpunkte des Kartellrechts S. 1, 11; Steindorff, Schwerpunkte des Kartellrechts S. 27, 54; a.A.: Lenz, Schwerpunkte des Kartellrechts, S. 25, 30 f.

[762] A.A.: Ipsen, EuR 1978, 199, 239, der eine Rechtssetzungspflicht erst nach vorausgegangenen gemeinschaftsrechtlichen Koordinierungsmaßnahmen annimmt.

in denen unmittelbar im EG-Vertrag gemeinsame Regeln verankert sind[763] und damit das entsprechende nationale Recht gegen diese Regeln verstößt.

Das Urheberrecht ist nicht in diesem Sinne im EG-Vertrag verankert. Vielmehr war sogar früher zweifelhaft, ob das Gemeinschaftsrecht überhaupt auf das Urheberrecht anwendbar ist.[764] Da nunmehr aber doch unzweifelhaft das Gemeinschaftsrecht auf das Urheberrecht Anwendung findet, ist zu fragen, inwieweit eine Verpflichtung der Mitgliedstaaten aus Art. 10 EGV gegeben sein könnte.

Die Ausgangslage einer solchen Rechtssetzungspflicht wäre jedoch eine ganz andere als bisher für Art. 10 EGV diskutiert. Bisher wurde eine Anpassung der nationalen Gesetze an die Vorschriften der Europäischen Gemeinschaft diskutiert. In diesem Fall liegen Vorschriften der Europäischen Gemeinschaft nicht direkt vor. Vielmehr weicht ein einziges Land von dem Standard ab, den die übrigen nationalen Rechtsordnungen vorgegeben haben, und dieser praktisch geschaffene und hier durchbrochene Standard könnte als eine relevante Abweichung von der Gemeinschaftsrechtsordnung angesehen werden. Nationale Normen dürfen gemäß Art. 10 EGV die Gemeinschaftspolitik nicht unterlaufen oder behindern[765] und müssen gemeinschaftsverträglich sein[766].

„Auch wenn es sich um autonome Rechtsordnungen handelt, sind sie doch so eng miteinander verbunden, daß sie sich gegenseitig beeinflussen und die Funktionsfähigkeit der Gemeinschaftsrechtsordnung und damit der Gemeinschaft selbst von der Kooperation mit den nationalen Rechtsordnungen abhängt.“[767] Dies zeigt sich deutlich am Beispiel der gemeinschaftsweiten Erschöpfung und der sich daraus ergebenden urhe-

---

[763] S. zur Niederlassungsfreiheit Art. 43-48 EGV, zum freien Dienstleistungsverkehr Art. 49-55 EGV sowie zu den Wettbewerbsregeln Art. 81-89 EGV.

[764] S. zu dieser Diskussion oben: 2.1.A., S. 126 ff.

[765] Streinz, FS Söllner, S. 1139, 1156.

[766] Bach, WuW 1992, 571, 574.

[767] Epiney, EuR 1994, 301, 313.

berrechtlichen Lücke im Schutz der Werke der angewandten Kunst.[768] Denn die Funktionsfähigkeit der Gemeinschaft in bezug auf den Schutz der Werke der angewandten Kunst ist insoweit gestört, als durch die Vereinheitlichung der Gemeinschaftsrechtsordnung einerseits und dem Fortbestehen der nationalen Rechtsordnungen anderseits Lücken entstehen, die wiederum zu einem Ungleichgewicht innerhalb der Gemeinschaft führen.

b) Voraussetzungen einer Rechtspflicht

Der Tatbestand einer Rechtspflicht ist jedoch nur unter gewissen Voraussetzungen gegeben. Dabei unterscheidet der EuGH im wesentlichen nicht zwischen der Handlungspflicht des Art. 10 I 1 EGV und der Unterstützungspflicht des Art. 10 I 2 EGV, sondern faßt sie als Mitwirkungspflicht zusammen.[769] Und ebensowenig unterscheidet der EuGH zwischen der Mitwirkungspflicht und der Unterlassungspflicht des Art. 10 II EGV, sondern bezieht sich meist auf Art. 10 EGV in seiner Gesamtheit.[770]

Zunächst muß eine Pflicht, die sich auf Art. 10 EGV stützt, die Funktionsfähigkeit der Gemeinschaft gegenüber den Mitgliedstaaten absichern, das heißt sie muß unter anderem der Realisierung der mit materiellem Gemeinschaftsrecht angestrebten Regelungslage dienen.[771] Diese Funktionssicherung muß akzessorisch sein, daß heißt die Pflicht aus Art. 10 EGV kann nur gegeben sein, wenn sich im Rahmen des Anwendungsbereichs des EG-Vertrags ein Zusammenhang zu den Zielen oder den Rechtsakten der Gemeinschaft herstellen läßt.[772]

Ferner muß sich eine solche Rechtspflicht mit hinreichender Bestimmtheit ermitteln lassen. In der Lehre wird dabei oftmals von einer

---

[768] S. oben: 1.4.B., S. 120 f.

[769] S.: EuGH Slg. 1976, 2043, 2053 (Comet).

[770] Grabitz/Hilf - von Bogdandy, Art. 5 Rdnr. 25.

[771] Grabitz/Hilf - von Bogdandy, Art. 5 Rdnr. 13.

[772] Grabitz/Hilf - von Bogdandy, Art. 5 Rdnr. 14.

Konkretisierung gesprochen.[773] Es bedarf also eines Zusammenwirkens des Art. 10 EGV mit einer hinreichend präzisen und unbedingten Bestimmung des Primärrechts, des Sekundärrechts, lediglich politisch verbindlichen Erklärungen oder völkerrechtlichen Abkommen.[774] Jedoch begründet das Ziel des Binnenmarkts keine hinreichende Bestimmung, und es reicht generell nicht aus, daß der EG-Vertrag von den Mitgliedstaaten nicht weiter umschriebene Entscheidungen verlangt.[775]

Zu beachten ist auch, daß die Grenzen der innergemeinschaftlichen Funktionsverteilung und des Art. 5 EGV gewahrt werden müssen. Die mitgliedstaatliche Handlungsfreiheit ist begrenzt, wenn die Organe der Gemeinschaft an Rechtsangleichungsvorschlägen auf gerade diesem Gebiet arbeiten oder bereits Rechtsangleichungsmaßnahmen erlassen wurden.[776] Zum Teil wird in dieser Situation auch von einer sogenannten Stand-still-Verpflichtung oder einer Konsultationsverpflichtung der Mitgliedstaaten gegenüber der Gemeinschaft ausgegangen.[777]

c) Folgerungen

Inwieweit nach diesen Voraussetzungen des Art. 10 EGV eine Anpassungspflicht für Italien gegeben ist, ist fraglich.

Zwar liegt kein Subsidiaritätsproblem im Sinne des Art. 5 EGV vor, da Italien jedenfalls nicht wegen Rechtsangleichungsvorschlägen Grenzen in bezug auf eine etwaige Handlungsverpflichtung gesetzt sind. Denn auch wenn man davon ausgeht, daß mit der Geschmacksmusterrichtlinie und der Diskussion des Designrechts sui generis[778] eine Arbeit an Vorschlägen für eine Erneuerung des urheberrechtlichen Werkbe-

---

[773] So z.B.: Calliess/Ruffert - Kahl, Art. 10 Rdnr. 15.

[774] Calliess/Ruffert - Kahl, Art. 10 Rdnr. 15.

[775] Grabitz/Hilf - von Bogdandy, Art. 5 Rdnr. 18.

[776] S.: Söllner, S. 61 m.w.N.

[777] S. hierzu: Grabitz/Hilf - v. Bogdandy, Art. 5 Rdnr 22 f.; Calliess/Ruffert - Kahl, Art. 10 Rdnr. 19 ff.

[778] S. oben: 1.3.D., S. 108 f.

griffs der angewandten Kunst gegeben war, ist dies jedenfalls mit Verwerfung des Designrechts sui generis und dem Erlaß der Geschmacksmusterrichtlinie, die keine Vorgabe enthält, wie Werke der angewandten Kunst urheberrechtlich zu schützen sind,[779] nunmehr nicht mehr der Fall. Und es läßt sich auch nicht erkennen, daß Italien sonstige Grenzen der innergemeinschaftlichen Funktionsverteilung gesetzt sind.

Ferner ist das geistige Eigentum von der Gemeinschaftsrechtsordnung gewährleistet. Der Schutz des geistigen Eigentums ist als Teil der gemeinschaftsweiten Werteordnung zu verstehen und genießt Grundrechtsschutz im Sinne des Art. 6 II EUV.[780] Zudem ist das geistige Eigentum als Teil des gewerblichen und kommerziellen Eigentums im Sinne des Art. 30 EGV zu sehen.

Ebenso mag eine Anpassungspflicht Italiens der Realisierung der mit materiellem Gemeinschaftsrecht angestrebten Regelungslage dienen. Denn das Ziel des Gemeinsamen Markts verlangt, daß „in einer wettbewerbsbezogenen und freiheitlichen Perspektive die rechtlichen Rahmenregeln der ökonomischen Prozesse in der Union so gestaltet sind, daß die Marktteilnehmer überall entweder gleiche Regeln vorfinden oder aber verbleibende Differenzen ohne Einfluß auf ihre ökonomischen Entscheidungen sind“.[781]

Aber daraus allein läßt sich jedoch kein Zusammenhang mit den Zielen oder den Rechtsakten der Gemeinschaft herstellen. Denn das Ziel des Binnemarkts allein begründet keine Rechtspflicht durch Art. 10 EGV.[782] Es fehlt an der unmittelbaren Verankerung des Schutzes des geistigen Eigentums beziehungsweise der angewandten Kunst im Gemeinschaftsrecht, so wie dies zum Beispiel bei der Niederlassungsfreiheit der Fall ist. Eine Verpflichtung aus Art. 10 EGV scheint nur dann

---

[779] S. oben. 2.2., S. 135 ff.

[780] Milczewski, S. 42; Müller-Michaels, S. 37; Calliess/Ruffert - Kingreen, Art. 6 EUV Rdnr. 98.

[781] Grabitz/Hilf - v. Bogdandy, Art. 2 Rdnr. 38.

[782] Grabitz/Hilf - v. Bogdandy, Art. 5 Rdnr. 18.

geboten, wenn das nationale Recht in Widerspruch zum Gemeinschaftsrecht steht. Auch wenn sich eine gewisse Gemeinschaftskonformität dahingehend abzeichnet, daß die meisten Mitgliedstaaten (mit Ausnahme von Italien) unter bestimmten Voraussetzungen Werke der angewandten Kunst für urheberrechtlich schutzwürdig erachten, so ist dies jedenfalls eine lediglich faktische und wohl zufällige „Gemeinschaftskonformität". Diese Gemeinschaftskonformität drückt aber lediglich die übereinstimmende Haltung der nationalen Staaten zum Werkbegriff der angewandten Kunst aus und ist nicht als Gemeinschaftsrecht zu beurteilen. Es liegt somit nicht der Fall vor, daß ein Mitgliedstaat von dem Gemeinschaftsrecht per se abweicht, sondern von der Gesamtheit anderer, ähnlicher Rechtsordnungen im übrigen EG-Territorium. Und obwohl das Zusammenwachsen im Bereich des Urheberrechts eine wichtige Voraussetzung für einen vollendeten Binnenmarkt darstellt,[783] läßt sich keine Verpflichtung Italiens ableiten, sich diesem Mindeststandard, den die anderen Mitgliedstaaten vorgeben, anzupassen.

IV. Ergebnis

Es läßt sich aus Art. 10 EGV keine unmittelbare Pflicht Italiens zur Anpassung herleiten wie dies in einem anderen Fall in bezug auf das Niederlassungsrecht vom EuGH bereits angenommen wurde[784] und in bezug auf das Dienstleistungs- und das Kartellrecht zu Recht von einem Teil der Literatur[785] angenommen wird.[786]

---

[783] Buck, EWS 1991, 329 ff.

[784] S. oben: 2.3.B.II., S. 153 f.

[785] S. oben: 2.3.B.III.a), S. 156 f.

[786] Denn im Gegensatz zu der hier vorliegenden Ausgangslage zählen das Dienstleistungs- und das Kartellrecht unmittelbar zu den Zielen des EG-Vertrags. Im EG-Vertrag sind in den Art. 49-55 EGV und den Art. 81-89 EGV ähnlich dem Niederlassungsrecht Regeln verankert. Damit läßt sich eine Parallele zur Niederlassungsfreiheit ziehen, bezüglich derer der EuGH eine Handlungspflicht aus Art. 10 EGV hergeleitet hat. S. hierzu oben: 2.3.B.II., S. 153 f.

C. FOLGERUNGEN

Eine einzelstaatliche Anpassungspflicht Italiens bezüglich des Werkbegriffs der angewandten Kunst aus Art. 10 EGV ist nicht gegeben. Damit erfordert eine Rechtsangleichung des italienischen Urheberrechts einen Rechtsakt der Gemeinschaft, sofern Italien nicht von sich aus die Notwendigkeit einer Rechtsanpassung sieht und diese unaufgefordert vornimmt.

Es obliegt damit der Kommission, eine Angleichungsmaßnahme vorzuschlagen. Zur Vereinheitlichung des Werkbegriffs der angewandten Kunst sind alle Instrumentarien des EG-Vertrags[787] geeignet. Da hier nur ein Mitgliedstaat von einem sonst zumindest einheitlichen Mindeststandard abweicht, erscheint es besonders angemessen, diejenige Rechtsangleichungsmaßnahme zu wählen, die sich unmittelbar und ausschließlich an diesen Mitgliedstaat wendet. Es sollte eine sogenannte Entscheidung[788] ergehen, die Italien auferlegt, den Werkbegriff der angewandten Kunst neu zu regeln oder zumindest das Kriterium der Trennbarkeit als Schutzvoraussetzung entfallen zu lassen, damit jedenfalls auch dreidimensionale Werke der angewandten Kunst vom italienischen Urheberrechtsschutz erfaßt werden.

Dies verspricht eine relativ schnelle Schließung der Lücke, die durch die italienische Gesetzgebung und Rechtsprechung gemeinschaftsweit entsteht, mit dem geringstmöglichen Aufwand, da nicht wie bei einer Richtlinie eine gemeinschaftsweite Angleichung vorgenommen werden muß. Aber es bleibt zu bedenken, daß eine Handlungspflicht der Gemeinschaftsorgane nicht gegeben ist, so daß eine derartige Entscheidung nicht erzwingbar ist.

---

[787] S. oben: 2.3.A.II., S. 145 ff.

[788] S. oben: 2.3.A.II., S. 147.

4. ZUSAMMENFASSUNG DES ZWEITEN TEILS

Die Lücke, die in bezug auf den gemeinschaftsweiten Schutz der Werke der angewandten Kunst gegeben ist, kann derzeit nicht ohne weiteres geschlossen werden. Denn im Ergebnis hat die Erschöpfungslehre Gültigkeit. Und es läßt sich aus Art. 17 der Geschmackmusterrichtlinie[789] keine Verpflichtung Italiens zur Anpassung seiner urheberrechtlichen Regelungen der angewandten Kunst herleiten. Auch eine einzelstaatliche Anpassungspflicht Italiens aus EG-vertraglicher Treuepflicht ist nicht gegeben.

Wenn Italien nicht von sich aus die Notwendigkeit zur Anpassung seiner urheberrechtlichen Regelungen der angewandten Kunst sieht und eine solche Anpassung vornimmt, kann Italien zur Schließung der Schutzlücke künftig nur durch Rechtsangleichungsmaßnahmen der Gemeinschaft gezwungen werden. Dabei erscheint eine Rechtsangleichungsmaßnahme in Form einer Entscheidung im Sinne des Art. 249 IV EGV besonders geeignet.

---

[789] Richtlinie 98/71/EG des europäischen Parlaments und des Rates v. 13. Oktober 1998 über den rechtlichen Schutz von Mustern und Modellen (ABlEG Nr. L 289, 28), abgedruckt in: GRUR Int. 1998, 959 ff.

„Aus Art. 10 EGV folgt die Pflicht des nationalen Gesetzgebers, ‚in seinem innerstaatlichen Recht die Konsequenzen aus seiner Zugehörigkeit zur Gemeinschaft zu ziehen'."[790]

Art. 10 EGV darf jedoch nicht als Allheilmittel für alle möglichen – oder vermeintlichen Gebrechen – angesehen werden.[791]

DRITTER TEIL

ENDERGEBNIS

Das Urheberrecht bleibt in bezug auf Werke der angewandten Kunst weiter gemeinschaftsweit uneinheitlich. Der Europäische Gerichtshof verfolgt das Ziel, durch die gemeinschaftskonforme Auslegung dieser Rechte in Zusammenhang mit Art. 30 EGV Abschottungen nationaler Märkte zu vermeiden. Dadurch ist jedoch eine Regelungslücke entstanden, die ohne weitere Maßnahmen durch die Gemeinschaftsorgane oder ein eigenes unaufgefordertes Handeln des Mitgliedstaats, durch das die Lücke entsteht, nicht geschlossen werden kann. Die gemeinschaftsrechtlichen Regelungen bieten kein unmittelbares „Heilmittel" für diese Lage.

---

[790] Calliess/Ruffert - Kahl, Art. 10 Rdnr. 19.

[791] Lenz, Schwerpunkte des Kartellrechts, S. 25, 31.

Diese Lücke führt zu einigen unerwünschten Ergebnissen. Mit der Duldung der Lücke im gemeinschaftsweiten Schutz der angewandten Kunst schafft die Europäische Gemeinschaft die Möglichkeit, daß die Schutzfähigkeit der Werke der angewandten Kunst in anderen Rechtsordnungen der EG-Mitgliedstaaten unterlaufen wird.

Italien hat in mehreren Bereichen des gewerblichen Rechtsschutzes und des Urheberrechts gezeigt, daß es zu einem eher schwach ausgeprägten Schutz neigt. Dies belegt auch die Frage der Patentierbarkeit von pharmazeutischen Produkten in Italien.[792]

Es erscheint widersprüchlich und kontraproduktiv, daß Italien, als ein Land, das so viele Designer hervorbringt, an der Verweigerung des Schutzes für dreidimensionale Werke der angewandten Kunst festhält. Damit wird die Produktpiraterie nicht nur in Italien begünstigt, sondern gemeinschaftweit, wenn das Werk erstmals in Italien in Verkehr gebracht wird.

Ferner drängt die Erschöpfungslehre den Urheber zum „copyright shopping“, da er eigenverantwortlich den bestmöglichen Ausgleich für seine schöpferische Tätigkeit unter den schutzfreundlichen Rechtsordnungen zu suchen hat. Dies wiederum kann auch zu einer Segmentierung der Märkte führen.

Aber wenigstens ein kleiner Lichtblick verbleibt. Es kann zumindest ein Urteil über Werke, die in einem anderen Mitgliedstaat urheberrechtlich geschützt sind, in Italien vollstreckt werden, auch dann, wenn ein urheberrechtlicher Schutz für diese Werkart in Italien nicht besteht. Der EuGH entschied, daß eine Berufung auf den italienischen ordre public nicht begründet sei.[793]

---

[792] Pharmazeutische Produkte waren für lange Zeit nicht vom Patentschutz erfaßt und unterlagen damit der gemeinschaftsweiten Erschöpfung wie Werke der angewandten Kunst. S.: EuGH Slg. 1996, 6285, 6293, 6304 (Merck II); s. auch: EWG-Verordnung Nr. 1768/92 des Rates v. 18. Juni 1992 über die Schaffung eines ergänzenden Schutzzertifikats für Arzneimittel (ABlEG 1992 L 182, 1). Hierzu auch: Britton/Karet, (1997) 4 EIPR 207 ff.

[793] Urteil v. 11. Mai 2000, C-38/98.

ANHANG

Ich bedanke mich ganz herzlich bei den Museen für angewandte Kunst in Frankfurt und Köln, die mir freundlicherweise die als Anhang beigefügten Bilder zur Verfügung gestellt haben.

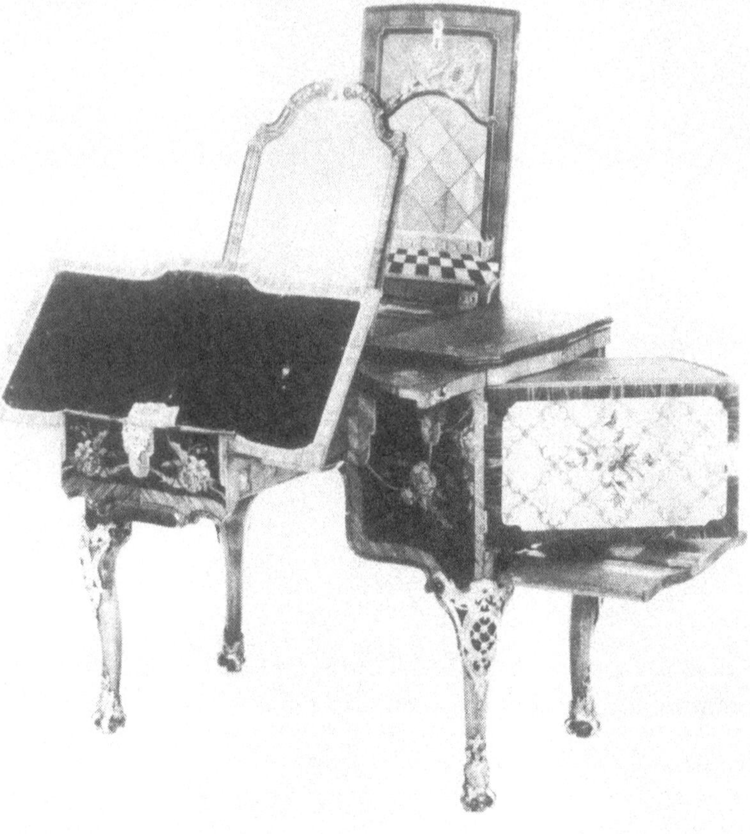

Abbildung 1:

Toilettentisch von Abraham und David Roentgen, Neuwied um 1769

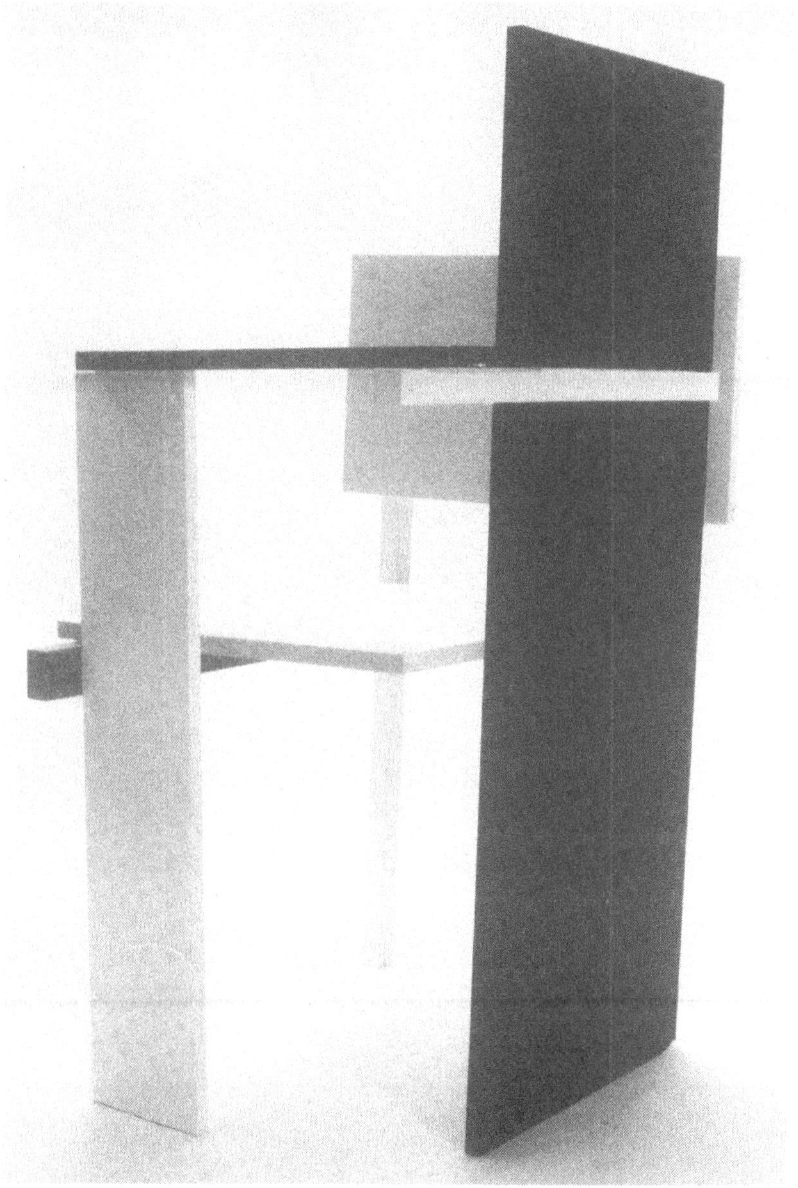

Abbildung 2:

Berliner Stuhl von Gerrit Thomas Rietveld, Niederlande 1923

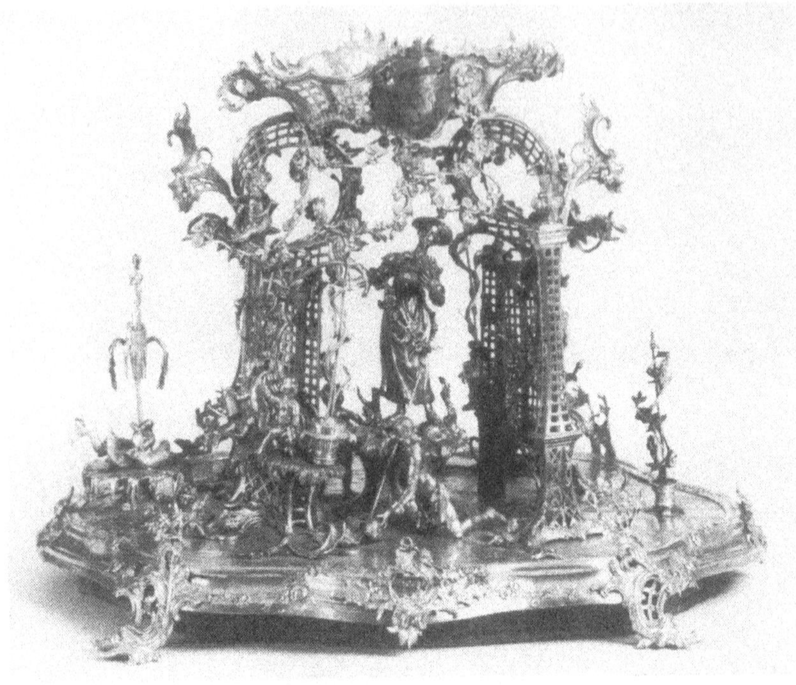

Abbildung 3:

Tafelaufsatz, Augsburg 1757-1759

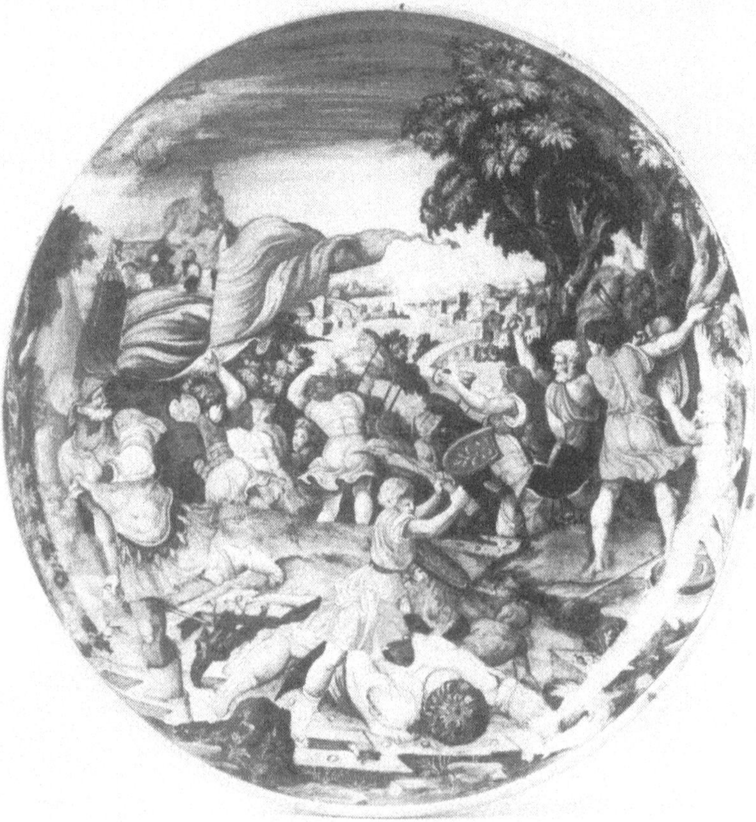

Abbildung 4:

Schale David gegen Goliath von Orazio Fontana, Urbino um 1555

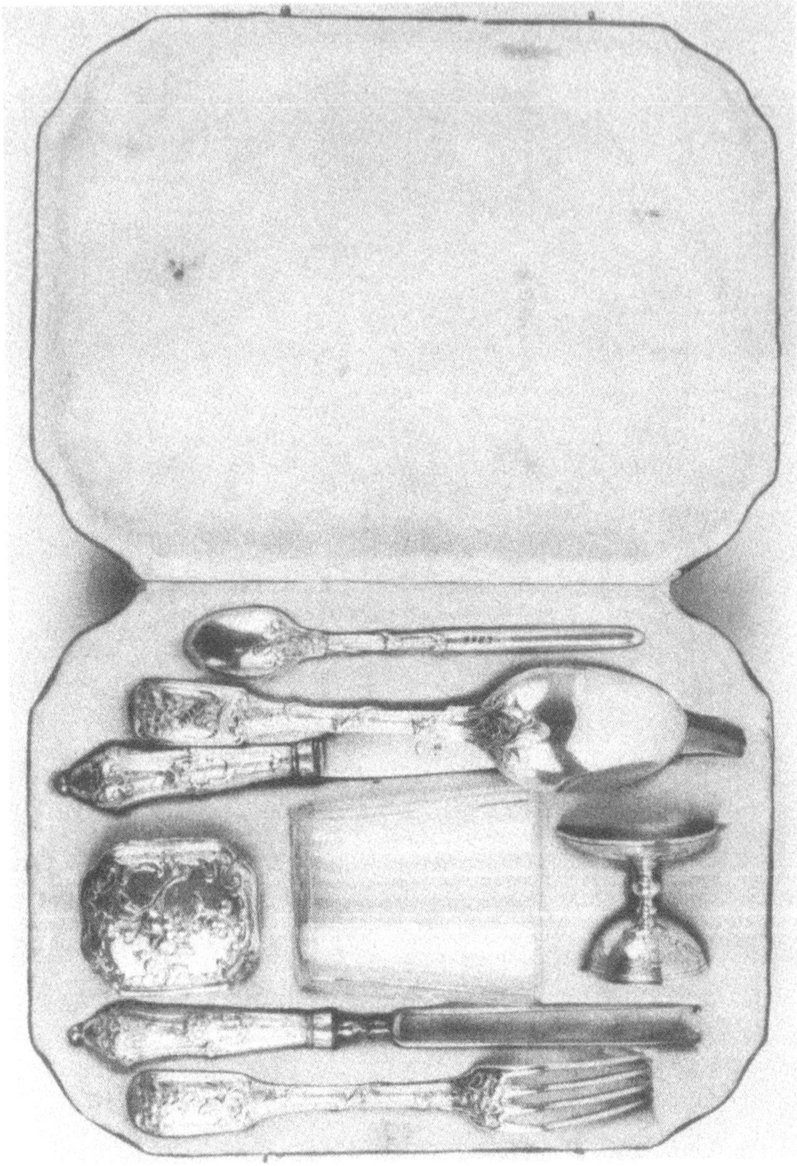

Abbildung 5:

Reisebesteck im Etui von Johannes Esaias Niggus (Negges) und Peter Christian Roser, Augsburg 1769-1771

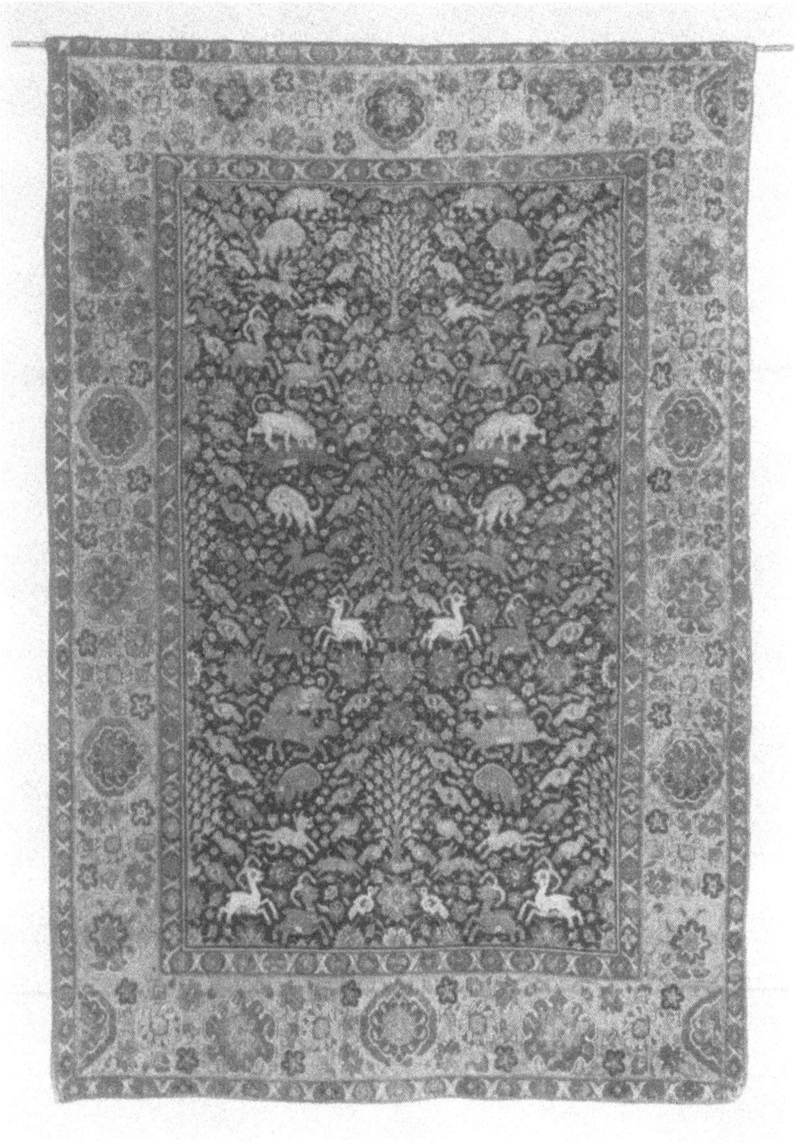

Abbildung 6:

Knüpfteppich mit Tierdarstellungen, Nordpersien um 1700

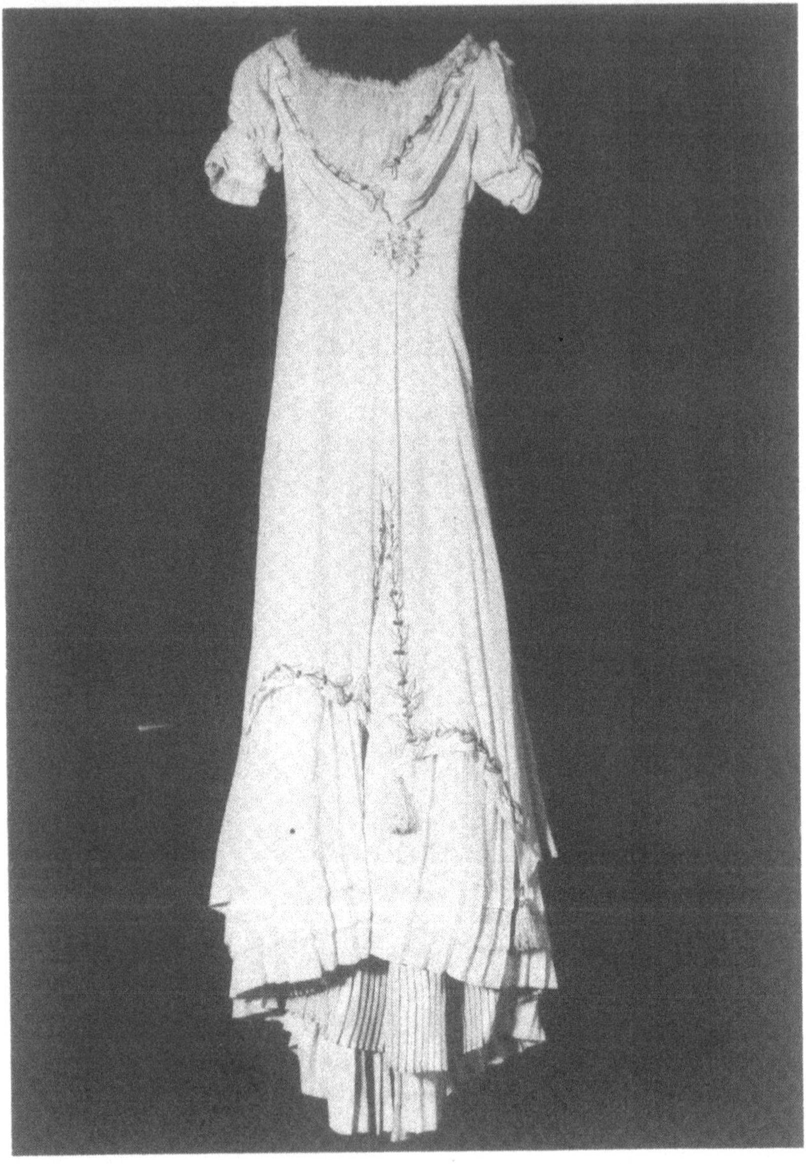

Abbildung 7:

Sommerliches Gesellschaftskleid, Deutschland um 1905-1910

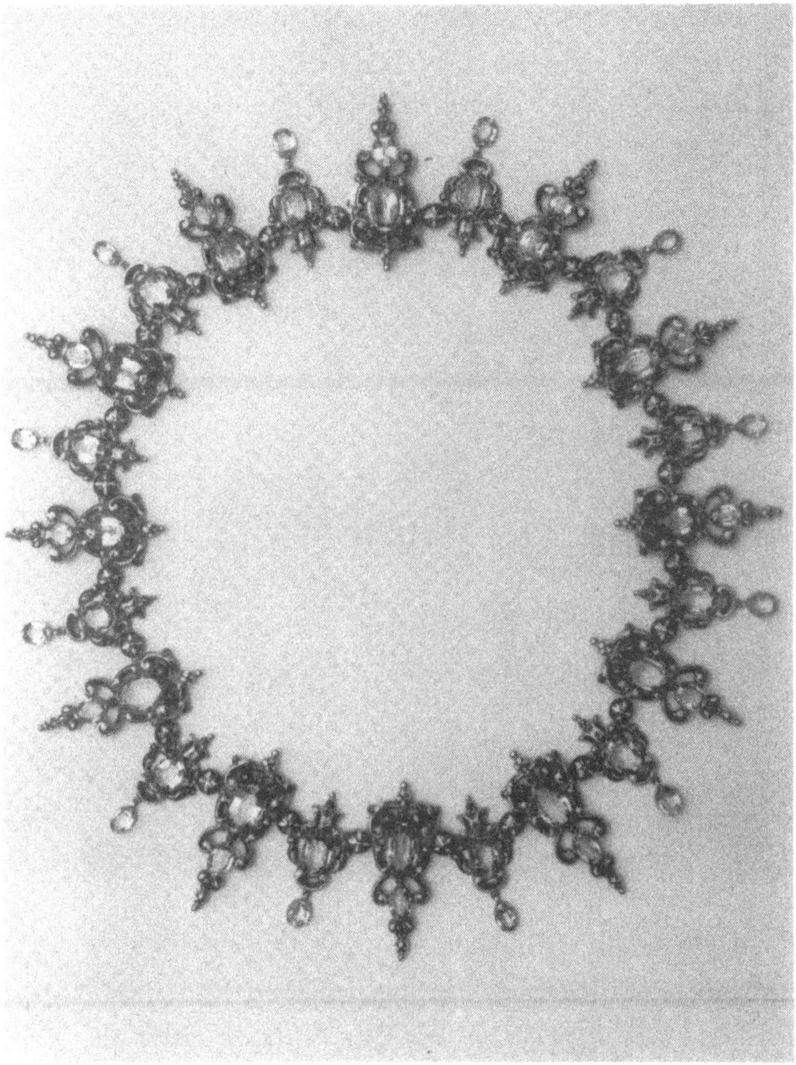

Abbildung 8:

Collier mit Edeltopasen, Genf um 1840

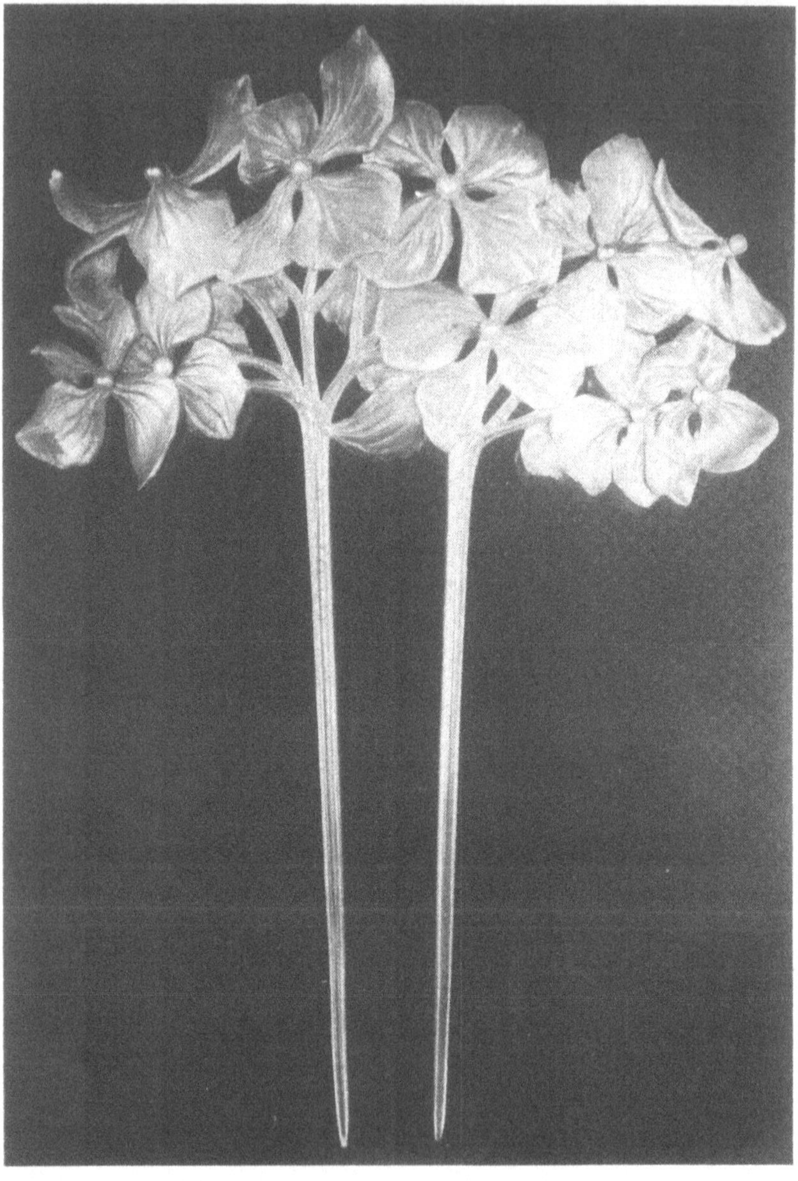

Abbildung 9:

Zierkamm von Lucien Gaillard, Anfang des 20. Jahrhunderts

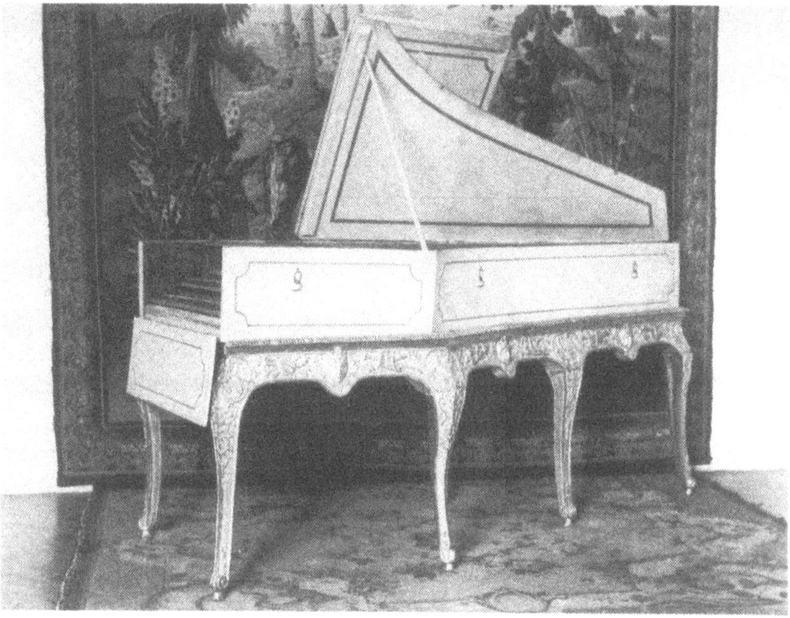

Abbildung 10:

Cembalo, Flandern, 17. Jahrhundert

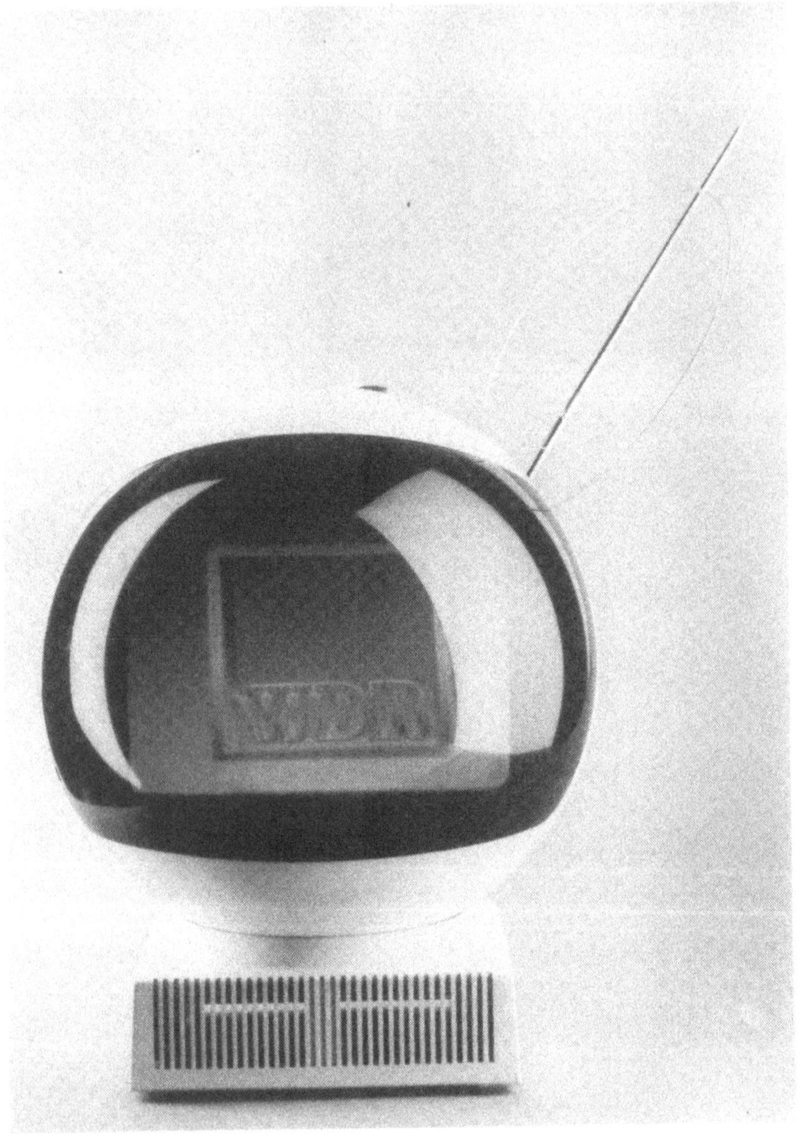

Abbildung 11:

Schwarzweißfernseher von Yokohama Plant Victor Company, Japan um 1970-1971

STICHWORTVERZEICHNIS

A

B

C

D

E

F

G

H

I

K

L

S

T

U

V

W

Z

Martin Stock

Medienfreiheit in der EU-Grundrechtscharta: Art. 10 EMRK ergänzen und modernisieren!

Frankfurt/M., Berlin, Bern, Bruxelles, New York, Oxford, Wien, 2000. 129 S.
Studien zum deutschen und europäischen Medienrecht. Herausgegeben von Dieter Dörr. Bd. 5
ISBN 3-631-36842-9 · br. DM 39.–*

Die Grundrechtscharta ist ein anspruchsvolles Vorhaben der Europäischen Union. 1999 unter deutscher Präsidentschaft vom Europäischen Rat initiiert, soll sie noch in diesem Jahr feierlich verkündet werden. Derzeit berät ein Brüsseler Konvent unter großem Zeitdruck über den Text der Charta. Dieser Beitrag will dafür mehr öffentliches Interesse wecken und eine breitere Diskussion anregen. Am Beispiel der Medienfreiheit werden ungeklärte konzeptionelle Grundfragen und europapolitische Alternativen aufgezeigt. Der Verfasser wendet sich gegen bisherige Vorschläge, wonach sich die Charta im wesentlichen auf die Freiheit der Meinungsäußerung nach Art. 10 EMRK beschränken soll. Er sieht darin eine Vernachlässigung des öffentlich-rechtlichen Rundfunks und seiner funktional-dienenden Freiheit. Er plädiert dafür, die Rundfunkfreiheit als Funktionsgrundrecht auszugestalten und auf ein leistungsfähiges europäisches duales System zuzuschneiden.
Der Anhang reicht von einschlägigen nationalen und europäischen Dokumenten bis zu aktuellen Entwurfstexten aus dem EU-Grundrechtskonvent.

Aus dem Inhalt: Grundrechtscharta der EU · Art. 10 EMRK und Art. 49 ff. EGV als Grundnormen eines transnationalen Marktrundfunks? · EU-Medienfreiheit nur als Medienunternehmerfreiheit? · Medienfreiheit nach dem Millenium und die Frage des public service · Bisherige Entwurfstexte und eigener neuer Vorschlag für einen Medienfreiheits-Artikel in der Charta

FSC
www.fsc.org
MIX
Papier | Fördert gute Waldnutzung
FSC® C083411

Kolibri 360 GmbH
Ferdinand-Jühlke-Straße 7
99095 Erfurt, Deutschland
produktsicherheit@kolibri360.de

Druck:
CPI Druckdienstleistungen GmbH
im Auftrag der
Kolibri 360 GmbH
Ferdinand-Jühlke-Str. 7
99095 Erfurt